Kerstin Bronner, Michael Behnisch
Mädchen- und Jungenarbeit
in den Erziehungshilfen

Basistexte Erziehungshilfen

Herausgegeben im Auftrag der
Internationalen Gesellschaft für erzieherische Hilfen (IGfH)
von Josef Koch, Friedhelm Peters,
Elke Steinbacher und Wolfgang Trede

Kerstin Bronner, Michael Behnisch

Mädchen- und Jungenarbeit in den Erziehungshilfen

Einführung in die Praxis einer geschlechterreflektierenden Pädagogik

Juventa Verlag Weinheim und München 2007

Die AutorInnen

Kerstin Bronner, Jg. 1972, ist Diplom Pädagogin. Sie arbeitete in der Bildungsarbeit mit Mädchen und jungen Frauen und war auf kommunaler Ebene für die Koordination der städtischen Mädchenarbeit verantwortlich. Von 2004-2005 war sie wiss. Mitarbeiterin an der Universität Tübingen. Derzeit arbeitet sie an ihrer Dissertation über Identitätsbildung im ländlichen Raum.

Michael Behnisch, Jg. 1972, Dr. phil., ist Diplom Pädagoge und Referent für Grundlagen der Jugendhilfe im Generalsekretariat des Deutschen Roten Kreuzes. Lehraufträge an den Universitäten Lüneburg und Münster.

Bibliografische Information Der Deutschen Nationalbibliothek

Die Deutsche Nationalbibliothek verzeichnet diese Publikation in der Deutschen Nationalbibliografie; detaillierte bibliografische Daten sind im Internet über http://dnb.d-nb.de abrufbar.

Umschlaggestaltung: Atelier Warminski, 63654 Büdingen
Umschlagfoto: Wolfgang Schmidt, Ammerbuch
Printed in Germany

ISBN 978-3-7799-1775-5

Inhalt

Einleitung

Über Mädchen- und Jungenarbeit ist seit den 1970er bzw. 1980er Jahren viel geschrieben worden. Debatten und Konzepte in Theorie und Praxis haben sich im Laufe der Jahre ausdifferenziert und weiterentwickelt. Ein maßgeblicher Faktor waren dabei gesellschaftliche Veränderungen, die auf die Lebensbedingungen von Mädchen und Jungen einwirkten und sie veränderten, und die daher wiederum Reaktionen in der sozialpädagogischen Arbeit erforderten.

Im Zuge propagierter Chancengleichheit von Männern und Frauen wird an Mädchen- und Jungenarbeit heute vermehrt die Frage gestellt, ob solche Konzepte in der konkreten Arbeit noch gebraucht werden, ob sie denn noch zeitgemäß sind, und nicht zuletzt, ob sie bei Mädchen und Jungen selbst „ankommen".

Wir nehmen in diesem Buch diese Diskussionsfäden auf und geben eine Antwort auf die Frage nach der Aktualität von Mädchen- und Jungenarbeit. Es wird deutlich werden, vor welchen gesellschaftlichen Hintergründen geschlechtsbezogene Arbeitsansätze entstanden sind und aus welchen Gründen sie heute in den verschiedenen Feldern der Erziehungshilfen nach wie vor notwendig sind. Dabei werden konkrete Gegebenheiten in der Praxis, gesellschaftliche Veränderungen sowie Theoriedebatten gleichermaßen beleuchtet und miteinander verknüpft.

Die Gestaltung dieses Bandes verdeutlicht rein äußerlich durch die getrennte Abhandlung der Mädchen- bzw. Jungenarbeit unsere Grundauffassung: wir erachten geschlechtsbezogene Arbeitsansätze als unverzichtbar und würdigen die Wichtigkeit *beider* Bereiche durch getrennte Teile. Das Buch entstand arbeitsteilig, Teil 1 über die Mädchenarbeit wurde von Kerstin Bronner, Teil 2 über die Jungenarbeit von Michael Behnisch verfasst. Teil 1 und 2 erscheinen in *einem* Buch vereint und werden durch die gemeinsame Einführung sowie den gemeinsamen Ausblick miteinander in Verbindung gebracht. Dadurch wird die Notwendigkeit eines Miteinanders deutlich.

Diese Arbeitsteilung machte im Entstehungsprozess des Buches immer wieder die Unterschiedlichkeit der beiden Bereiche deutlich: eine Abhandlung über Jungenarbeit zu schreiben hat andere Ausgangspunkte als eine Abhandlung über Mädchenarbeit. Mädchenarbeit hat eine längere Geschichte, sie leitet ihre Notwendigkeit zum Teil aus anderen politischen Hintergründen ab und verfügt über ausgiebigere Theorie- und Praxisdebatten. In diesen Punkten haben die beiden Bereiche eine unterschiedliche Geschichte und sind nicht 1:1 miteinander vergleichbar.

Durch die Verwendung der jeweils selben Überschriften der beiden Teile wird deutlich, dass es Verbindungspunkte zwischen Mädchen- und Jungenarbeit gibt, die konkrete Praxis und Theorie sich jedoch unterschiedlich ausgestaltet.

Unter Maßgabe dieser Ziele gliedert sich das Buch in vier Teile: In einer Einführung (1.) werden einige zentrale Begriffe (Grundbegriffe) geklärt, die für das Verständnis von Mädchenarbeit und Jungenarbeit gleichermaßen grundlegend sind und damit der Beschäftigung mit dem Thema vorangestellt werden sollen.

In den beiden Hauptteilen beschäftigt sich das Buch dann ausführlich mit der Mädchenarbeit (Teil 1) sowie der Jungenarbeit (Teil 2) in den Erziehungshilfen. Beide Teile sind in ihrem Grundgerüst analog aufgebaut: Nach einem kurzen Streifzug durch die Historie (Kap. 2 und 8) folgt eine „erste Annäherung" an die Mädchen- bzw. die Jungenarbeit, wobei hier Aktualität und Grundverständnis von Mädchenarbeit/Jungenarbeit im Mittelpunkt stehen sollen (Kap. 3 und 9). Anschließend wird dezidiert auf die Handlungsfelder der Erziehungshilfen Bezug genommen. Die besonderen Lebenslagen von Jungen und Mädchen werden zunächst anhand empirischer Befunde aufgearbeitet: Welche Rolle spielt der geschlechterbezogene Aspekt bei Beginn, Verlauf und Ende von erzieherischen Hilfen und wie lässt sich dies deuten (Kap. 4 und 10)?

Ausgehend von diesen empirischen Einblicken, die großen Nachholbedarf an geschlechterbezogener Reflexion signalisieren, werden spezifische *Themen* für die Mädchen- und Jungenarbeit in den Erziehungshilfen vorgestellt (Kap. 5 und 11) und darauf aufbauend zentrale Herausforderungen und Kompetenzanforderungen für Fachkräfte und Einrichtungen erläutert (Kap. 6 und 12). Abschließend sind konkrete methodische Beispiele und Reflexionshilfen genannt, die eine Praxis der Mädchenarbeit und Jungenarbeit in den Erziehungshilfen inspirieren können (Kap. 7 und 13). Einige zentrale Schlussfolgerungen des Bandes werden im Ausblick gesammelt.

Für wertvolle Hinweise bei der Erstellung des Manuskripts danken wir der Herausgeberin und den Herausgebern der Reihe „Basistexte Erziehungshilfen", wobei insbesondere Dr. Elke Steinbacher das Projekt intensiv begleitet hat. Außerdem ein herzliches Dankeschön Alexandra Faißt für die fachkundige Korrektur des Manuskripts, Nicole Krug für wertvolle Unterstützung und dem *Valle de la luna* für die richtige Arbeitsatmosphäre.

Tübingen und Berlin, März 2006
Kerstin Bronner, Michael Behnisch

1. Grundbegriffe für die Mädchen- und Jungenarbeit

1.1 Sex und Gender, Doing Gender und die Rede von ‚den' Mädchen und ‚den' Jungen

Sex und Gender

Begriffe wie Mädchen, Jungen, Sozialisation und Geschlecht wurden innerhalb der Frauen- und Geschlechterforschung in den letzten Jahrzehnten immer wieder neu zu erfassen versucht, sie wurden diskutiert, analysiert und definiert (vgl. Hagemann-White 2004). Wer sind ‚die' Mädchen und ‚die' Jungen? Wie verläuft Sozialisation? Was hat Einfluss auf die Ausbildung von Geschlechtsidentität? Dies sind Fragen, die bis heute nicht eindeutig klärbar sind.

In der Debatte um an*geborene* und an*erzogene* Geschlechtsmerkmale sind die Begriffe ‚sex' und ‚gender' aus dem amerikanischen hilfreich. ‚Sex' bezeichnet die biologischen Körpermerkmale, die Männer und Frauen voneinander unterscheiden. Mit ‚gender' sind gesellschaftlich und kulturell vermittelte Geschlechterbilder gemeint, sozusagen Erwartungen, die die Gesellschaft Frauen und Männern zuschreibt. Diese Zuschreibungen sind geschlechtsspezifisch ausgeprägt, d. h. es existieren für Frauen und Männer verschiedene kulturelle Geschlechterbilder. Diese beeinflussen die Individuen bewusst und unbewusst ein Leben lang und führen dazu, dass wir uns – unabhängig von biologischen Geschlechtsunterschieden – als Frauen und Männer unterschiedlich verhalten und vor allem, dass wir oftmals wissen, *wie* wir uns als Frauen, *wie* als Männer zu verhalten haben. Gender begegnet uns beispielsweise regelmäßig in der Werbung, wenn Männer stark, Frauen schutzbedürftig, Jungen fußball-, Mädchen puppenspielend dargestellt werden, oder wenn Frauen für Haushaltsgeräte werben, Männer für technische Geräte.

Doing Gender

Der Begriff ‚Doing Gender' (vgl. Gildemeister 2004) bezeichnet seit den 1990er Jahren die Prozesse, mit denen die Individuen selbst immer wieder neu dazu beitragen, kulturelle Geschlechtsunterschiede herzustellen bzw. zu manifestieren und als scheinbar natürlich erscheinen zu lassen. ‚Doing Gender' richtet den Blick auf Verhalten und Handlungsweisen der Individuen, die gesellschaftlichen ‚Weiblich- und Männlichkeitsbildern' entsprechen und somit dazu beitragen, dass diese sich immer neu fortsetzen. Dem können sich die Individuen schon deshalb nicht entziehen, da sie von klein auf mit gesellschaftlichen Vorstellungen von Männlich- und Weiblichkeit aufwachsen und konfrontiert werden und Vieles verinnerlichen. Auf diese Weise produzieren sich kulturelle Bilder von ‚den' Mädchen/Frauen und von ‚den' Jungen/Männern immer wieder neu. Versuche, sich als Mädchen/ Frau oder Junge/ Mann nicht rollenkonform zu verhalten sind oft anstrengend, rufen Irritationen in der Umwelt hervor, und können auch auf diffamierende Gegenwehr stoßen[1].

Die Rede von ‚den' Mädchen und ‚den' Jungen

Mädchen und Jungen sind keine einheitlichen Zielgruppen. Mädchen unterscheiden sich untereinander in vielerlei Hinsicht ebenso wie Jungen. Alter, Herkunft, Nationalität, körperliche und geistige Fähigkeiten, der familiäre Hintergrund, Zukunftspläne, die gelebte Sexualität, gesellschaftliche Schichtzugehörigkeit oder Bildungshintergründe sind individuell verschieden und einzigartig.

Ein Buch über die Arbeit mit Mädchen und Jungen zu schreiben kann den Eindruck vermitteln, ‚die' Mädchen seien ebenso einheitlich fassbar wie ‚die' Jungen, und Mädchen würden sich per se von Jungen unterscheiden. Vielfalt und Differenzen innerhalb der Kategorien Mädchen und Jungen laufen dadurch Gefahr, nicht genügend thematisiert zu werden. Mädchen können voneinander sehr unterschiedlich sein, Jungen ebenso, es kann mehr Gemeinsamkeiten zwischen einem Mädchen und einem Jungen geben als zwischen zwei Mädchen bzw. zwei Jungen.

---

1 Zum Beispiel in der abwertend gemeinten Bezeichnung von Männern als ‚Schwuchtel', wenn diese sich gemäß der kulturellen Definition von ‚weiblich' verhalten und/oder kleiden.

Ebenso gilt dies für einzelne Kategorien *innerhalb* der jeweiligen Geschlechter. Eine Unterteilung in Themenfelder wie „Mädchen mit Migrationshintergrund“ oder „Schwule Jungen“ macht Sinn, um bestimmte Themen einzelner Mädchen- bzw. Jungengruppen beschreibbar zu machen. Doch gilt auch hier, dass Mädchen und Jungen innerhalb dieser Gruppen einzigartig sind, dass sie sich voneinander unterscheiden und dass nicht alles für jedeN gleichermaßen zu trifft.

1.2 Gesellschaftliche Arbeitsteilung

Seit der Industrialisierung ist unsere Gesellschaftsstruktur geprägt von der Aufteilung in einen sogenannten privaten und einen öffentlichen Bereich, auch private und öffentliche Sphären genannt (vgl. Hausen 1976). In den privaten Bereich fallen diejenigen Arbeiten, die gesellschaftlich notwendig, aber nicht unbedingt sichtbar sind. Gemeint sind Tätigkeiten wie Hausarbeit (Bügeln, Einkaufen, Kochen, Putzen, Müll leeren, Waschen usw.), Fürsorge (z. B. die Pflege der Eltern) und Kindererziehung, zusammengefasst unter dem Begriff Reproduktionsarbeit. In den öffentlichen Bereich fällt Erwerbsarbeit. Diese ist ebenfalls gesellschaftlich notwendig, jedoch sichtbarer. Der entscheidende Unterschied zwischen diesen beiden gesellschaftlichen Arbeitsbereichen ist, dass Reproduktionsarbeit unbezahlt geleistet wird, während Erwerbsarbeit staatlich entlohnt wird. Diese Nichtbezahlung und Belohnung geht einher mit Nichtanerkennung und Anerkennung der jeweiligen Bereiche: Reproduktionsarbeit hat in unserer Gesellschaft nicht denselben Stellenwert wie Erwerbsarbeit, sondern wird geringer bewertet. Am deutlichsten drückt sich dies darin aus, dass für diese Arbeit kein Rentenanspruch erhoben werden kann.

Trotz mehrerer ‚Aufweichungen' in den letzten Jahren, werden mit dem Reproduktionsbereich in aller Regel Frauen verbunden, mit dem öffentlichen Bereich Männer. Es wird als normal oder natürlich dargestellt, dass Frauen mit der Geburt des ersten Kindes mehr oder weniger lang in Elternzeit gehen und anschließend (wenn überhaupt) Teilzeit arbeiten, während Männer in Vollzeit weiter der Erwerbsarbeit nachgehen. Erst seit 2001 ist es für Eltern gesetzlich möglich, sich die Elternzeit zu teilen.

Im Jahr 2000 gingen 2 % der Väter in Elternzeit (vgl. Kap. 2.1.). Männer, die Elternzeit nehmen oder Teilzeit arbeiten wollen, erfahren von ihren Betrieben und Arbeitsstellen oftmals Abwertungen oder gar Drohungen, danach nicht mehr auf derselben Stelle eingesetzt zu werden.

Mädchen und Jungen lernen unbewusst, was gesellschaftlich von ihnen erwartet wird. Sie erleben in ihrer Familie und im nahen Umfeld meist die geschlechtsspezifische Arbeitsteilung und bekommen damit wenig Alternativen vorgelebt. Für ihre eigene Lebensplanung bleibt dies nicht ohne Wirkung. Während Mädchen und junge Frauen oftmals damit konfrontiert werden, dass Kinder(erziehung) und Hausarbeit zu ‚Weiblichkeit' gehören, verspüren viele Jungen und junge Männer Druck, Karriere zu machen, die Familie zu ernähren, Vollzeit zu arbeiten. Dabei vermischen sich bei Frauen durch vermehrte Teilzeitarbeitsmöglichkeiten die privaten und öffentlichen Bereiche mehr als bei Männern. Allerdings kommt es für diese Frauen auch zu Doppel- und Dreifachbelastungen von Küche, Kinder und Karriere, während Männer durch die volle Inanspruchnahme ihrer Erwerbsarbeit weniger Arbeiten des Reproduktionsbereichs übernehmen können (wollen).

1.3 Die Bedeutung der Sprache

Die verbale Sprache ist mit der Körpersprache ein wichtiges Medium zur zwischenmenschlichen Kommunikation und Verständigung. Wir wachsen mit der Sprache auf, erlernen sie, nehmen sie als selbstverständlich wahr und lernen, durch ihren Gebrauch Tatsachen und Gefühle aus zu drücken. Das Sprechen anderer versuchen wir zu verstehen und zu interpretieren, wir machen uns quasi ein ‚Bild' von der dargestellten Wirklichkeit unseres Gegenübers.

Im deutschen Sprachgebrauch überwiegen männliche Formulierungen. Gemeint sind damit häufig Männer und Frauen (z. B. Mitarbeiter)[2], ausgesprochen und geschrieben werden jedoch

---

2 Eine Subsumierung von Frauen und Männer unter die männliche Bezeichnung gilt dabei als zulässig, während der umgekehrte Fall kaum vorstellbar ist. Männer fühlen sich sicherlich nicht angesprochen, wenn

oftmals maskuline Formen. Vor allem im Schriftlichen erscheinen Frauen in Klammern oder nach Schrägstrichen (Mitarbeiter(innen) oder Mitarbeiter/innen), die Schreibweise mit großem I (MitarbeiterInnen), die Männer und Frauen in einem Wort nennt, wird rechtlich nicht anerkannt. Damit wird ‚das Männliche' zur Norm, ‚das Weibliche' zum Zusatz. Begriffe, die Männer und Frauen gleichermaßen nennen und dabei Doppelungen oder Anhängsel vermeiden (z. B. Studierende, Herausgebende, Dozierende, Arbeitende, Mitspielende) werden wenig verwendet. Da Sprache Wirklichkeit abbildet und unser Denken beeinflusst (vgl. Pusch 1996), bleibt dieser Sprachgebrauch nicht ohne Einfluss auf unser Bild von der Realität. Kommen beispielsweise Einzelhandelskauffrauen, Nichtraucherinnen, Radfahrerinnen, Chefinnen, Oberbürgermeisterinnen, Bundeskanzlerinnen oder Bundespräsidentinnen nicht oder nur ausnahmsweise im Sprachgebrauch vor, so sind Frauen in diesen Positionen auch schwerer oder nur ausnahmsweise – eben nicht so selbstverständlich – vorstellbar wie Männer. Werden Frauen hingegen sichtbar angesprochen und kommen sie als aktive und wesentliche Personen vor, so werden damit dringend notwendige Vorbilder für heranwachsende Frauen und Männer geschaffen.

Auch in der Arbeit mit Mädchen und Jungen ist es daher wichtig, dass Fachkräfte eine geschlechtergerechte Sprache sprechen und schreiben, dass sie Mädchen und Frauen, Jungen und Männer gleichwertig in ihre Sprache aufnehmen. In einer gemischtgeschlechtlichen Wohngruppe beispielsweise nur von ‚Bewohnern' zu sprechen bedeutet ebenso eine Orientierung an einer ‚männlichen Norm' wie in einer Mädchengruppe von ‚Teilnehmern' zu sprechen. Krankenpfleger, Erzieher, Friseure oder Hausmänner im Sprachgebrauch kann z. B. Berufswahlspektrum und Lebensplanung von Jungen ebenso erweitern wie die selbstverständliche Nennung von Elektrikerin, Fußballerin oder Ärztin Mädchen ein anderes Bild ihrer bisherigen Wirklichkeit vermittelt. Fachkräfte in der Arbeit mit Jungen und Mädchen haben eine wichtige Vorbildfunktion. Ihr geschlechtergerechter

---

die Chefin oder der Chef eine Personalversammlung eröffnet mit den Worten „Liebe Mitarbeiterinnen …". Oder wenn ein rauchfreies Zugabteil mit dem Schild ‚Nichtraucherinnen' gekennzeichnet wird.

Sprachgebrauch kann Mädchen und Jungen durchaus irritieren, provozieren und zu Diskussionen anregen und damit Prozesse in Gang setzen, die geschlechtsspezifische Normalitätsvorstellungen ent-selbstverständlichen.

1.4 Gender Mainstreaming – eine politische Strategie zur Herstellung von Chancengleichheit zwischen den Geschlechtern

Gender umschreibt, wie gehört (vgl. 1.1), das soziale und kulturelle Geschlecht, Mainstreaming bedeutet Hauptrichtung, genauer: Eine Hauptrichtung des allgemeinen Denkens und Handelns. Gender Mainstreaming meint also die Beachtung der sozialen und kulturellen Geschlechterrolle im allgemeinen Denken und Handeln.[3]

Gender Mainstreaming ist ein politisches Konzept und soll dafür sorgen, dass die Geschlechterperspektive auf allen Ebenen umgesetzt wird: Gender soll zum Mainstreaming (zur Hauptströmung des Denkens und Handelns also) auf allen (politischen) Ebenen werden. Genauer gesagt: Die Entwicklung, Organisation und Evaluation von politischen Entscheidungen und institutionellen Strukturen soll so gestaltet sein, dass Ausgangsbedingungen und Auswirkungen auf die Geschlechter berücksichtigt wird. Das Ziel des Gender Mainstreaming ist dabei die tatsächliche Gleichberechtigung von Frauen und Männern in allen Bereichen und sowie die Erhöhung der Chancen für beide Geschlechter.

Historisch gesehen wird Gender Mainstreaming erstmals auf der dritten Weltfrauenkonferenz in Nairobi (1985) erwähnt und auf der vierten Weltfrauenkonferenz 1995 in Peking als Strategie beschlossen. Im Amsterdamer Vertrag (1996) verpflichten sich alle Staaten der Europäischen Union, Gender Mainstreaming als politisches Prinzip anzuwenden. 1999 ergeht ein Beschluss des Bundeskabinetts, in dem Gender Mainstreaming als durchgängiges Leitprinzip der Bundesregierung anerkannt wird.

3 Zum Thema Gender Mainstreaming in der Jugendhilfe vgl. u. a. Drogand-Strud (2001); Ginsheim/Meyer (2001).

Mit der Strategie des Gender Mainstreaming sollen die Konzepte der Frauenförderung erweitert und die Realisierung von Chancengleichheit zwischen den Geschlechtern als allgemeine Aufgabe aller (politischen) Ebenen gesichert werden. Dadurch soll die Realisierung von Chancengleichheit aus dem Nischenstatus einer „Extrapolitik“ herausgeführt werden: Die Geschlechterperspektive soll politisch selbstverständlich und schließlich Bestandteil der normalen, alltäglichen Handlungs- und Entscheidungsmuster werden.

Wenn sich die gesellschaftlichen Rahmenbedingungen so verändert haben, dass von einer Chancengleichheit von Frauen und Männern auszugehen ist, hätte das Gender Mainstreaming-Konzept sein Ziel erreicht. Konkret kann das heißen, dass bei Gremienbesetzungen, bei der Einstellung von MitarbeiterInnen, bei der Berufswahl, der Gesundheitsprävention, der Entlohnungsstruktur etc. die strukturellen Benachteiligungen abgebaut sind.

Auch in Feldern der Erziehungshilfe ist das Gender Mainstreaming-Konzept zunächst eine „top down“-Strategie, also eine Strategie, die von den Leitungsebenen in die einzelnen Gliederungen getragen wird: Die geschlechterspezifische Reflexion von Indikationen der Erziehungshilfe, die Personalpolitik, die gendergerechten pädagogischen Konzepte etc. sind zunächst einmal Aufgaben der Leitungsebene. Da sich Erziehungshilfen sich aber erst im pädagogischen Alltag konstituieren, benötigen gerade pädagogische Handlungsfelder auch eine „bottom up“-Strategie: Die Mitarbeiterinnen und Mitarbeiter müssen motiviert und qualifiziert sein für Fragen der Geschlechtergerechtigkeit. Sie bilden die Scharniere jedes Gender Mainstreaming-Konzepts, weil gerade in pädagogischen Handlungsfeldern stets im Sinne eines doing gender gehandelt wird: Das Geschlechterverhältnis und die Geschlechterbeziehungen sind ein originärer Bestandteil jeder pädagogischen Praxis, also auch der Erziehungshilfen.

1.5 Lebenslagen

Der Begriff der Lebenslage wurde in den vergangenen Jahren innerhalb der Sozialpädagogik und den Erziehungshilfen häufig verwendet. Häufig wurde er auch bezogen auf das spezifische

Aufwachsen von Mädchen und Jungen. Doch was meint eigentlich der Begriff der Lebenslage?

„Lebenslage“ bezeichnet jene gesellschaftlich-historischen Rahmenbedingungen, unter denen einzelne Menschen wie auch soziale Gruppen leben (vgl. auch Winter/Neubauer 2001, S. 43): Ressourcen, Chancen und Risiken des Lebens sind ungleich verteilt zwischen diesen Gruppen, weil sie gesellschaftlich-historisch bedingt sind. So ist etwa bekannt, dass Kinder mit Migrationshintergrund schlechtere Bildungschancen haben, ebenso wie Kinder aus schlechten Wohnverhältnissen oder solche, deren Familien von Armut betroffen sind.

Der Begriff der Lebenslage ist auch für die Mädchen- und Jungenarbeit aufschlussreich, weil er sowohl individuelle Aspekte (die Lebenslage eines *bestimmten* Mädchens) als auch soziale Aspekte (Lebenslagen von Mädchen allgemein) umfasst. Das bietet den Vorteil, einerseits von *den* Jungen und *den* Mädchen sprechen zu können, ohne dabei andererseits die jeweils individuelle Lebenslage eines jeden Mädchens bzw. eines jeden Jungens aus dem Blick zu verlieren.

Das soziale Geschlecht ist zwar nur *einer* von vielen Aspekten der Lebenslage, doch wirkt er in andere Aspekte hinein – eben weil er dauerhaft gültig ist: Jungesein und Mädchensein ist ein biographisch durchgängiger Aspekt, der Lebenslagen strukturiert und unterbaut. Dies lässt sich sowohl bei der sozialen Gruppe „Mädchen“ oder „Jungen“ erkennen als auch bei den einzelnen Jungen und Mädchen und ihren Verarbeitungsweisen von lebenslagenspezifischen Aspekten.

Teil 1
Mädchenarbeit

2. Historie – Entstehung parteilicher Mädchenarbeit

Um die Ziele, Inhalte und letztlich auch die Aktualität parteilicher Mädchenarbeit verstehen zu können, ist ein Blick in die Geschichte notwendig: Mädchenarbeit bzw. Forderungen nach mehr Förderung von Mädchen wurden im Laufe des 20. Jahrhunderts immer wieder in unterschiedlicher Form gestellt. Parteiliche Mädchenarbeit im Feld der Jugendhilfe wie wir sie heute kennen und diskutieren, hat sich aus der Zweiten deutschen Frauenbewegung der 70er Jahre des letzten Jahrhunderts heraus entwickelt. Sie unterscheidet sich von Mädchenarbeit wie sie beispielsweise innerhalb von Kirchen oder Sportvereinen stattfindet, durch einen „doppelten Blick" auf Mädchen selbst, sowie auf gesellschaftliche Strukturen, in denen Mädchen leben.

Die erste deutsche Frauenbewegung

Zu Anfang des 20. Jahrhunderts kämpfte die erste deutsche Frauenbewegung um gleiche Bildungschancen für Mädchen und Frauen. Ziel war die Aufhebung der in den Augen der Frauen diskriminierenden Geschlechtertrennung in der außerschulischen Jugendarbeit (vgl. Giesecke 1995), der Zugang von Frauen zur Universität, die Abschaffung des 12-Stunden-Tags für Mädchen der Arbeiterschicht (vgl. Gerhard 1990), spezifische Bildungs-, Ausbildungs- und Berufsmöglichkeiten für Mädchen und Frauen des Bürgertums (vgl. Jacobi 1994) sowie das Wahlrecht für Frauen. Theoretisch bedeutsam war das eng mit Henriette Schrader-Breymann (1827–1899) sowie Helene Lange (1848–1930) verbundene Konzept der 'Geistigen Mütterlichkeit'. Ausgehend von der natürlichen weiblichen Gebärfähigkeit, definieren Schrader-Breymann und Lange gesellschaftliche Aufgaben für Frauen, die eng mit an Mutterschaft gebundene Werte verknüpft waren wie beispielsweise erzieherische, pflegende, fürsorgliche Tätigkeiten. Mit Hilfe dieses Konzepts versuchten die Frauen des bürgerlichen Flügels der Frauenbewegung, gesellschaftliche Teilhabe von Frauen auch außerhalb des Hauses zu begründen und durchzusetzen (vgl. Stoehr 1983).

Als wichtige Erfolge der ersten deutschen Frauenbewegung sind unter anderem die Durchsetzung des Immatrikulationsrechts für Frauen an den Universitäten (als letzte Universität öffnete sich Preußen 1908) sowie das Wahlrecht für Frauen 1918 zu nennen.

Nationalsozialismus

Der Nationalsozialismus griff das an leiblicher Mutterschaft orientierte Frauenbild des Konzepts der 'Geistigen Mütterlichkeit' auf und untermauerte es ideologisch, indem damit Geschlechtertrennung im öffentlichen und privaten Bereich begründet wurde sowie Mutterschaft als wichtige Aufgabe einer Frau – einhergehend mit der Bindung an Heim und Herd – propagiert wurde. Diese Ideologie stand im Gegensatz zu einigen gesellschaftlichen Entwicklungen, so zum Beispiel zum Anstieg der Berufstätigkeit von Frauen aufgrund der kriegsbedingten Abwesenheit vieler Männer. Die außerschulische Jugendarbeit war mit dem „Bund deutscher Mädels“ und der „Hitler Jugend“ geschlechtergetrennt organisiert.

1960er Jahre

Koedukation war das Schlagwort der 60er Jahre des letzten Jahrhunderts. Gemeint ist damit zum einen das gemeinsame Unterrichten von Mädchen und Jungen in der Schule, zum anderen die gemischtgeschlechtliche Gestaltung des Freizeitbereichs. Bis dahin bestand im schulischen wie außerschulischen Bereich Geschlechtertrennung. Mit der Forderung nach Koedukation war die Hoffnung bzw. Überzeugung verbunden, dass Chancengleichheit zwischen den Geschlechtern erreicht würde durch gleiche Bildungsvoraussetzungen in Form von gemischtgeschlechtlicher Arbeit im schulischen Unterricht, in Jugendverbänden und anderen Formen außerschulischer Jugendarbeit.

Auch innerhalb der Erziehungshilfen entstanden u. a. aufgrund dieser Überzeugung Ende der 60er/Anfang der 70er Jahre erste Konzepte koedukativer Praxis in Wohngruppen, Jugendwohngemeinschaften, Kinderhäusern und Nachbetreuungsangeboten.

1970er Jahre: Die neue deutsche Frauenbewegung

In den 1970er Jahren formierte sich im Zuge der Studierendenbewegung der 1968er Jahre die sogenannte Neue (oder auch Zweite) deutsche Frauenbewegung. Hintergrund war der Unmut vieler Studentinnen des Sozialistischen Deutschen Studentenverbandes (SDS) darüber, dass innerhalb des SDS Frauen genau von solchen Ungleichheiten betroffen waren, die die Studierendenbewegung eigentlich gesamtgesellschaftlich kritisierte. So waren viele Studentinnen für die Kinderbetreuung zuständig, sie tippten die Reden, die von Männern gehalten wurden, kurz: sie sahen sich ausgeschlossen aus politischen, ökonomischen und wissenschaftlichen Machtzentren und beklagten die Vereinnahmung von 'Frauenenergien für Männerinteressen innerhalb des SDS' (vgl. Schwarzer 1981).

Die Doppelbelastung durch Studium/Berufstätigkeit und die Zuständigkeit für den Reproduktionsbereich (Kindererziehung und Hausarbeit), Gewalterfahrungen sowie die Erkenntnis, dass sexuelle Gewalt kein persönliches Problem einzelner Frauen ist, sondern gesellschaftliche Dimensionen hat, war Ausgangspunkt für den Aufschwung der Bewegung (vgl. Friebertshäuser 1997).

Die Neue deutsche Frauenbewegung war gekennzeichnet durch kollektive Kindererziehung, dezentrale Organisationsformen und autonome Entscheidungsprinzipien, sowie durch eigene Frauenräume zu denen Männer keinen Zutritt hatten und in denen viele Frauen eine Möglichkeit der Autonomie von männlich dominierten Formen und Inhalten sahen. Als für die damalige Zeit völlig neue Formen der Kooperation und des Austausches unter Frauen entstanden erste Selbsterfahrungs- und Selbsthilfegruppen. Sie wurden zu einem der wichtigsten Elemente der Zweiten Frauenbewegung, da Frauen hier oft erstmals über persönliche Erfahrungen wie Doppelbelastung oder Erfahrungen sexueller Gewalt sprechen konnten und erkannten, dass andere Frauen ähnliche Erfahrungen machen. Für Frauen in den 70er Jahren war diese Erfahrung der Solidarität und Gemeinsamkeit eine völlig neue Erfahrung. Sie erkannten die Verbindung zwischen der individuellen Biographie und gesellschaftlichen Strukturen, die Frauen und Männern geschlechtsspezifische Rollen zuwiesen. Viele Frauen fühlten sich entlastet da sie erkannten, dass persönliche Erfahrungen der Diskriminierung, Unterdrückung, Doppelbelastung oder Gewalt keine individuellen Probleme jeder einzelnen Frau waren, sondern ihren Ursprung in gesellschaftlichen Strukturen hatten, die dies überhaupt erst möglich machten (vgl. Hartwig/Weber 2000, S. 29 f.). Spaß und Solidarität untereinander stärkte die Frauen, gab ihnen Rückhalt.

Im Gegensatz zu heute war es in den 1970er Jahren völlig neu und ungewöhnlich, sich öffentlich auf Frauen zu beziehen, Missstände offen zu benennen, patriarchale Machtstrukturen und deren Auswirkungen auf Frauen öffentlich zu beklagen. Dies brachte den Frauen vielmals Vorwürfe der Männerfeindlichkeit und des Separatismus ein.

Die ersten Frauenprojekte im sozialen, kulturellen und gesundheitlichen Bereich entstanden in Form von beispielsweise Frauencafés, Gesundheitszentren, Beratungsstellen, feministischen Frauenzeitschriften, Handwerkerinnenkollektiven, Frauenbuchläden u.v.m. Vor dem Hintergrund, dass Frauen zu Hause keinen Schutz mehr vor Gewalt erfahren, wurde 1976 in Berlin das erste Frauenhaus Deutschlands eröffnet sowie der gesetzliche Paragraph abgeschafft, nachdem Ehefrauen nur mit Zustimmung ihres Ehegatten berufstätig sein durften.

Dies waren die Ursprünge der bis heute bestehenden feministisch parteilichen Mädchen- und Frauenarbeit im sozialen Bereich. Ende der 70er Jahre entstanden die ersten Konzepte auf Initiative von Lehrerinnen und Frauen aus der Jugendarbeit. Aufgrund der Erkenntnis persönlicher Benachteiligung als Frau nahmen sie ihre eigene pädagogische Praxis und ihr Arbeitsfeld kritisch unter die Lupe (vgl. Weber 2002). So gingen sie der Frage nach, inwieweit Arbeitskonzepte, -bedingungen und -praxen den Bedürfnissen von Mädchen gerecht werden.

Im Bereich der Erziehungshilfen wurden in dieser Zeit die recht neuen Konzepte koedukativer Praxis bereits wieder kritisiert. Aufgrund enttäuschender Erfahrungen aus dem koedukativen Alltag und angeregt durch Ansätze parteilicher Mädchenarbeit, forderten Kritikerinnen mehr Beachtung mädchenspezifischer Lebenslagen ein.

Feminismus

Charles Fourier prägte den Begriff ,Feminismus' Anfang des 19. Jahrhunderts. Während zu Beginn des letzten Jahrhunderts nur die Frauen des radikalen Teils der Frauenbewegung als feministisch galten, gewann der Begriff in den 1970er Jahren für die gesamte neue deutsche Frauenbewegung zentrale Bedeutung.

Feminismus meint den Kampf gegen patriarchale gesellschaftliche Verhältnisse, durch die Frauen – in unterschiedlichem Maß und auf verschiedene Weise – unterdrückt und aus bestimmten gesellschaftlichen Bereichen ausgeschlossen werden. *Feministisch Handeln* bedeutet, sich für die Interessen und Bedürfnisse von Frauen ein zu setzen mit dem Ziel, Unterdrückungen und Benachteiligungen auf zu zeigen und auf zu heben. *Feministische Praxis* ist somit immer auch politisch, da sie sich sowohl konkret für die Interessen von Frauen einsetzt, als auch gesellschaftliche Ungleichheitsverhältnisse öffentlich benennt und kritisiert.

→ vgl. vertiefend:
beiträge zur feministischen theorie und praxis 1993: Feminismuß. Heft 35. Köln
Knäpper, Marie-Theres 1984: Feminismus, Autonomie, Subjektivität. Tendenzen und Widersprüche in der neuen Frauenbewegung. Bochum

1980er Jahre

1984 wurde der Sechste Jugendbericht zum Thema „Verbesserung der Chancengleichheit von Mädchen in der Bundesrepublik Deutschland" veröffentlicht. Für die parteilich feministische Mädchenarbeit war dies insofern von Bedeutung, da eine Chancenungleichheit zwischen Mädchen und Jungen erstmals auf staatlicher und wissenschaftlicher Seite benannt wurde sowie empirische Befunde hierzu vorlagen. Die Ziele parteilicher Mädchenarbeit und die Themen der Neuen Frauenbewegung wurden mit dem sechsten Jugendbericht von offizieller Seite aufgegriffen und erfuhren politische Anerkennung. Im Sechsten Jugendbericht wurde aufgezeigt, dass Mädchen in der Jugendhilfepraxis unter den 'Normalfall' des männlichen Jugendlichen fallen und auf ihre Bedürfnisse und Lebenslagen nicht eingegangen wird. Im Bereich der Offenen Jugendarbeit forderten Pädagoginnen in diesem Zusammenhang unter der Kritik 'Jugendarbeit ist Jungenarbeit' geschlechterreflektierte Konzeptionen ein. Kritisiert wurde damit das Faktum, dass innerhalb der

Jugendhilfe durchweg von 'den Jugendlichen' gesprochen und geschrieben (beispielsweise in Konzeptionen) wurde. Kinder und Jugendliche wurden nicht als Geschlechtswesen gedacht und wahrgenommen, in vielen Einrichtungen hielten sich zudem mehr Jungen als Mädchen auf, und so wurden auch Angebote und Konzepte an den Bedürfnissen von Jungen ausgerichtet. Die empirischen Belege im Sechsten Jugendbericht und der Einsatz vieler Pädagoginnen im Bereich der Jugendhilfe, führt allmählich zur Etablierung und Institutionalisierung vieler Mädchen- und Frauenprojekte sowie zu mehr Anerkennung von Mädchenarbeit in koedukativen Einrichtungen wie z. B. in Jugendhäusern.

In den 1980er Jahren entstanden die ersten Konzepte einer antisexistischen Jungenarbeit (vgl. 8.). Dadurch wurde u. a. deutlich, dass auch Jungen aufgrund gesellschaftlicher Strukturen geschlechtsspezifische Förderung benötigen. Innerhalb der Mädchenarbeit entstanden immer mehr pädagogische Konzepte, die den Blick auf Stärken und Bedürfnisse von Mädchen legten und nicht mehr ausschließlich auf sogenannte Defizite[1].

1990er Jahre

1991 trat das neue Kinder- und Jugendhilfegesetz (KJHG bzw. SGB VIII) in Kraft. Darin heißt es in § 9 Abs. 3: „Bei der Ausgestaltung der Leistungen sind … die unterschiedlichen Lebenslagen von Mädchen und Jungen zu berücksichtigen, Benachteiligungen abzubauen und die Gleichberechtigung von Mädchen und Jungen zu fördern." Obwohl unspezifisch bleibt,

---

1 In den 1980er Jahren entflammte innerhalb der Frauenforschung eine Debatte um Begründungen und Konzepte parteilicher Mädchenarbeit. Bis dato wurden als Legitimation für mädchenspezifische Angebote bzw. Einrichtungen überwiegend Schwächen und Defizite auf Seiten von Mädchen herangezogen. Diese Begründungen gerieten immer stärker in die Kritik. Kritisiert wurde die innewohnende Orientierung an der männlichen Normalbiographie bzw. die Annahme, Gleichberechtigung bedeute, dass Mädchen die selben Eigenschaften und Fähigkeiten wie Jungen haben sollten – aus diesem Blickwinkel heraus haben Mädchen Defizite, die es durch Mädchenarbeit zu beheben gilt. Ende der 1980er wandelten sich diese Begründungszusammenhänge hin zu einem Blick auf Stärken und positive Fähigkeiten von Mädchen, die es durch parteiliche Mädchenarbeit zu fördern gilt.

durch welche Maßnahmen Gleichberechtigung gefördert werden kann bzw. Benachteiligungen abgebaut werden können, so war § 9 Abs. 3 für eine geschlechterbewusste Pädagogik im Bereich der Jugendhilfe von großer Bedeutung. Die unterschiedlichen Lebenslagen von Mädchen und Jungen wurden benannt und anerkannt, sie dienten Pädagoginnen und Pädagogen als Grundlage für Forderungen nach parteilich feministischer Mädchenarbeit bzw. antisexistischer Jungenarbeit.

Auf politischer Ebene etablierte sich in den 1990er Jahren die Gleichstellungspolitik in Form von Stellen für Frauen- und Mädchenbeauftragte. Parallel, und vielerorts durch diese Stellen unterstützt, vernetzten sich Pädagoginnen der Mädchenarbeit regional in Mädchenarbeitskreisen und überregional beispielsweise in den „Landesarbeitsgemeinschaften Mädchenarbeit/-politik“.

2000er Jahre

Seit einigen Jahren herrscht im Sozialen Bereich insgesamt enormer Sparzwang. Für die Mädchenarbeit bedeutet dies erneuten Legitimationsdruck, viele Projekte und Einrichtungen sind von Kürzungen bedroht oder mussten bereits schließen. In Zeiten knapper Kassen wird deutlich, dass geschlechterbewusste Pädagogik oftmals noch immer als eine Art Luxus betrachtet wird, auf den man aufgrund notwendiger Sparmaßnahmen verzichten kann (vgl. Weber 2002, S. 726 ff.).

Auf politischer Ebene wurde im Jahr 2000 auf Bundesebene das Konzept des Gender Mainstreaming (vgl. 1.) eingeführt. Hierbei handelt es sich nicht um ein pädagogisches Konzept, sondern um eine politische Strategie zur Gleichstellung von Männern und Frauen. Inwieweit die Umsetzung dieses Konzepts Folgen für die pädagogische Mädchen- und Jungenarbeit haben wird, bleibt abzuwarten.

Innerhalb der parteilich feministischen Mädchenarbeit vollzieht sich derzeit auf Seiten der Pädagoginnen ein Generationenwechsel. Viele ältere Pädagoginnen, die seit den 1970er Jahren die Mädchenarbeit aufbauten und vorantrieben, haben das Rentenalter erreicht. Die nachfolgenden Pädagoginnen gehören einer Generation an, die die Zweite deutsche Frauenbewegung nicht selbst miterlebt hat. Die jüngeren Pädagoginnen nehmen Errungenschaften der Feministinnen der 1970er Jahre als Selbstverständlichkeiten wahr, sie fühlen sich gleichberechtigter und weniger unterdrückt. Vor diesem Hintergrund haben sie ein anderes Verständnis von parteilich feministischer Mädchenarbeit. Jede Generation fühlt sich von der jeweils anderen teilweise unverstanden und nicht wert geschätzt. Es gilt nach Formen zu suchen, wie gegenseitiges Verständnis aufgebracht werden kann und wie Frauen voneinander lernen können (vgl. Stauber 2004).

Zusammenfassung

Durch die Darstellung der Geschichte parteilich feministischer Mädchenarbeit wird deutlich, wie die Zusätze 'parteilich' und 'feministisch' zu verstehen sind: Mädchenarbeit ist in diesem Sinne immer sowohl pädagogische, als auch politische Arbeit. Die pädagogische Arbeit mit den Mädchen ist eingebettet in den gesamtgesellschaftlichen Kontext, in dem Mädchen aufwachsen und leben. Vor diesem Hintergrund entstehen auch pädagogische Konzepte. Der Abbau benachteiligender Strukturen in Gesellschaft und Jugendhilfe ist der politische Anspruch parteilicher Mädchenarbeit, deshalb ist die Einmischung in bestehende Strukturen immer ein Inhalt der Arbeit. Mädchenarbeit, wie sie in Kirchen, Sportvereinen, u.v.m. stattfindet, unterscheidet sich in der Regel von parteilich feministischer Mädchenarbeit durch diesen 'fehlenden' politischen Anspruch.

3. Aktualität und Grundverständnis – Annäherung an die Mädchenarbeit

3.1 Lebenslagen von Mädchen heute

Die Frage nach der Aktualität von Mädchenarbeit muss mit dem Blick auf bzw. einer Analyse der Lebenslagen von Mädchen heute beantwortet werden. Wie sieht es aus mit der Chancengleichheit zwischen den Geschlechtern? Was hat die mittlerweile über 30 Jahre alte Mädchenarbeit bewirkt? Wie weit wurden patriarchale Gesellschaftsstrukturen aufgebrochen?

In unserer heutigen modernisierten Gesellschaft stehen Mädchen viele Möglichkeiten offen, Lebensplanung und -gestaltung von Mädchen und Frauen sind vielfältiger und unkonventioneller geworden. So erreichen beispielsweise Mädchen heute im Schnitt bessere Schulabschlüsse als Jungen, es studieren mehr Frauen als Männer (vgl. Barz 2005), Berufstätigkeit von Frauen ist zur Selbstverständlichkeit geworden, Elternzeit kann zwischen Männern und Frauen aufgeteilt werden. Für Jungen wie Mädchen bestehen mehr Wahlmöglichkeiten als früher, Gleichberechtigung hat sich scheinbar durchgesetzt. Mädchen scheinen häufig emanzipiert und stark, ihnen stehen alle Möglichkeiten offen, sie können sich frei entscheiden und wollen diese Wahlfreiheit auch nutzen.

Dies ist eine Seite der Modernisierung. Auf der anderen Seite bleiben Strukturen bestehen, die die Geschlechter weiterhin auf unterschiedliche Rollen festlegen: das Grundmuster gesellschaftlicher Arbeitsteilung besteht unverändert weiter und legt Männer auf den Produktions-, Frauen auf den Reproduktionsbereich fest (vgl. 1.). Die meisten Männer bzw. deren Arbeitgeber sind nach wie vor unflexibel im Abrücken vom traditionellen Männerbild des vollberufstätigen Familienernährers (so wird laut einer Untersuchung des Bundesfamilienministeriums von 2000 nur 2 % der Elternzeit von Vätern genommen), noch immer erfährt Berufstätigkeit und Karriere mehr gesellschaftliche

Anerkennung als das meist von Frauen geleistete Familienmanagement, die Pflege kranker Angehöriger sowie Beziehungsarbeit.

Es bestehen also *Widersprüche* zwischen propagiertem Gleichberechtigungspostulat und tatsächlicher Wahlfreiheit von Mädchen, Widersprüche zwischen medial und politisch vermittelten offenen Möglichkeiten und nach wie vor gesellschaftlich benachteiligenden Strukturen.

Im Unterschied zu früher werden bestehende Unterschiede und Benachteiligungen im Geschlechterverhältnis aber nicht mehr als solche benannt (auch nicht von Mädchen selbst), vielmehr werden sie negiert zugunsten von Wahlfreiheit und offenen Optionen. Erfahren nun Mädchen einen Bruch in ihrer Lebensplanung, so erleben sie dies als Scheitern ihrer eigenen Wünsche. Nach dem Motto „Wenn du es nicht schaffst, bist du selbst schuld", werden Erfahrungen der Benachteiligung, des Nicht-Erreichens zum persönlichen Problem des einzelnen Mädchens. Maria Bitzan und Claudia Daigler (Bitzan/Daigler 2001) sprechen in diesem Zusammenhang von einer *Individualisierung* der Erfahrungen bzw. der Probleme. Angesichts eines u.a. medial vermittelten Mädchenbildes des modernen Mädchens, das alles erreichen kann was es will, wird Scheitern als persönliches Versagen empfunden oder gar abgespalten, nach dem Motto „Das was ich habe wollte ich auch so!". Innerhalb gesellschaftlich bestehender Widersprüche werden Mädchen mit Erfahrungen von Benachteiligung, Diskriminierung und Nicht-Erfüllung ihrer Wünsche allein gelassen, ihre Probleme werden individualisiert. Als Folge beschreiben Bitzan und Daigler weiter, wie Mädchen oftmals große Pläne zurück stecken und versuchen, die Diskrepanzen zwischen versprochenen Chancen und einschränkenden Realitäten in der eigenen Person zu überbrücken.

Diese Individualisierung der Probleme wird verstärkt, indem die bestehenden Widersprüche verdeckt existieren und selten offen benannt werden. So bleibt verdeckt,

- dass es nach wie vor auch an gesellschaftlichen Strukturen liegt, wenn Mädchen und Frauen nicht alles erreichen können was sie sich wünschen,
- dass es der hauptsächlich von Frauen geleisteten Arbeit (Be-

ziehungsarbeit, Familienmanagement, Pflege etc.) an Bezahlung und gesellschaftlicher Anerkennung mangelt.

Das Konzept des *Verdeckungszusammenhangs* weist darauf hin, dass mit der Geschlechterhierarchie ein Herrschaftszusammenhang einhergeht, dessen Erscheinungen und Wirkungsweisen die Ursprünge dieser Geschlechterhierarchie verdecken. Damit ist gemeint, dass Benachteiligungen und eingeschränkte Lebensmöglichkeiten von Mädchen und Frauen sowie geschlechtsspezifische Einseitigkeiten, ihre Ursachen in gesellschaftlichen Strukturen haben, jedoch nicht als Mechanismus offen erkennbar sind, sondern verdeckt wirken[1]. Für die parteilich feministische Mädchenarbeit folgt daraus die Notwendigkeit eines doppelten Blicks: sie nimmt einerseits die Subjekte, d. h. die Mädchen selbst, in den Blick, andererseits rücken immer auch die Strukturen in den Blick, die das Handeln von Mädchen beeinflussen bzw. bestimmen (vgl. ausführlicher den Absatz zu Parteilichkeit im folgenden Kapitel).

3.2 Prinzipien parteilich feministischer Mädchenarbeit

Im Folgenden werden Arbeitsprinzipien und Leitmaximen vorgestellt, die sich seit der Entstehung der parteilichen Mädchenarbeit in den 1970er Jahren entwickelt haben. Es handelt sich dabei nicht um konkrete Methoden für spezifische Arbeitsfelder, sondern um prinzipielle Haltungen, Einstellungen und notwendiges Hintergrundwissen auf Seiten der PädagogInnen (vgl. zum Folgenden Bitzan/Daigler 2001, S. 50 ff.).

Mädchenpolitik

Mädchenarbeit kämpft seit ihrer Entstehung im Bereich der Jugendhilfe sowohl um die Verankerung geschlechtshomogener Mädchenangebote als eigenständigem Arbeitsansatz, wie auch um die Selbstverständlichkeit geschlechtsspezifischer Reflexion in allen gemischtgeschlechtlichen Arbeitsbereichen. Dies bedeutet kontinuierliche politische Einmischung in bestehende Struk-

1 Zum Verdeckungszusammenhang vgl. ausführlicher Tübinger Institut für frauenpolitische Sozialforschung e. V. 1998, S. 41 ff.

turen der Jugendhilfe mit dem übergeordneten Ziel, auf benachteiligende Strukturen ein zu wirken, die Lebenslagen von Mädchen (und Jungen) zu berücksichtigen, ungleiche Geschlechterverhältnisse ab zu bauen. Dies geschieht auf mehreren Ebenen: direkt vor Ort in der Einrichtung setzen sich Pädagoginnen sowohl für die Selbstverständlichkeit und Verankerung von geschlechtshomogener Mädchenarbeit ein, als auch für Mädchenarbeit als Querschnittsaufgabe in allen Konzepten und Angeboten; regional und überregional vernetzen sich Frauen aus der Mädchenarbeit, beispielsweise in Mädchenarbeitskreisen, mit dem Ziel, Einfluss zu nehmen auf Strukturen, Geldgeber, politische Entwicklungen. Ein wichtiger Inhalt der Vernetzung ist zudem die Selbstvergewisserung jeder einzelnen Frau, um einer möglichen Vereinzelung der Pädagoginnen in den jeweiligen Einrichtungen entgegen zu wirken, gemeinsame Strategien für die Umsetzung politischer Ziele zu entwickeln, Ideen zu bündeln, gemeinsame Aktionen für Mädchen zu planen, und schließlich Einfluss auf (über)regionale Jugendhilfeplanung aus zu üben.

Mädchenräume

Der Begriff der Mädchenräume ist in einem doppelten Sinn zu verstehen: zum einen ist damit Mädchenarbeit in geschlechtshomogenen Angeboten gemeint wie beispielsweise ein Mädchenzimmer im Jugendhaus oder eine Mädchenwohngruppe. Andererseits geht es darum, den Bedürfnissen und Anliegen von Mädchen Raum im Sinne von Gültigkeit und Wertigkeit zu geben. Mädchenarbeit möchte Mädchen Raum geben, über ihre Erfahrungen zu reden, eigene Bedürfnisse, Wünsche und Interessen wahr zu nehmen und ernst zu nehmen. In der Auseinandersetzung mit anderen Mädchen und Frauen will Mädchenarbeit Räume eröffnen, in denen sich Mädchen frei von geschlechtsspezifischen Zuschreibungen ausprobieren und entwickeln können, in denen sie Wertschätzung ihrer eigenen Person erfahren, ihre Stärken und Kompetenzen entdecken und entfalten können.

Mädchenarbeit sieht Möglichkeiten zur Umsetzung dieses „Räume Schaffens“ sowohl in gemischtgeschlechtlichen als auch in geschlechtshomogenen Einrichtungen und Angeboten. Wichtig ist also ein Arbeitssetting bzw. eine geschlechterreflektierte

Kompetenz auf Seiten von PädagogInnen, wodurch Raum in diesem doppelten Sinn geschaffen werden kann.

Eine besondere Bedeutung haben geschlechtshomogene Mädchenräume als Schutz- und Schonräume für Mädchen, die sexuellen Missbrauch oder Gewalt erfahren haben.

Ganzheitlichkeit

Das Prinzip der Ganzheitlichkeit nimmt Mädchen innerhalb ihrer Lebenswelt in den Blick. Probleme werden nicht isoliert betrachtet, sondern immer im Zusammenhang mit der gesamten Lebenssituation des Mädchens sowie in gesellschaftlichen Zusammenhängen. So können Ambivalenzen und Widersprüche im Verhalten der Mädchen in Wechselwirkung mit Ambivalentem und Widersprüchlichem in gesellschaftlichen Anforderungen gesehen werden. Ganzheitlichkeit bedeutet weiter, Mädchen nicht nur als Opfer gesellschaftlicher Strukturen wahr zu nehmen, sondern auch als Handelnde, die sich innerhalb der Strukturen bewegen, sich mit ihnen arrangieren und dazu beitragen, sie aufrecht zu erhalten. Schließlich richtet sich Ganzheitlichkeit gegen eine defizitäre Sicht auf Mädchen, indem sowohl deren Probleme und Schwächen als auch ihre Stärken und Kompetenzen wahrgenommen werden.

Parteilichkeit

Parteilichkeit als Arbeitsansatz in der Mädchenarbeit bezeichnet zunächst eine prinzipielle Haltung der Pädagogin: Mädchen bzw. ihre Erfahrungen werden ernst genommen, ihnen wird ehrliches Interesse und Zeit entgegen gebracht. Dies hört sich selbstverständlich an, für viele Mädchen ist es dies aber nicht – sie machen beispielsweise in ihren Familien, in der Schule oder in gemischtgeschlechtlichen Angeboten der Jugendhilfe andere Erfahrungen und lernen oft, ihre Interessen zurück zu stecken. Parteilichkeit meint nicht, sich unkritisch und idealisierend auf die Seite von Mädchen zu stellen, sondern vielmehr eine solidarische Haltung ein zu nehmen, einen kritischen „Blick von der Seite" auszuüben, „Anwältin" für Mädchen zu sein (vgl. Hartwig/Weber 2000). Dies bedeutet ein genaues Hinsehen auf Lebenssituationen, Wünsche und Handlungsmuster von Mädchen. Parteilichkeit geht vom Subjekt aus, ordnet subjektive Lebensrealitäten und persönliches Verhalten ein in den gesamtgesellschaftlichen Kontext. So können individuelle Problemlösungen als solche erkannt und wahrgenommen werden[2]. In Kapitel 3.1 wurden die widersprüchlichen Anforderungen in den heutigen Lebenslagen von Mädchen beschrieben. Das Prinzip der Parteilichkeit ermöglicht es, die Handlungs- bzw. Problemlösungsmuster des einzelnen Mädchens in diese Widersprüche ein zu ordnen und sie dadurch als individuelle Lösungsstrategien zu erkennen. Indem also die Handlungen der Mädchen auf der Folie gesellschaftlicher Kontexte interpretiert werden, trägt Parteilichkeit auch zu einer Entindividualisierung von Problemen (vgl. 3.1) bei. Parteilichkeit bedeutet also stets eine doppelte Perspektive, und zwar sowohl auf Subjekte als auch auf Strukturen[3].

Parteilichkeit bezieht sich neben der Ebene der Haltung gegenüber den Mädchen auch auf die Pädagoginnen selbst: als Frauen leben sie in denselben gesellschaftlichen Strukturen, die in der Arbeit mit Mädchen aufgedeckt und bekämpft werden sollen. So fordert Parteilichkeit zur Selbstreflexion auf, denn ein Aufdecken der benachteiligenden Strukturen ist nie nur im Sinne eines anwaltschaftlichen Interesses für Mädchen, sondern immer auch im eigenen Interesse. Es gilt, die eigenen Interessen nicht über die der Mädchen zu stellen, eigene Erfahrungen von Diskriminierung oder Benachteiligung nicht als Ausgangspunkt für Handlungsstrategien zugrunde zu legen, sondern stets die Mädchen selbst als Ausgangspunkt zu nehmen.[4]

---

2 Beispielsweise können Essstörungen von Mädchen dadurch nicht nur als ein Streben nach Schlanksein und Traumfigur gedeutet werden, sondern sie deuten auf Probleme im gesamten Lebenszusammenhang hin.

3 Parteilichkeit geht zurück auf die Auseinandersetzung der Studierendenbewegung mit der kritischen Theorie (vgl. Aly 1977). Die Analyse der gesellschaftlichen Machtverhältnisse ist die Grundlage jeder parteilichen Haltung. Ziel ist es, durch Solidarität und Unterstützung die Position gesellschaftlich diskriminierter und benachteiligter Gruppen zu stärken. Parteilichkeit bezog sich zunächst auf die Solidarität der Studierenden mit der ArbeiterInnenklasse, dann auf die der SozialarbeiterInnen mit den Arbeiterjugendlichen, schließlich wurde Parteilichkeit zum zentralen Prinzip autonomer Praxis unter Frauen (vgl. Weber 2002, S. 717).

4 Vertiefend zum Prinzip der Parteilichkeit, v. a. bezüglich der daran geübten Kritik seien Bitzan/Daigler 2001 sowie Hartwig/Weber 2000 empfohlen.

Partizipation

Parteiliche Mädchenarbeit will Angebote nicht nur für Mädchen, sondern mit ihnen zusammen entwickeln. Dies erfordert eine methodische Herangehensweise, die Mädchen ihre eigenen Wünsche erkennen lässt und die ihnen hilft, diese zu artikulieren. Denn Mädchen lernen häufig, auf Wünsche anderer ein zu gehen bzw. zu versuchen, den Erwartungen anderer zu entsprechen. Deshalb bedeutet Partizipation nicht einfach, Mädchen zu fragen was sie wollen. Vielmehr müssen Räume und Zusammenhänge geschaffen werden, die Mädchen ein anderes Denken jenseits vom „Normalen" ermöglichen und die helfen, andere Wahrnehmungen zu erfahren und zu benennen.

Dabei kann es durchaus vorkommen, dass sich die Vorstellungen der Pädagoginnen darüber, was für die Mädchen gut und richtig ist, von den Wünschen der Mädchen selbst unterscheiden. Denn Mädchen wünschen sich nicht immer das, was parteiliche Mädchenarbeit konzeptionell für sie 'vorsieht'.

Zusammenfassung

Abschließend wird klar, dass die einzelnen Prinzipien nicht deutlich voneinander ab zu grenzen sind, sondern vielmehr in Bezug zueinander stehen. Das hängt mit dem doppelten Blick zusammen, den parteilich feministische Mädchenarbeit mit sich bringt, und der sie von Mädchenarbeit wie sie beispielsweise in kirchlichen Zusammenhängen oder in Vereinen stattfindet, unterscheidet: der Blick richtet sich zum einen auf die Mädchen selbst, nimmt diese zum Ausgangspunkt pädagogischen Tuns und Denkens. Und der Blick richtet sich zum anderen auf Strukturen und gesellschaftliche Zusammenhänge, in denen sich Mädchen bewegen, die sie behindern oder festlegen. Hierin liegt das Politische parteilich feministischer Mädchenarbeit, nämlich das Eintreten für die Interessen von Mädchen bzw. das Einmischen in bestehende Strukturen, wenn diese die Interessen von Mädchen nicht genügend berücksichtigen. Die Prinzipien parteilich feministischer Mädchenarbeit sind dabei oftmals der Schlüssel des Zugangs zu den Mädchen, zu ihren Handlungsstrategien und ihren Ressourcen.

4. Mädchen(arbeit) in den Handlungsfeldern der Hilfen zur Erziehung

4.1 Empirische Befunde und deren Verweis auf geschlechtsbezogene Konfliktbewältigungsmuster

Im Folgenden wird auf der Grundlage empirischer Befunde die Situation von Mädchen in den Erziehungshilfen dargestellt. Der Fokus richtet sich dabei auf die Wege von Mädchen bis zum Zeitpunkt einer Hilfegewährung, sowie auf Gründe der Hilfegewährung auf Seiten von Fachkräften. Auf diese Weise lassen sich geschlechtsspezifische Überweisungsmuster auf dem Hintergrund aktueller Lebenslagen von Mädchen heute (vgl. 3.1) erklären.

Darauf aufbauend werden einige spezifische Themenfelder bezüglich der Arbeit mit Mädchen in Erziehungshilfen genauer beleuchtet (Körper und Sexualität, Migrationshintergrund, Erfahrungen von (sexueller) Gewalt, lesbische Mädchen, Suchtproblematiken).

Der Anteil von Mädchen in den Erziehungshilfen

Bereits im Sechsten Jugendbericht 1984 wurde festgestellt, dass in fast allen Formen der Erziehungshilfen Jungen häufiger betreut werden als Mädchen (vgl. Blandow u. a. 1986, S. 133 ff.). Mit einem durchschnittlichen Mädchenanteil von rund 41 % in den erzieherischen Hilfen (vgl. Bange 2004, S. 234) ist dies heute noch immer so (vgl. u. a. Fendrich/Pothmann 2006). Sind also Jungen per se 'schwieriger' als Mädchen und brauchen einfach mehr Unterstützung von Seiten der Jugendhilfe, oder gibt es andere Erklärungsansätze für die ungleiche Verteilung der Geschlechter in den Erziehungshilfen?

Geschlechtsbezogene Konfliktbewältigungsmuster

Dass Jungen generell um ca. 18 % häufiger erzieherische Hilfen in Anspruch nehmen als Mädchen deutet zunächst einmal darauf hin, dass sie mit ihrem Verhalten mehr ins Blickfeld der Jugendhilfe geraten. Jungen scheinen sich demnach in der Mehrzahl auffälliger zu verhalten als Mädchen. Hier gilt es danach zu fragen, was mit 'auffällig' gemeint ist, d. h. wer definiert, was auffällig ist. Es scheint auf Seiten von Fachkräften (Jugendamt, LehrerInnen, ErzieherInnen) und Eltern eine ungeschriebene Einigkeit darüber zu bestehen was ‚auffällig' sei: störend (den Unterricht, das soziale Gefüge, die Familie etc.), aggressiv, gewalttätig, laut. Wer sich so verhält, gerät schneller in das Blickfeld der Jugendhilfe als solche Mädchen und Jungen, die eher 'stille' Konfliktbewältigungsmuster aufweisen wie Essstörungen, selbstverletzendes Verhalten, depressive Tendenzen, Introvertiertheit o. Ä. (vgl. Hartwig/Kriener 2002, S. 81 ff.). Auf Seiten von Fachkräften (beispielsweise in Jugendämtern) besteht zudem oft wenig Sensibilität für und Wissen über spezifische Lebenslagen von Mädchen (vgl. 3.1) und daraus resultierenden Konfliktbewältigungsmustern (vgl. Daigler/Finkel 2000, S. 34 ff.). Mädchen erscheinen deshalb vielen Professionellen lange Zeit ‚unauffällig' und angepasst, bestehende Probleme werden nicht wahrgenommen, da das Verhalten von Mädchen, das im Grund auf mögliche Konflikte hindeutet, nicht damit in Zusammenhang gebracht wird (z. B. werden Essstörungen als übertriebene Diäten interpretiert, Introvertiertheit wird als ‚besonders Schüchtern' eingestuft etc.). Die Folge ist ein Übersehen vieler Mädchen und ihrer Probleme, denn die „Lebenswelt der Mädchen [ist] von Faktoren geprägt, die für die Wahrnehmung ihrer Lebenslage durch die professionell Handelnden weniger Aufmerksamkeit verlangt" (Hartwig/Kriener 2002, S. 82). Viele Mädchen machen in ihrem Sozialverhalten, in ihrem relativ angepassten Schul- und Leistungsverhalten und in ihrer Freizeitgestaltung weniger Probleme, damit den Professionellen weniger Arbeit und bekommen daraus folgend weniger Aufmerksamkeit in allen Bereichen der erzieherischen Hilfen (vgl. ebd.). Die Probleme dieser Mädchen bleiben dadurch verdeckt, ihre Konflikte werden nicht gesehen und existieren ungesehen weiter.

Fehlende Aufmerksamkeit für geschlechtsbezogene Konfliktbewältigungsmuster auf Seiten Professioneller ist jedoch nicht der einzige Grund für die Unterrepräsentanz von Mädchen in Erziehungshilfen. Aufgrund häufig bestehender und zunehmender Arbeitsüberlastung auf Ämtern, sowie durch Sparzwang und Finanzierungsdruck in Einrichtungen und auf Ämtern, geraten in der Regel eher laute und störende Auffällige schneller in den Blick von Fachkräften. So muss beispielsweise ein freier Platz in einer Einrichtung schnell belegt werden, um mögliche Finanzierungslücken zu vermeiden. Während bislang einige Einrichtungen versuchten, frei gewordene Plätze für Mädchen frei zu halten oder auch eine geschlechterparitätische Quotierung der Belegung aufrecht zu erhalten, steigt der Druck nach schneller Wiederbelegung. Pädagogische Konzepte können dabei zugunsten einer Schließung von Finanzierungslücken in den Hintergrund geraten. Blandow konstatiert, dass „Entscheidungen in der Jugendhilfe nur zu einem geringeren Teil eine Frage pädagogischer Vernunft und fachlich begründeten Handelns [sind], weit mehr Ergebnis institutioneller Aushandlungsprozesse und institutioneller Vorgaben“ (Blandow 2001, S. 104). Unter dem Gesichtspunkt vorherrschenden Finanzierungsdrucks scheint es naheliegender, ‘auffälliger’ störende Jungen mehr in den Blick zu nehmen.

An dieser Stelle soll nicht der Eindruck entstehen, es gäbe keine Mädchen, die ihre Aggressionen nach außen richten und sehr wohl im o.g. Sinne ‘stören’ – diese Mädchen gibt es auch[1]. In der Literatur werden sie zwar wenig beschrieben, Fachkräften aus Einrichtungen der Erziehungshilfen berichten jedoch, dass Mädchen in den letzten Jahren vermehrt solches Verhalten zeigen. Indem sie z. B. Gewalt gegen Gegenstände oder Personen ausüben, in der Schule durch störendes Verhalten auffallen oder sich für eine offene rebellische Lebensweise wie die der Punkszene entscheiden, sind diese Mädchen sichtbar und werden wahrgenommen. Ihr Verhalten wird von Fachkräften als Ausdruck dahinter liegender Konflikte interpretiert und man findet sie in den Erziehungshilfen vor. Der deutlich höhere Prozentsatz von Jungen in den Hilfen zur Erziehung deutet darauf

1 Ebenso wie es Jungen gibt, die ‚unauffälligere’ Konfliktbewältigungsmuster aufweisen und dadurch mit ihren Problemen übersehen werden.

hin, dass es im Durchschnitt weniger 'laute' Mädchen und 'stille' Jungs gibt als umgekehrt.

Zusammenfassend kann festgehalten werden, dass die Unterrepräsentanz von Mädchen in den Erziehungshilfen darauf hinweist, dass die Konfliktbewältigungsmuster vieler Mädchen nach außen hin weniger auffallen als die vieler Jungen. Mädchen geraten dadurch in der Tendenz zunächst weniger ins Blickfeld von Fachkräften. Zwar gibt es innerhalb der Erziehungshilfen mittlerweile viele mädchenspezifische Angebote (Mädchenwohngruppen, Betreutes Wohnen für Mädchen u.v.m.), in denen „statt der Probleme, die Mädchen machen, … jetzt die Probleme, die Mädchen haben stärker in den Blick [geraten]" (Weber 2000, S. 47). Hier wird also das Verhalten der Mädchen als Ausdruck individueller Problemlösungsstrategien interpretiert und es werden dahinter liegende Konflikte für dieses Verhalten gesucht. Dennoch müssen Mädchen mit ihren Problemen, die sie *haben* erst einmal in diese Angebote gelangen. Eine Sensibilisierung für ihre Probleme und daraus entstehender Auffälligkeiten muss also in einem früheren Stadium einsetzen. Die Aufmerksamkeit von Eltern für die Konflikte ihrer Töchter muss gefördert werden, denn sie sind nahe Bezugspersonen und können dadurch mögliche Probleme frühzeitig erkennen. Fachkräfte in Institutionen wie Kindergärten und Schulen, die viele Mädchen täglich erleben, müssen ebenso sensibilisiert werden wie Professionelle im Jugendamt.

4.2 Wahrnehmung der Probleme von Mädchen und der Umgang damit

Wann kommen Mädchen in welche Erziehungshilfen

Innerhalb verschiedener Hilfeformen fällt die geschlechtsspezifische Verteilung unterschiedlich aus[2]: während in Tagesgruppen Mädchen mit einem Anteil von 25,7 % deutlich seltener als Jungen (74,3 %) betreut werden, steigt der Mädchenanteil im Heim und in betreuten Wohnformen (42,4 %) und stellt in Inobhutnahmen mit 53,9 % die Mehrheit dar. Das Einstiegsalter

2 Die exakten Daten sind ausgewiesen in: Bange 2004, S. 234 ff. bzw. Baur u. a. 1998, S. 116 ff.

von Mädchen liegt zu Beginn der Hilfegewährung zwischen 15 und 18 Jahren, damit geraten sie deutlich später als Jungen in eine Hilfe (Jungen erhalten Hilfen im Durchschnitt im Alter zwischen 6 und 18 Jahren). Entsprechend dem späteren Beginn der Hilfen sind Mädchen am Ende der Hilfen im Schnitt 18 bis 21 Jahre alt, während die meisten Jungen die Hilfe zwischen 15 und 18 Jahren beenden.

Die Verteilung der Hilfeformen nach Geschlecht sowie nach Alter zu Beginn der Hilfen lassen folgende Erklärungsansätze zu: Finkel und Daigler (2000, S. 243) stellen dar, wie bzw. wann laut Aussagen von Fachkräften Hilfen für Mädchen und Jungen gewährt werden: bei Jungen werden oft problematisches individuelles Verhalten wie Aggression, Devianz, Lern- und Leistungsrückstände sowie Auffälligkeiten in der Schule genannt. Auf Seiten von Mädchen werden auf den familiären Kontext bezogene Problemfelder wie Gewalt- oder Missbrauchserfahrungen, Störung der Eltern-Kind-Beziehung aufgeführt[3]. Legt man den Hilfebegründungen die oben beschriebene Definition von 'Auffälligkeit' zugrunde so wird klar, warum Mädchen erst in höherem Alter Hilfegewährung erfahren. Eine Störung der Eltern-Kind-Beziehung bzw. Gewalt- und Missbrauchserfahrungen können länger 'im Stillen', unter der Oberfläche verhandelt werden als aggressives oder straffälliges Verhalten. So wird beispielsweise verständlich, warum die Anzahl von Mädchen in Tagesgruppen so niedrig ist: bis Mädchen ins Blickfeld der Jugendhilfe gelangen sind sie fast zu alt für eine Tagesgruppe bzw. ihre Krisen haben sich schon so zugespitzt, dass die Hilfeangebote einer Tagesgruppe nicht mehr ausreichen. Damit bleibt ihnen aber auch die Chance eher präventiv wirkender Maßnahmen einer Tagesgruppe verwehrt.

Die unterschiedlich angeführten Hilfebegründungen für Mädchen und Jungen bestätigen folglich einerseits unterschiedliche Konfliktbewältigungsmuster je nach Geschlecht. Andererseits verweisen sie auf geschlechtstypische professionelle Wahrnehmungsmuster (vgl. Helmig 2006, S. 134). Mädchen fallen, so

3 Die unterschiedlichen Zahlen bzgl. der Hilfebegründungen nach Geschlecht machen dies deutlich: bei Mädchen sind Gewalt- bzw. Missbrauchserfahrungen um 12 % häufiger als bei Jungen benannt, bei Jungen wird gewalttätiges Verhalten um 20 % häufiger benannt.

beschreibt es Monika Weber (vgl. 2000, S. 7), mit ihren Problemen und Schwierigkeiten durch das Aufmerksamkeitsraster der Jugendhilfe. Als Folge scheint das höhere Alter von Mädchen zu Beginn einer Hilfegewährung logisch. Denn während Jungen meist auf Initiative von Müttern, Vätern, Schulen oder Jugendamt in Hilfen gelangen, sind Mädchen vermehrt auf Eigeninitiative angewiesen[4]. Bis sie diese ergreifen sind sie oftmals an der Grenze der Belastbarkeit oder die familiäre Situation hat eine krisenhafte Zuspitzung angenommen. Doch gerade bei familiären Problemen werden Mädchen oft stark belastet. Hartwig und Kriener sprechen gar von Ausbeutung, „indem ihnen zu viel Verantwortung übertragen wird, wenn z. B. auf der Elternebene schwer wiegende Konflikte vorherrschen und eine generative Rollendiffusion eintritt“, wie beispielsweise das Heranziehen von Töchtern als Partnerersatz (Hartwig/Kriener 2002: 83). Von Seiten des Jugendamts werden Mädchen häufig zunächst so genannte familienerhaltende Hilfeformen gewährt, auch wenn die Mädchen selbst frühzeitig auf sich aufmerksam machen. Aggressive und laute Mädchen lösen bei Fachkräften teilweise Irritation, Ratlosigkeit oder Überforderung aus. Sind sie zudem bei diesem auffälligen Verhalten schon älter, so wird es zunehmend schwerer, für diese 'schwierigen' Mädchen passende Einrichtungen zu finden. Oberflächlich betrachtet erscheinen diese Maßnahmen vielen Fachkräften weniger gravierend[5]. Die Gründe für die Hilferufe von Mädchen werden in solchen Fällen nicht erkannt – sie liegen verdeckter als bei vielen Jungen. Aufgrund mangelnder geschlechtsreflexiver Wahr-

4 Laut Daigler/Finkel gehen 43 % der Hilfen auf Initiativen der Mädchen selbst zurück. Bei Jungen geht in 54,9 % die Initiative von Eltern, Schule oder Jugendamt aus, bei Mädchen in nur 21 % der Fälle (vgl. 2000: 243).

5 Finkel führt ein Beispiel aus einem im Rahmen der Jule-Studie (vgl. Baur u. a.1998) geführten Interview an, in dem ein Mädchen beschreibt, wie es sechs Jahre lang von seinem Halbbruder sexuell missbraucht wurde. Trotz jahrelanger Versuche des Mädchens, auf den Missbrauch aufmerksam zu machen, wurden die Ursachen ihrer 'Auffälligkeiten' nicht erkannt bzw. falsch interpretiert und eine Tagesmutter zur Unterstützung der berufstätigen Mutter in die Familie geschickt (Finkel 2000a, S. 244). Die 'Herausnahme' des Mädchens aus der Familie mag der zuständigen Fachkraft gravierender erscheinen als die Unterstützung durch eine Tagesmutter – für das Mädchen selbst aber bedeutet der Verbleib in der Familie eine Fortsetzung des sexuellen Missbrauchs.

nehmungsmuster auf Seiten vieler Fachkräfte gelangen die meisten Mädchen erst in höherem Alter in eine Hilfe, oftmals erst, wenn sie selbst im Jugendamt quasi auf den Tisch hauen und ihre Belastbarkeitsgrenze deutlich signalisieren bzw. verbalisieren. Dies ist eine hohe individuelle Leistung dieser Mädchen, eine Hürde die höher – manchmal zu hoch – liegt, als sich aggressiv oder deviant zu verhalten. Denn, um es mit Monika Weber aus zu drücken, „dass Mädchen noch immer seltener und kürzer Hilfen *erhalten* bedeutet nicht, dass sie weniger Unterstützung *benötigen*" (Weber 2000, S. 7, Hervorh. K. B.).

Das Ende der erzieherischen Hilfen

Das höhere Alter der Mädchen am Ende der Hilfen (18 bis 21 Jahre) ist vergleichbar mit ihrem höheren Alter zu Beginn der Hilfen. Im Schnitt sind sie zu Beginn der Hilfegewährung 15 bis 18 Jahre alt. Hilfeempfangende Jungen sind im selben Alter im Schnitt bereits ca. 6 Jahre in der Hilfe. Viele Mädchen brauchen bei Hilfebeginn erst einmal Zeit, um sich in der neuen Situation zurecht zu finden. Bis sie – wie oben dargestellt – Hilfegewährung erfahren ist in der Regel schon recht viel passiert, d. h. viele Mädchen haben eine Reihe gravierender Erlebnisse hinter sich, sie müssen erst einmal Abstand gewinnen und die Erfahrungen verarbeiten. Aufgrund der zugespitzten Situation musste zudem häufig recht schnell reagiert werden, wodurch unter Umständen nicht sofort die passende Hilfeform gewählt wurde und deshalb ein Wechsel notwendig wird. In der heutigen Zeit der Sparzwänge steht dieses Zeit-Brauchen oft im Widerspruch zu Handlungsdruck auf Seiten der Fachkräfte. In der Jule-Studie (vgl. Baur u. a. 1998) wird deutlich, unter welchem Begründungsdruck Fachkräfte bei einer (Weiter-)Gewährung von 'Hilfen für junge Volljährige'[6] stehen. Volljährigkeit oder Abschluss der Lehre wiegen als Gründe für eine Beendigung der Hilfe dann oftmals höher als ein von Seiten der Mädchen formulierter weiterer Unterstützungsbedarf.

Neben Sachzwängen wie Sparmaßnahmen spielt bei (Weiter-) Gewährungen von Hilfen aber auch mangelndes Fachwissen seitens vieler Fachkräfte eine Rolle. Gemeint ist damit eine feh-

6 Gemäß § 7 KJHG ist junge Volljährige wer 18, aber noch nicht 27 Jahre alt ist.

lende Sensibilität für die spezifischen Lebenslagen vieler Mädchen (vgl. 3.1). Unregelmäßiger Schulbesuch oder Abbruch der Lehre beispielsweise können Ausdruck einer persönlichen Krise von Mädchen sein. Sie drücken dadurch möglicherweise ihre Furcht, ihre Ängste und Sorgen bezüglich des nahenden Endes der Hilfegewährung aus. Wird dieses Verhalten jedoch als Kooperationsverweigerung eingestuft, so kann es von Seiten der Einrichtung zu einem Abbruch der Hilfe führen. Mädchen in ihrem Bedürfnis nach weiterer Hilfegewährung bzw. in ihrer Angst vor einem Abbruch von Beziehungen ernst zu nehmen entspräche hier dem Prinzip der Parteilichkeit feministischer Mädchenarbeit (vgl. 3.2). Es ist sicherlich in jedem Einzelfall ein schwieriges Abwägen und Einschätzen, welche Probleme, Wünsche und Bedürfnisse hinter dem jeweiligen Verhalten stehen. Und sicher haben Mädchen auch spezielle Strategien, um ihre Ziele zu erreichen. Deutlich wird aber dennoch, dass ein genaues Hinsehen auf Widersprüche im Verhalten der Mädchen, ein Verstehen dahinter liegender Bedürfnisse bzw. Probleme, eines professionellen Wissens um geschlechtsspezifische Lebenslagen und Bewältigungsmuster bedarf. Nur auf diese Weise sind – wie es Maria Bitzan und Claudia Daigler ausdrücken – „die Wahrnehmungspraktiken im Gesamtsystem der Erziehungshilfen und deren 'Niederschlag' in den einzelnen Schritten der Hilfeplanung zu beleuchten und daraufhin zu betrachten, wo sie für Mädchen und junge Frauen Möglichkeiten und wo sie Begrenzungen schaffen“ (Bitzan/Daigler 2001, S. 129).

Zusammenfassung

Zusammenfassend lässt sich festhalten, dass Mädchen im Schnitt nach wie vor seltener als Jungen eine Hilfe gewährt wird, außerdem meist erst im höheren Alter und aufgrund ihrer eigenen Initiative. Entsprechend dem späteren Beginn der Hilfen, beenden Mädchen die Hilfe in höherem Alter als Jungen. Trotzdem ist die Hilfedauer der Mädchen geringer.

Die Hilfebegründungen können als geschlechtsbezogen bezeichnet werden, indem bei Jungen überwiegend nach außen gerichtetes 'auffälliges' Verhalten beschrieben wird, während bei der Mehrzahl der Mädchen familiäre Probleme und autoaggressives Verhalten überwiegen. Dies lässt auf Unterschiede zwischen Mädchen und Jungen im Umgang mit Konflikten schließen, was wiederum auf Unterschiede in den Lebenslagen zurückzuführen ist (vgl. Hartwig/Kriener 2002, S. 82). Die Folge davon ist aber nicht ein genaues Hinsehen auf Probleme und Konflikte einzelner Mädchen (und Jungen), sondern eine Überweisungspraxis, die ihren Blick auf offensichtliche 'Auffälligkeiten' richtet und damit häufiger das 'störende' Verhalten von Jungen erfasst.

'Störende' Mädchen (i.S.v. laut, aggressiv, gewaltbereit) stellen hohe Anforderungen an die betreffenden Ämter und Einrichtungen. Die Fachwelt hat sich in den letzen Jahr(zehnt)en viele Gedanken um die stilleren Mädchen gemacht, Konzepte und Handlungsempfehlungen für die Arbeit mit aggressiveren Mädchen stehen aus. Möglicherweise resultieren diesbezügliche Unsicherheiten und Irritationen auf Seiten von Forscherinnen und Fachkräften daraus, dass Mädchen, die ihre Konflikte auf diese Weise deutlich machen, nicht in das kulturelle Weiblichkeitsbild (vgl. 1.1) passen, dem sich auch (feministische) Fachkräfte schwer entziehen können.

Um mögliche Ursachen geschlechtsbezogenen Konfliktverhaltens wird es im folgenden Kapitel gehen. Es werden unterschiedliche Lebenslagen und -situationen von Mädchen erläutert, aus denen sich spezifische Themenfelder für die Arbeit mit Mädchen in Erziehungshilfen ergeben. Die Lebensphase der Pubertät, die Lebenssituationen von Mädchen mit Migrationshintergrund, von Mädchen mit Erfahrungen von (sexueller) Gewalt, von lesbisch lebenden Mädchen sowie mögliche Ursachen für Suchtproblematiken von Mädchen bilden dabei eine Auswahl von vielen unterschiedlichen Lebenssituationen und Lebenslagen vieler unterschiedlicher Mädchen.

5. Spezifische Themenfelder in der Arbeit mit Mädchen in den Hilfen zur Erziehung

5.1 Die Adoleszenz und das Verhältnis von Mädchen zu Körper und Sexualität

Veränderungen in der Pubertät

Mit der Adoleszenz beginnt für Mädchen eine Zeit, die geprägt ist von körperlichen Wandlungsprozessen: die Brüste wachsen, Figur und Aussehen verändern sich, die erste Menstruation setzt ein, die Genitalien verändern sich, sexuelle Wünsche und Erregungen erhalten eine neue Qualität. Karin Flaake (2001) führt aus, dass es sich bei diesen Veränderungen um keine neutralen, rein biologischen oder anatomischen Umgestaltungen handelt, sondern dass sie gleichzeitig eingebunden sind in kulturelle Bedeutungszusammenhänge, die sozial geprägt und gesellschaftlich vermittelt sind. Mit anderen Worten: mit den einsetzenden körperlichen Veränderungen in der Pubertät müssen sich Mädchen mit der Tatsache auseinandersetzen, dass sie zur Frau werden und damit unwiderruflich und ausschließlich dem weiblichen Geschlecht angehören, denn in westlich-industriellen Gesellschaften ist nur „… die eindeutige und endgültige Zuordnung zu einem und nur einem Geschlecht vor[gesehen]" (ebd., S. 8). Mit der Zuordnung zur Frau und zur Weiblichkeit sind in unserer Gesellschaft nicht nur körperliche Attribute verbunden, sondern ganz bestimmte gesellschaftliche Bilder von 'weiblicher' Körperlichkeit, Verhaltensweisen, Schönheitsidealen und Sexualität, mit denen sich Mädchen auseinandersetzen müssen.

Mädchen sehen sich zwar nicht nur bzw. nicht erst in der Pubertät mit gesellschaftlichen und kulturellen Bildern von Weiblichkeit konfrontiert. Medien (z. B. Kinder- und Schulbücher, Fernsehen, Werbung und Zeitschriften), Kindergarten und Schule, Gleichaltrige, sowie erwachsene Personen wie Eltern oder LehrerInnen vermitteln Vorstellungen, Definitionen, Werte und Normen über Männlichkeit und Weiblichkeit. Doch mit den körperlichen Veränderungen der Pubertät, erfahren Mädchen bezogen auf ihr Aussehen und ihr Verhalten verstärkt Bewertungen, Kommentare und Einschränkungen bezüglich ihrer Geschlechtszugehörigkeit. Dies hat Auswirkungen auf den Zugang zu und die Entwicklung von eigenen Bedürfnissen der Mädchen, auf ihr Selbstbild und ihr Selbstwertgefühl. Maria Bitzan und Claudia Daigler stellen aufgrund unterschiedlicher Studien über Mädchen in der Adoleszenz fest, dass Mädchen bis ungefähr zum 9. Lebensjahr bewusst und selbstverständlich ihre eigenen Kompetenzen erleben und über eine selbstverständliche Verbindung zwischen ihren Wünschen und ihrem Handeln verfügen, was ab der Pubertät deutlich abnimmt (vgl. Bitzan/Daigler 2001, S. 28 f.). Brown/Gilligan (1994) sprechen in diesem Zusammenhang von einem 'Verlieren der Stimme' ab der Pubertät. Damit ist gemeint, dass Mädchen in dieser Lebensphase die bereits erworbene und gelebte Kompetenz 'verlieren', ihre eigenen Anliegen und Bedürfnisse zu spüren, zu artikulieren und ein zu fordern. Anstelle dieser Fähigkeiten tritt das Bemühen, von außen an sie herangetragene Erwartungen zu erfüllen, auf die Wünsche anderer ein zu gehen, es anderen 'recht zu machen', Anerkennung zu erhalten. Dies, so wiederum Bitzan/Daigler (2001), bedeutet Einschränkung und Verlust der eigenen Autonomie.

Mädchen geraten also spätestens ab der Pubertät bewusst und unbewusst in einen Zwiespalt zwischen eigenen Bedürfnissen und gesellschaftlichen Erwartungen und müssen sich mit diesem Zwiespalt auseinandersetzen. Im Folgenden wird dies für die Bereiche Schönheitsideale und Sexualität ausgeführt.

Schönheitsideale

Mit der Adoleszenz und den einsetzenden körperlichen Entwicklungen erhalten Körper und Aussehen eine neue Qualität. Mädchen müssen sich ebenso mit den äußerlichen und innerlichen Veränderungen ihres Körpers auseinander setzen, wie mit der Erfahrung, dass ihr Körper einer ganz neuen Art der Kommentierung und Bewertung von außen ausgesetzt wird. Kulturelle und gesellschaftliche Bilder von Weiblichkeit begegnen Mädchen etwa in Werbung, Zeitschriften oder Filmen, aber auch in Kommentaren von Erwachsenen oder Gleichaltrigen. Hierüber werden gesellschaftliche Schönheitsideale transportiert, die laut Flaake (2001) nie ganz erfüllbar sind. Viele Mädchen aber messen ihr Aussehen und ihr Gewicht an diesen Schönheitsidealen, die zudem ein relativ einheitliches Bild von 'Weiblichkeit' vermitteln, so als würde es eine Art 'Idealfigur bzw. –aussehen' geben, das von allen Mädchen und Frauen erreicht werden kann – wenn sie nur wollen. Vielfalt und Unterschiedlichkeit haben dabei keinen Platz, Individualität ist nicht vorgesehen (große oder kleine Brüste, mehr oder weniger lange Beine, viel oder wenig Körperbehaarung, dick oder dünn sein, etc.). Untersuchungen der Bundeszentrale für gesundheitliche Aufklärung (BzgA) zeigen, dass sich Mädchen frühzeitig – teilweise schon vor Beginn der Pubertät – mit ihrem Aussehen, ihrem Gewicht und ihrem Körper beschäftigen (vgl. BzgA: 2001). Schon 9- bis 10-jährige Mädchen äußern demnach Unzufriedenheiten mit dem eigenen Körper, würden gerne anders aussehen oder andere körperliche Merkmale aufweisen (ebd.). Fast zwei Drittel der 13- bis 14-jährigen Mädchen würden gerne besser aussehen, über die Hälfte wäre gerne dünner (darunter objektiv viele mit Normal- bzw. Untergewicht), ein hoher Prozentsatz der Mädchen hat Erfahrungen mit Diät (ebd.).

Dies macht deutlich, dass gesellschaftliche und kulturelle Schönheitsideale nicht spurlos an Mädchen vorbei ziehen. Kaum ein Mädchen oder eine Frau kann sich ihnen entziehen. Mädchen lernen dabei früh, dass auch in geschlechtshomogenen Zusammenhängen Kommentare über den eigenen Körper oder über andere Mädchen-/Frauenkörper 'dazugehören'. Bei Müttern oder Freundinnen beobachten sie beispielsweise unzufriedene Äußerungen über den eigenen Körper, und auch neidvolle oder abwertende Kommentare bzgl. des Aussehens anderer Mädchen und Frauen. Eine Kultur der Selbstzufriedenheit und des Stolzes auf eigene Körperattribute wird selten vermittelt, fast ist es ungehörig, sich selbst schön zu finden[1]. Aufgrund

---

1 Flaake (2001) weist darauf hin, dass Schönheitsideale auch für Jungen und Männer immer mehr an Bedeutung gewinnen. Sie hebt jedoch den entscheidenden Unterschied hervor, dass in gesellschaftlichen Definitionen von Weiblichkeit gutes Aussehen zentral ist, während Männlichkeitsbilder noch anderes Wesentliches beinhalten, wie z. B. Fähigkeiten und Leistungen im schulischen und später beruflichen Bereich.

der mit der Pubertät ohnehin vielfach einhergehen Verunsicherungen und Unzufriedenheiten ist diese 'Unkultur' von Selbstzufriedenheit und eigenem Stolz doppelt schwerwiegend, da Bewertungen von außen ein starkes Gewicht erhalten. Blicke und Kommentare von Jungen und Männern gewinnen hierbei eine besondere Bedeutung, denn mit der Adoleszenz nimmt, so Flaake (ebd.), die gesellschaftliche Erwartung zu, sich auf das andere Geschlecht zu beziehen. Karin Flaake drückt es folgendermaßen aus: „Wenn es kein eigenes Gefühl für den Wert des Körpers gibt und das gesellschaftlich vorgegebene Schönheitsideal ein prinzipiell unerreichbares ist, kann weibliches Selbstgefühl in starkem Maße abhängig werden von entsprechenden Bestätigungen seitens der Männer. Somit ist es primär der fremde Blick, der Blick des anderen Geschlechts, der Weiblichem seine Bedeutung verleiht, und nicht der mit dem eigenen Geschlecht geteilte Stolz auf den Körper“ (Flaake 1996, zitiert in Bitzan/Daigler 2001, S. 31).

Zwar betonen einige Autorinnen den kreativen Aspekt und den darin enthaltenen Stellenwert des Ausprobierens verschiedener Identitäten (Bitzan/Daigler 2001) bzw. die machtvolle Seite der (oft aufwendigen) Gestaltung von Schönheit und Selbststilisierung (Preiß/Wilser 2000). Doch gerade bei der Strategie, über Ausgestaltung von Schönheit Macht über Jungen und Männer aus zu üben, muss die darin enthaltene heterosexuelle Ausrichtung kritisch betrachtet werden.

Da bei der Auseinandersetzung von Mädchen mit Schönheitsidealen Gewicht und Figur eine zentrale Bedeutung einnehmen, wird im Folgenden ein Exkurs zu Essstörungen angeführt.

Exkurs: Essstörungen

Essstörungen wie Magersucht, Bulimie und Adipositas gelten als die weiblichen Süchte schlechthin (Sprotte 2003). Obwohl der Anteil essgestörter Jungen und Männer zunimmt, sind Essgestörte zu mindestens 90 % weiblich und müssen mit dem weiblichen Schönheitsideal in Zusammenhang gebracht werden (vgl. Kolip 1999). Doch wäre es verkürzt, Essstörungen allein darauf zurück zu führen. Um die Hintergründe von Essstörungen zu verstehen, ist eine geschlechtsbezogene Betrachtungsweise notwendig, die die Lebenslagen heutiger Mädchen in den Blick nimmt. Essstörungen können so als Ausdruck von Mädchen gesehen werden, Überforderungs- und Ohnmachtsgefühlen gegenüber widersprüchlichen Anforderungen und Ambivalenzen in ihrem Leben Ausdruck zu verleihen. Modernisierte Lebenslagen verlangen von Mädchen in vielen Bereichen einen ständigen Balanceakt zwischen eigenen Wünschen und gesellschaftlichen Erwartungen (vgl. 3.1). Viele Mädchen verlernen dabei, eigene Bedürfnisse wahrzunehmen, zu artikulieren und ein zu fordern, sie verlieren die Fähigkeit, sich durchzusetzen oder Konflikte aus zu tragen. Dass Essstörungen (vor allem Magersucht und Bulimie) meist im Laufe der Pubertät ausbrechen deutet darauf hin, dass Mädchen während dieser Zeit in besonderem Maße mit Gefühlen der Verunsicherung und Überforderung umgehen müssen, die mit von außen an sie herangetragenen Erwartungen von 'Weiblichkeit' zu tun haben (vgl. den Abschnitt zu 'Veränderungen in der Pubertät' in diesem Kapitel). Störungen im Essverhalten bei Mädchen müssen vor dem Hintergrund geschlechtsbezogener Aspekte gesehen werden, vor allem in Zusammenhang mit gesellschaftlich bestehenden Weiblichkeitskonstruktionen. Diese berühren Bereiche wie Körperlichkeit, Sexualität, Zukunftsplanung, Schönheitsideale, etc. und bewirken, dass Mädchen trotz einer Modernisierung von Geschlechtsrollenbildern spätestens ab der Pubertät starken äußeren Erwartungen ausgesetzt sind. Versuchen Mädchen, in der Familie, in Peergroups, in der Schule und in Freizeitzusammenhängen diesen Erwartungen zu entsprechen, so treten ihre eigenen Wünsche und Bedürfnisse dabei oft in den Hintergrund, stehen im Widerspruch zu den verschiednen Erwartungen oder werden unterdrückt. Essen bzw. Nahrungsmittel können ein Mittel sein, sich zu verweigern, sich im wahrsten Sinne des Wortes 'aus zu kotzen' und/oder 'voll zu stopfen'. Esssucht kann zum Mittel werden, auf andere Art und Weise (wieder) Macht zu erlangen, Kontrolle aus zu üben oder Protest zu leben. Bruch führt aus, dass Essstörungen tiefer liegende psychische Belastungen zugrunde liegen, oder auch schwere Traumata wie beispielsweise sexueller Missbrauch oder Gewalterfahrungen (vgl. ausführlich Bruch 2004). Wie bei anderen Suchtformen so gilt auch für Esssüchte, dass sie Bewältigungsversuche ungelöster Konflikte darstellen. Preiß/Wilser weisen zurecht darauf hin (vgl. 2000, S. 16), dass Essstörungen keinesfalls nur *eine* Ursache zugrunde liegt, sondern gesellschaftliche, familiäre, innerpsychische und soziokulturelle Faktoren eine Rolle spielen[2].

Wichtig ist an dieser Stelle jedoch darauf hin zu weisen, dass nicht jede Diät oder jedes unregelmäßige Essverhalten von Mädchen auf eine Essstörung schließen lassen. Wie bereits erwähnt haben viele Mädchen Erfahrungen mit Diäten, was aufgrund des dargestellten Schönheitsideals nicht verwundert. Hier ist ein genaues Hinsehen auf die Beweggründe des Mädchens für einen veränderten Umgang mit dem Essen erforderlich: ist sie wirklich übergewichtig (und wer definiert dies), strebt sie nach dem gesellschaftlich bestehenden Schönheitsideal, verweigert sie das Essen, um sich selbst zu spüren oder um Macht über ihren Körper (und andere) zu erlangen, welche ungelösten Probleme 'schluckt' sie damit hinunter usw. Ein Wissen um mögliche Hintergründe und Ursachen von Essstörungen kann die Aufmerksamkeit gegenüber diesbezüglich gefährdeten Mädchen erhöhen und ihren Konflikten möglicherweise gerecht werden.

Exkurs: Selbstverletzendes Verhalten

Selbstverletzendes Verhalten ist nicht klar zu definieren, da Übergänge zwischen verschiedenen Formen von selbstzugefügten Verletzungen sowie Bewertungen von konstruktivem und destruktivem Verhalten fließend sind (z. B. kann auch exzessiver Sport, ungesunde Ernährung oder zu wenig Schlaf selbstverletzend werden). Dennoch werden unter selbstverletzendem Verhalten Vorgänge verstanden wie Schneiden (mit scharfen Gegenständen wie Rasierklingen, Messern oder Scheren) und Ritzen (mit Scherben) in die Haut, Verbrühungen oder Verbrennungen (z. B. durch Zigaretten oder heißes Wasser), Manipulation von Wunden, Quetschen der Haut, seltener wiederholtes Kopfschlagen oder Beißen in eigene Körperteile (vgl. Levenkron 2001, S. 21). Das Erzeugen und Empfinden von Schmerzen bei selbstverletzenden Handlungen wird mit einer

2 Auf die einzelnen Faktoren kann an dieser Stelle nicht weiter eingegangen werden; vgl. dazu sowie zur Erläuterung der spezifischen Esssüchte ausführlich Preiß/Wilser 2000.

Funktion bzw. Intension[3] in Verbindung gebracht. Dementsprechend wird die Schwere der Selbstverletzung in Zusammenhang mit der Schwere der dahinter liegenden „Störung" betrachtet (vgl. Ackermann 2004, S. 29).

Es wird davon ausgegangen, dass sich in Deutschland ca. 200.000 Menschen selbst verletzen[4], wobei es sich überwiegend um Mädchen und junge Frauen zwischen 16 und 30 Jahren handelt (ebd., S. 28). Der hohe weibliche Anteil weist auf die bereits mehrfach beschriebenen verstärkten normativen Anforderungen hin, mit denen sich Mädchen und junge Frauen (nicht nur) beim Erwachsenwerden auseinandersetzen müssen. Ihnen wird dabei unter anderem weniger als Jungen zugestanden, Aggressionen aus zu leben, Unmut zu äußern, wütend zu sein – kurz: in der Tendenz kommt Mädchen eher ein fürsorglicher, liebevoller und auf andere bezogener Part zu. Dies kann, in Zusammenhang mit anderen Faktoren wie beispielsweise frühe Traumata wie sexueller Missbrauch oder körperliche und seelische Misshandlungen, zu nach innen und auf sich selbst gerichteten Aggressionen bei Mädchen führen, die sich in selbstverletzendem Verhalten zeigen (können) (vgl. ebd., S. 31 ff., 90 ff.). Natürlich wäre es verkürzt zu sagen, viele Mädchen zeigten selbstverletzendes Verhalten, weil es ihnen gesellschaftlich weniger zugestanden wird, nach außen hin aggressiv zu handeln. Hervorgehoben werden soll hier dennoch der Zusammenhang zu diesen Anforderungen an Mädchen und Frauen. Doch wie bei anderen Süchten, so ist auch bei selbstverletzendem Verhalten von multifaktoriellen Hintergründen aus zugehen. Auffallend ist bei selbstverletzendem Verhalten ein oftmals bestehender Zusammenhang zu Essstörungen (vgl. ausführlich Ackermann 2004, S. 69 ff.).

Fachkräfte begegnen Mädchen und jungen Frauen mit selbstverletzendem Verhalten unterschiedlich. So kann die Selbstver-

---

3 Ackermann führt als subjektive Funktionen selbstverletzenden Verhaltens an: sich selbst spüren wollen, den inneren Schmerz nicht spüren müssen, Druck abbauen, Kontrolle über sich selbst erlangen zu wollen, sich selbst bestrafen zu wollen, heimlich Stolz zu empfinden (vgl. 2004, S. 40 ff.).

4 Die Zahlen über Menschen mit selbstverletzendem Verhalten variieren jedoch, nicht zuletzt aufgrund der hohen Dunkelziffer sowie der bisher fehlenden Forschungen oder Erhebungen zu diesem Thema (ebd., S. 28).

letzung Wut und Hilflosigkeit auslösen, bzw. Ratlosigkeit darüber, wie mit den Betroffenen umgegangen werden soll. Auf Seiten von ÄrztInnen oder TherapeutInnen können die Mädchen und jungen Frauen auch auf Ablehnung stoßen, auf entwürdigende Behandlung oder gar auf Einweisung(sversuche) in die Psychiatrie aufgrund der Annahme eines Suizidversuchs (vgl. ebd., S. 52). Dies kann bei den Betroffenen das Gefühl der Ablehnung oder des Drucks verstärken. Es ist wichtig, ihnen Verständnis entgegen zu bringen und sie in ihrem Verhalten ernst zu nehmen. Um die Gefühle und Erfahrungen aufarbeiten zu können, die hinter den Selbstverletzungen stehen ist es hilfreich, an anderen Möglichkeiten zu arbeiten, inneren Schmerz, Wut und Ärger aus zu drücken und Gefühle wahr zu nehmen. Die Ressourcen der Betroffenen in den Blick zu nehmen kann zu einer Wahrnehmung eigener positiver Eigenschaften führen und somit zu einer Aufwertung des Selbstwertgefühls. Außerdem kann es hilfreich sein, über Gefühle vor und nach der Selbstverletzung zu sprechen und über die Frage, was damit erreicht werden möchte. So können alternative Möglichkeiten erarbeitet werden, um das durch die Selbstverletzung erwünschte Gefühl zu erreichen (vgl. Sachsse 2002).

Sexualität und Geschlechtsidentität

In der Lebensphase der Pubertät müssen sich Mädchen neben den eigenen körperlichen Veränderungen ebenso mit sexuellen Wünschen und Phantasien auseinandersetzen. Die körperliche Reifung zur Frau konfrontiert sie einerseits mit einer neuen Intensität sexueller Wünsche und Erregungen, mit der eigenen Lust und Sehnsüchten. Andererseits werden von außen zum Teil recht deutliche Erwartungen und Beschränkungen an sie heran getragen. Erwartungen können Mädchen beispielsweise innerhalb von Klassenverbänden oder Cliquenzusammenhängen in Form von Druck erfahren, mit einem Jungen zu schlafen. 'Es' zu tun kann sogar zu einer Art Wettstreit werden (vgl. Flaake 2001, S. 137). Mit Beschränkungen sehen sich Mädchen häufig durch Eltern konfrontiert, wenn diese aufgrund der sexuellen Ausstrahlung der Mädchen auf Gefahren hinweisen, Ängste äußern (z. B. vor Vergewaltigung) oder Verbote aussprechen (was etwa abendliches Ausgehen betrifft).

Für Mädchen bedeutet dies ein Spannungsverhältnis zwischen eigenen Bedürfnissen einerseits, dem normativen Druck der Umgebung, v.a. der Bezugsgruppe und der Erziehungsberechtigten, andererseits. Unbeschwerte Prozesse der Aneignung, des Ausprobierens und Experimentierens der eigenen Sexualität haben dabei oftmals nicht viel Raum, sondern werden überlagert durch eigene Unsicherheiten, durch Erwartungsdruck und normative Anforderungen von außen[5].

Hinzu kommt, dass Heterosexualität in unserer Gesellschaft als normal angesehen wird und meist von einer Orientierung auf das andere Geschlecht ausgegangen wird. Laut Flaake implizieren gesellschaftliche und kulturelle Bilder von Weiblichkeit immer einen spezifischen Bezug zum anderen Geschlecht sowie die gesellschaftliche Norm einer heterosexuellen Orientierung (2001, S. 136). Homoerotische Wünsche und Phantasien, eine Liebe zum eigenen Geschlecht sind nicht vorgesehen. Damit gibt es weder einen Platz, ein 'Bild' für Liebe zu eigenen Geschlechtsorganen, noch zu anderen Mädchen. Beides wäre für lustvolle und sinnliche Erfahrungen mit dem eigenen Geschlecht und Körper, für einen positiven Bezug zu 'weiblicher' Körperlichkeit eine wichtige Quelle (vgl. Bitzan/Daigler 2001, S. 31). Selbstberührungen und Selbstbefriedigung sind in unserer Gesellschaft mit Gefühlen der Scham und des Verbots besetzt, darüber gesprochen wird selten. Dabei sind sie für die Erforschung des eigenen Körpers, zum Entdecken von Vorlieben und Erregbarkeiten wichtig (Flaake 2001). Eine gute Kenntnis eigener sexueller Vorlieben bedeutet einen Schritt hin zu einer selbstbestimmten und erfüllenden Sexualität mit anderen.

Sexualität und Geschlechtidentität bei lesbisch lebenden Mädchen

Homosexualität entspricht nach wie vor nicht der Norm, gilt als 'anders'. Da in der Adoleszenz der Druck zu normenkonformer Orientierung relativ groß ist kann es für Mädchen schwer sein, ihre homoerotischen Gefühle zuzulassen, geschweige denn sie aus zu leben. Während der Adoleszenz befinden sich Mädchen allgemein in einem sehr verunsichernden Lebensabschnitt und

5 Zum besonderen Stellenwert der Mutter-Tochter-Beziehung während dieser Zeit vgl. ausführlich Flaake 2001, S. 154 ff.

können sich möglicherweise besonderem Druck ausgesetzt fühlen, normenkonform und damit heterosexuell zu leben. Dadurch wird die Orientierung der eigenen Sexualität in gewisser Weise kanalisiert und das Erkunden individueller Vorlieben eingeschränkt. Für lesbische Mädchen bedeutet dies eine besondere Herausforderung, spüren sie doch, dass sie nicht 'normal' empfinden oder erfahren gar Kommentare oder Abwertungen gegenüber diesbezüglichen Gefühlen. Positive Gefühle des Verliebtseins, das Erleben erfüllender Erotik und Sexualität mit der Freundin, können so in einen Widerspruch geraten mit gesellschaftlichen Normalitätserwartungen. Die Liebe zum eigenen Geschlecht ist zwar öffentliches Thema in Medien und Politik, jedoch selten ohne den 'Touch' der Ausnahme oder des Sonderfalls oder gar der Sensation. Trampenau führt aus, wie Mädchen in eine Krise geraten können wenn sie feststellen, dass sie anders empfinden als ihre Freundinnen, die für Jungs schwärmen (vgl. 1989, S. 29). Handlungsalternativen können dann beispielsweise sein, sich normenkonform zu verhalten und sich auf Beziehungen mit Jungen ein zu lassen. Das Zurückziehen von der Außenwelt kann eine weitere Handlungsalternative darstellen, oder auch ein „Umlenken“ der Energie auf Schule oder Hobbys, um auf diese Weise von sich selbst ab zu lenken (vgl. ausführlich 5.4).

5.2 Mädchen mit Migrationshintergrund

Lebenssituationen

Hinter der Bezeichnung 'Mädchen mit Migrationshintergrund' verbergen sich viele unterschiedliche Mädchen mit ganz verschiedenen kulturellen Hintergründen, Nationalitäten und Aufenthaltsstadien:

Definitionen 'Mädchen mit Migrationshintergrund':

- Mädchen mit eigenen Migrationserfahrungen
- Migrationserfahrungen der Eltern oder Großeltern
- Aussiedlerinnen (freiwillig oder unfreiwillig)
- Flüchtlinge (eigene Fluchterfahrungen oder Fluchterfahrungen in der Familie)
- Mädchen ausländischer Herkunft mit deutschem Pass

- Mädchen mit nicht-deutschem Pass
- Mädchen mit deutschem und nicht-deutschem Pass
- Mädchen mit begrenztem Aufenthaltsrecht
- Mädchen mit ungesichertem Aufenthaltsrecht (z. B. zweimonatige Duldung)

Allein diese Definitionsversuche machen deutlich, dass sich hinter dem Begriff 'Mädchen mit Migrationshintergrund' eine Unterschiedlichkeit von Mädchen und damit eine Unterschiedlichkeit an Erfahrungen und Lebensrealitäten, Bedürfnissen, Wünschen und Problemen verbirgt. Gemeinsam sind ihnen aber wahrscheinlich allen offene und verdeckte Rassismus- und Diskriminierungserfahrungen. Diese zeigen sich in Form von verbalen und körperlichen Übergriffen, in der Verwehrung von schulischen und beruflichen Möglichkeiten sowie von StaatsbürgerInnenrechten und politischer Partizipation, und schließlich in der Zuschreibung eines 'Andersseins' bei gleichzeitiger Infragestellung eines 'Normalseins' (vgl. Otyakmaz 2003, S. 10).

Insbesondere die Frage nach Andersartigkeit und Normalität ist bzgl. der Situation von Mädchen in Erziehungshilfen speziell zu betrachten. Auf Seiten vieler (meist deutscher) SozialwissenschaftlerInnen und PraktikerInnen existieren Bilder von und über Mädchen mit Migrationshintergrund, die sie mehr zu 'anderen Mädchen' machen als dies von den Mädchen selbst so gesehen und empfunden wird (vgl. Riegel 2003, S. 196). Oft wird „davon ausgegangen, dass Jugendliche mit Migrationshintergrund besondere Schwierigkeiten in ihrer Identitätsentwicklung haben, da sie sich mit mehreren kulturellen Systemen auseinandersetzen müssen, die sich in ihren Wertvorstellungen, aber auch in ihren kulturellen Praktiken diametral unterscheiden" (ebd.). Bezieht man diese Sichtweise auf Mädchen in Erziehungshilfen, so werden ihre Probleme meist dem kulturellen Hintergrund zugeschrieben und auf diesen reduziert (vgl. Daigler/Finkel 2000, S. 74). In der Praxis wird also das Aufwachsen mit zwei verschiedenen Kulturen oftmals zum alleinigen Grund für Konflikte und Probleme erklärt, auf dessen Hintergrund dann

6 Riegel bezieht ihre Erkenntnisse aus einer qualitativen Untersuchung mit 16- bis 19-jährigen Migrantinnen der zweiten und dritten Generation.

Schritte der Hilfegewährung geplant werden (ebd.). Berrin Özlem Otyakmaz spricht in diesem Zusammenhang von einer Kulturkonflikthypothese (vgl. 2003, S. 8). Diese Sichtweise verkennt, dass die Lebenssituationen von Mädchen mit Migrationshintergrund genauso vielschichtig sind wie die Lebenssituationen deutscher Mädchen (bzw. Mädchen ohne Migrationshintergrund), und dass aus diesem Grund genauso vielschichtige Konflikte entstehen können. Viele Mädchen mit Migrationshintergrund grenzen sich von solch einer Stigmatisierung ab, da diese Reduzierung ihrer Probleme allein auf den kulturellen Hintergrund nicht ihrer Realität entspricht.

Die Auseinandersetzung der verschiedenen Mädchen mit Migrationshintergrund mit ihren Lebenssituationen in der deutschen Kultur lassen sich ganz grob folgendermaßen skizzieren[7]:

Migrantinnen der zweiten oder dritten Generation:
- Verortung weder ausschließlich in der einen, noch in der anderen Kultur, sondern „Sowohl-als-auch" bzw. „Weder-noch-Identitäten" (vgl. Riegel 2003, S. 18)
- Einfluss mehrerer Kulturen auf die eigene Sozialisation wird als positiv und bereichernd empfunden, weniger als problematisch
- Auseinandersetzung mit den unterschiedlichen Werten und Normen der Kulturen und Bildung eines eigenen multikulturellen Wertesystems
- meist keine Verwerfung oder Akzeptierung der Werte einer Kultur per se, sondern Vermischung der verschiedenen Kulturen

Flüchtlinge (Mädchen, die nicht in Deutschland geboren sind und Erinnerungen an ihr Herkunftsland bzw. die Flucht haben)[8]:
- Gefühle des 'Fremd-Sein' oder 'Anderssein' durch den Wechsel in die andere Kultur und Erfahrungen der Flucht
- Konfrontation mit neuen und anderen Werten, z. B. im Schulsystem oder durch Medien
- Gefühle der Entwurzelung, Angst oder Überforderung durch das viele neu zu Erlernende

7 Eine solche Skizzierung unterliegt der Gefahr, die unterschiedlichen Mädchen in Schemata zu pressen bzw. zu suggerieren, die unterschiedlichen Lebensrealitäten wären so vorfindbar. Dies ist keineswegs beabsichtigt, dennoch wird aufgrund der Komplexität der verschiedenen Migrationshintergründe diese Darstellungsweise gewählt.

8 Vgl. Strähle 2003; Kultus 2003; Beinzger u. a. 1995

- Spannungsverhältnis zwischen einem Sich-einleben-Wollen in Deutschland und der Ungewissheit vor einer Abschiebung
- Verarbeitung traumatischer Erlebnisse in Zusammenhang mit der Flucht
- Heimweh nach FreundInnen, vertrauten kulturellen Werten, sozialen Netzwerken
- beengte Wohnverhältnisse, Geldmangel, Residenzpflicht9
- starke Bindung ans und ins Haus, frühe Heranziehung zu häuslichen Pflichten, teilweise Ausgangsverbot, Hinderung am Schulbesuch oder Ausbildung
- teilweise patriarchale Hierarchien innerhalb der Familien (v.a. bei muslimischen Mädchen)
- aufgrund oft bestehender Arbeitslosigkeit, engen Wohnverhältnissen, Problemen zwischen den Eltern hohe Gefahr von Gewaltanwendung
- Noch stärkere Tabuisierung von Gewalt oder sexuellem Missbrauch innerhalb der Familie als bei deutschen Familien

Aussiedlerinnen[10]**:**

- Verarbeitung traumatischer Erlebnisse in Zusammenhang mit der Ausreise aus dem Herkunftsland
- psychische Belastungen durch Heimweh und enttäuschte Erwartungen
- im Falle einer unfreiwilligen Ausreise möglicherweise Widerstand gegen das neue Leben
- Gefühle der Entwurzelung, Angst oder Überforderung durch das viele neu zu Erlernende in Schule, Freizeit, im öffentlichen Leben etc.
- Erfahrungen der Abwertung bisher erworbenen Wissens bzw. bereits absolvierter Abschlüsse durch das deutsche System
- hoher Stellenwert der eigenen Clique, die sich aus AussiedlerInnen zusammen setzt: vertraute Verhaltensweisen, Vermittlung von Akzeptanz, Sicherheit und Schutz, Kenntnis der Sprache
- Misstrauen gegenüber staatlichen Institutionen und deren VertreterInnen (auch: Schule, Jugendhilfe) aufgrund schlechter Erfahrungen im Herkunftsland (z. B. GUS-Staaten)
- Orientierung an einer Lebensplanung mit Familie bzw. als Hausfrau und Mutter, oftmals frühe Heirat
- Widersprüche zwischen neu erlangten Freiheiten und unsicheren Zukunftsperspektiven aufgrund schlechterer Bildungschancen und erschwertem Zugang zum Arbeitsmarkt

---

9 Flüchtlinge mit geduldetem Aufenthaltsstatus dürfen den für sie zuständigen Landkreis nicht verlassen.

10 Vgl. Mucke 2003, S. 22 ff.

Die dargestellten Aspekte sind dabei nicht das Einzige, was Einfluss auf die Mädchen ausübt. Selbstverständnis und Lebenskontexte der Mädchen aller drei Gruppierungen sind natürlich nicht nur von ihrer nationalen oder ethnischen Herkunft geprägt. Sie identifizieren sich mit Bereichen, die zunächst nichts mit diesen Kategorien zu tun haben, wie z. B. einer bestimmten Jugendszene, einem Mode- oder Musikstil, einer Sportart. Sie haben viele ähnliche Interessen und Probleme wie ihre Altersgenossinnen ohne Migrationshintergrund und wollen dementsprechend auch einfach als 'ganz normale Jugendliche' gesehen und akzeptiert werden. Es gilt auch hier, die Mädchen nicht nur als Opfer der Verhältnisse zu sehen, sondern sie als handlungsfähig wahr zu nehmen. Zum einen gibt es viele Aussiedlerinnen und Flüchtlingskinder, die hier geboren sind oder von klein auf hier leben. Sie wollen – ähnlich wie die Migrantinnen der zweiten oder dritten Generation – nicht als 'Anders' wahrgenommen werden, ihre Probleme und Bedürfnisse gilt es nicht allein aufgrund ihrer durch die Flucht oder das Aussiedeln geprägte Lebenssituation zu interpretieren. Und auch Mädchen, die erst in höherem Alter nach Deutschland kommen, möchten ein Leben als 'normale' Jugendliche führen (vgl. Mucke 2003, S. 22 ff.; Strähle 2003, S. 28 ff.).

Deutlich wird, dass sich Mädchen mit Migrationshintergrund innerhalb vieler widersprüchlicher Anforderungen bewegen. In Kapitel 3.1 wurden die Widersprüche bzgl. geschlechtsbezogener Anforderungen in den Lebenslagen deutscher Mädchen beschrieben. Mädchen mit Migrationshintergrund müssen sich zudem mit Widersprüchen auseinandersetzen, die sich aus unterschiedlichen kulturellen Werten ergeben können sowie aus Zuschreibungen von 'Anders-Sein' und dem individuellen Bedürfnis nach 'Normal-Sein'.

Mädchen mit Migrationshintergrund in den Erziehungshilfen

Die Situation von Mädchen mit Migrationshintergrund in den Erziehungshilfen kann als eine 'doppelt verdeckte' bezeichnet werden: fallen sie als Mädchen bereits als Angehörige des weiblichen Geschlechts zunächst durch das Aufmerksamkeitsraster vieler Professioneller (vgl. 4.), so spitzt sich dieses 'Übersehenwerden' aufgrund ihres kulturellen Hintergrunds nochmals zu. Anders ausgedrückt bedeutet dies, dass ihre Probleme und Konflikte zum einen – wie bei Mädchen ohne Migrationshintergrund – aufgrund sogenannter weiblicher Konfliktbewältigungsmuster eher verdeckt bleiben. Zum anderen werden diese 'unauffälligeren' Konflikte nochmals verdeckt, indem durch kulturbezogene Deutungsmuster auf fachlicher Seite die Lebensrealitäten vieler Mädchen nicht in ihrer Gesamtheit gesehen werden.

Richtet man den Blick auf die Anzahl der Mädchen mit Migrationshintergrund in den Erziehungshilfen, so wird diese 'doppelte Verdeckung' deutlich: die Gesamtgruppe der Mädchen und Jungen aus Migrationsfamilien in erzieherischen Hilfen beträgt 23,6 %. Innerhalb dieser Gruppe ist der Anteil der Jungen um 13,4 % höher als der der Mädchen. (vgl. Baur u. a. 1998, S. 391). Mädchen mit Migrationshintergrund sind demnach doppelt unterrepräsentiert, da sie sowohl innerhalb der Gesamtgruppe der MigrantInnen in den Erziehungshilfen den deutlich geringeren Anteil ausmachen, als auch innerhalb der Gruppe deutscher und nichtdeutscher Mädchen insgesamt.

Den überwiegenden Teil der Kinder aus Migrationsfamilien bilden mit 85 % Mädchen und Jungen der zweiten Generation von MigrantInnen. Mit einem Anteil von 15 % sind Kinder und Jugendliche aus Flüchtlingsfamilien und Spätaussiedlerfamilien deutlich unterrepräsentiert, was auf einen erschwerten Zugang zu Erziehungshilfen hin deutet. Die Gründe hierfür sind vielfältig und können beispielsweise in großem Misstrauen gegenüber Eingriffen in die Familie liegen, in einer Unkenntnis über mögliche Hilfeformen, in einer Verwehrung der Hilfen aufgrund ungesicherter Aufenthaltsstadien, oder in Aufmerksamkeitsdefiziten auf Seiten von Fachkräften für die Lebenssituationen von Flüchtlings- und Aussiedlerfamilien[11].

Auf massives Konfliktpotential in vielen Familien der Mädchen mit Migrationshintergrund deutet die Tatsache hin, dass sie fast doppelt so häufig vorläufige Schutzmaßnahmen in Anspruch nehmen als ihre Altersgenossinnen ohne Migrationshintergrund.

---

11 Diesen Zustand sowie mögliche Ursachen erörtert Kultus, vgl. 2003, S. 103 ff.

Vorläufige Schutzmaßnahmen werden in der Regel in einer nicht mehr tragbaren Situation aufgesucht (vgl. Daigler/ Finkel 2000, S. 65), von daher scheint diese Differenz zwischen deutschen und nichtdeutschen Mädchen auf Unterschiede im Konflikt- und Gewaltverhalten innerhalb der Familien zu verweisen. Trotzdem beziehen die meisten Mädchen mit Migrationshintergrund keine längerfristige Hilfemaßnahme, sondern kehren – oft auf eigenen Wunsch – in die unveränderten Familienverhältnisse zurück.

Die Hilfebegründungen sind mit psychischen Auffälligkeiten, Entwicklungsrückständen und Essstörungen ähnlich geschlechtsspezifisch wie bei deutschen Mädchen, allerdings werden häufiger Gewaltverhältnisse, Beziehungsschwierigkeiten sowie problematische Wohnverhältnisse genannt. (ebd.). Vor allem bei Aussiedler- und Flüchtlingsfamilien können die Wohnsituationen unvorstellbar eng sein. Oft leben mehrere Generationen in wenigen Zimmern auf wenigen Quadratmetern zusammen, Matratzen werden nachts in die Küche gelegt und Kinder schlafen zusammen in einem Bett (vgl. Strähle 2003. S. 28). Dass in solchen Wohnverhältnissen Beziehungsprobleme entstehen können sowie Gewalt leichter eskalieren kann, liegt auf der Hand.

Je nach Hilfeart, die Mädchen mit Migrationshintergrund gewährt wurde, stellt sich die Situation der Mädchen unterschiedlich dar. Soziale Gruppenarbeit in einer Mädchengruppe kann z. B. ein Ort sein, an dem sie (wie Mädchen ohne Migrationshintergrund auch) sozialen Kontakt finden, in Auseinadersetzung mit anderen Mädchen ihre eigenen Grenzen und Möglichkeiten entdecken und ausprobieren, an dem sie aber auch eine zeitlang der Enge der familiären Wohnverhältnisse, Beaufsichtigung[12] und Pflichten entkommen. Da sich diese Gruppen meist multikulturell zusammensetzen, unterliegen sie hier – je nach pädagogischem Konzept – nicht so sehr der Gefahr, als 'anders' oder 'fremd' definiert zu werden.

12 Vor allem Mädchen aus muslimischen Familien unterliegen oft einer mehr oder weniger strengen Aufsicht ihrer männlichen Familienmitglieder. Häufig ist eine Mädchengruppe der einzige Ort, zu dem ihnen aufgrund der Geschlechtshomogenität Zugang gewährt wird. Bring- und Abholdienste durch Brüder oder Väter sind dabei keine Seltenheit.

In der Familienhilfe sowie in vollstationären Einrichtungen stellt der nichtdeutsche kulturelle Hintergrund der Mädchen oft eine große Herausforderung dar (vgl. Daigler/Finkel 2000, S. 66 ff.). Fachkräfte ohne Migrationshintergrund sehen sich hohen Anforderungen gegenüber, was das Wissen über Normen, Werthaltungen, Verhaltensregeln, Geschlechtsrollenmuster der anderen Kulturen betrifft. Zusammen mit einer Offenheit und Vorurteilslosigkeit stellt dies oft die erste Voraussetzung für einen Zugang zu den Mädchen, und vor allem zu deren Eltern, dar. Gerade zu den Eltern muss Vertrauen gewonnen werden, die Rolle des Systems Sozialer Hilfen für Jugendliche bzw. die Rolle von Fachkräften darin ist ihnen oft nicht bekannt und stellt zunächst eine Bedrohung und einen Eingriff in die Privatsphäre der Familie dar. Ein Verständnis für die Form von Hilfe und Unterstützung durch Erziehungshilfen muss vermittelt werden, ohne dabei Werte des deutschen Systems als allein gültige zu betrachten. Ebenso wie die Eltern das deutsche System Sozialer Hilfen begreifen und akzeptieren sollen, müssen Professionelle Werte und Normen der anderen Kulturen respektieren. Hier ist eine Annäherung beider Seiten erforderlich, um gegenseitiges Verständnis und aufeinander Zugehen zu fördern. Gehören Fachkräfte nicht demselben Geschlecht und derselben Kultur an, so können sich Gefühle des Misstrauens verstärken. In Familien mit starkem patriarchal-hierarchischem Gefüge kann es beispielsweise hilfreich sein, wenn ein Mann mit den Vätern arbeitet, oder eine Frau aus derselben Kultur mit den Müttern. Da die Arbeit mit den Eltern für den weiteren Hilfeverlauf der Mädchen oft sehr wichtig ist, kommt diesen Aspekten eine hohe Bedeutung zu.

Unterbringungen von Mädchen in Gruppen von Mädchen ohne Migrationshintergrund, in denen zudem evt. keine Fachkräfte mit Migrationshintergrund arbeiten, können Gefühle wie 'Anders-Sein' und 'Nicht-verstanden-Werden' auslösen. Familiäre Situationen und Werte können kulturell verschieden sein, daher können sich auch Hilfebedürfnisse unterscheiden. Dies erfordert eine hohe Sensibilität und interkulturelle Professionalität auf Seiten der Fachkräfte ohne Migrationshintergrund.

Gleichzeitig dürfen, wie bereits erwähnt, Konflikte und Probleme von Mädchen mit Migrationshintergrund nicht allein der nichtdeutschen Kultur zugeschrieben werden. Tatsächlich geschieht dies in der Praxis der Erziehungshilfen aber oft, indem „v. a. dann wenn es spannungsreich ist – oft vorschnell die kulturelle Differenz zum alles bestimmenden 'Problem' erklärt [wird]." (Daigler/Finkel 2000, S. 74). Eine solche Interpretation bedeutet keine ganzheitliche Betrachtung des Lebenszusammenhangs der Mädchen, denn damit bleiben mögliche Ursachen sowie Lösungswege jenseits kultureller Differenzen verdeckt. Werden Konflikte hauptsächlich aufgrund zweier scheinbar unvereinbarer Kulturen interpretiert, so werden die Mädchen selbst nicht ernst genommen. Stattdessen werden mögliche Ursachen außerhalb der Mädchen selbst gesehen, der Blick richtet sich auf äußere Umstände anstatt auf Bedürfnisse, Wünsche und Handlungsmöglichkeiten der Mädchen.

5.3 Mädchen mit Erfahrungen von (sexueller) Gewalt

(Sexuelle) Gewalt gegen Mädchen und der Zusammenhang mit kulturellen Geschlechterbildern

Erfahrungen (sexueller) Gewalt kennzeichnen die Lebensgeschichten vieler Mädchen und junger Frauen (s.u.). Dennoch wird dieses Thema in der Gesellschaft, im öffentlichen Diskurs (und teilweise auch in den Erziehungshilfen) weitgehend tabuisiert. Dies wirkt sich auf den Umgang der betroffenen Mädchen mit ihren Erfahrungen aus, spüren sie doch, dass darüber nicht öffentlich gesprochen wird bzw. gesprochen werden will. Gesellschaftlich wird damit ein Problem 'verschwiegen', dessen Ursachen in patriarchalen Strukturen liegen, und dessen Lösung demzufolge der Verantwortung der Gesellschaft obliegt. Brückner spricht davon, dass „... die Verharmlosung männlicher Übergriffe auf Frauen und Mädchen ... das Fundament individueller männlicher Handlungsmuster [bildet]; es scheint gestattet, Ansprüche, Forderungen und Wünsche, selbst Ohnmachtsgefühle gegenüber Frauen (und Mädchen, K. B.) in Gewalt umschlagen zu lassen" (Brückner 2002, S. 13). Damit weist Brückner auf den Einfluss gesellschaftlicher Normen und kultureller Geschlechtervorstellungen hin die dazu führen, dass – trotz zunehmender Verurteilung – Gewalthandlungen von Männern gegenüber Mädchen und Frauen häufig hingenommen werden, ihnen der Gewaltcharakter abgesprochen wird, oder sie als Privatsache betrachtet werden (ebd., S. 12). Erfahrungen von (sexueller) Gewalt werden so zum Problem der Betroffenen gemacht, sie werden individualisiert. Gesellschaftliche Strukturen, die derartige Gewaltausübungen begünstigen, rücken in den Hintergrund, die Gewalt wird in gewisser Weise zur 'Frauensache'[13].

Von sexuellem Missbrauch betroffene Mädchen werden von den Tätern meist zur Geheimhaltung gezwungen und unter Druck gesetzt. Häufig erzählen Täter, 'solche Dinge' seien ganz normal und sie drohen beispielsweise mit einer Zerstörung der Familie im Falle einer Öffentlichmachung durch das Opfer (ebd.). Die Betroffenen selbst empfinden die Missbrauchserfahrungen keineswegs als 'normal', sie sind verunsichert, schämen sich, haben Schuldgefühle und sind oft emotional vom Täter abhängig, da es sich meist um Personen aus dem nahen Umfeld des Opfers handelt.

Mädchen und Jungen, die sexuelle Gewalt erfahren, werden folglich sowohl auf gesellschaftlicher, als auch auf persönlicher Ebene dazu angehalten, ihre Erfahrungen für sich zu behalten, sie 'im Stillen' zu verhandeln.

---

13 Ein Beispiel hierfür ist eine Aktion auf dem diesjährigen Münchner Oktoberfest. Aufgrund der jährlichen zahlreichen Vergewaltigungen von Oktoberfestbesuchern an Mädchen und Frauen, wird auf Initiative von Münchner Mädchenprojekten in Frauentoiletten durch Plakate darauf hingewiesen, dass Alkoholisiertsein nicht zum Grabschen berechtigt und jedes Mädchen/jede Frau das Recht hat, 'Nein' zu sagen. In diesem Fall investieren also Frauen Zeit und Geld, um Männergewalt entgegen zu wirken. Würde der Staat, die Gesellschaft Verantwortung übernehmen, so würde eine von Männern initiierte Aktion sich an Oktoberfestbesucher wenden mit der Aufforderung, übergriffige Äußerungen und Handlungen zu unterlassen (vgl. Emma 5/2005, S. 5).

Zahlen, Fakten und Hintergründe

Sexuelle Gewalt[14]

- Handlungen sexueller Gewalt zeichnen sich in der Regel durch bestehende Machtgefälle zwischen Täter und Opfer aus. Täter nutzen oftmals einen eigenen höheren Hierarchiestatus und Abhängigkeitsverhältnisse der Opfer aus (z. B. Väter, Vorgesetzte, Lehrer). Unter sexuellen Missbrauchshandlungen werden sexuelle Berührungen, Masturbation, pornographische Aktivitäten und alle Formen des Geschlechtsverkehrs verstanden. Sexuelle Belästigungen in Form anzüglicher Bemerkungen, Blicke oder Grabschen können ebenfalls als sexuelle Missbrauchshandlungen eingestuft werden.
- Etwa zwei Drittel der Opfer sind Mädchen, ein Drittel Jungen. Es wird von einer Dunkelziffer ausgegangen, wonach in Deutschland jedes vierte bis fünfte Mädchen sexuell missbraucht wird.
- 8,2 % der Frauen haben vor ihrem 16. Lebensjahr sexuellen Missbrauch erfahren.
- Sexueller Missbrauch findet meist über Jahre hinweg statt, die Täter[15] stammen fast immer aus dem Familienumfeld. Wenn nicht, so handelt es sich vorwiegend um Erziehungs- und Vertrauenspersonen. In den seltensten Fällen wird sexueller Missbrauch von Fremden begangen.
- Soziale Schicht und ethnische Zugehörigkeit entsprechen in etwa dem jeweiligen Anteil in der Bevölkerung. Die Täter sind meist sozial unauffällig.
- Fast immer, auch nach der Aufdeckung, leugnen missbrauchende Männer ihre Handlungen.
- Meist werden vom Täter schlimme Folgen angedroht, sollte das Schweigen gebrochen werden.
- In den angezeigten Fällen gehören die meisten Opfer der Alters–gruppe zwischen sieben und 13 Jahren an, der Missbrauchsbeginn liegt jedoch oft wesentlich früher.
- Im Falle einer Anzeige ist das Mädchen in Verhören und Aussagen zu Auskünften über intime, ängstigende, beschämende Ereignisse gezwungen, was oftmals eine starke psychische Belastung bedeutet.

---

14 Die empirischen Daten stammen aus Brückner 2001, S. 725 ff.; Enders 1995, S. 330 f.; Wetzels 1997, S. 171.

15 Bei Mädchen sind die Täter fast ausschließlich Männer, bei Jungen zum ganz großen Teil. In der Minderheit der Fälle können die Täter auch Frauen, Jugendliche oder andere Kinder sein (vgl. Brückner 2001, S. 725).

- Ein Aufdecken des Missbrauchs bedarf genau überlegter Schritte sowie vorheriger Abklärung vorhandener Unterstützungsangebote für Opfer und Professionelle, um den Druck auf das Opfer nicht zu vergrößern bzw. durch das Aufdecken weitere schwere psychische Belastungen aus zu lösen.

Gewalt gegen Mädchen[16]

- Gewalt gegen Mädchen kann auf psychische, physische und/ oder sexuelle Art ausgeübt werden. Beispiele psychischer Formen sind Ausgehverbote, Kontrolle über FreundInnen, oder Vorschriften bzgl. des Kleidungsstils. Physische Formen von Gewalt sind beispielsweise Schläge und Tritte, Verbrennungen, an den Haaren ziehen oder gegen die Wand stoßen. Sexuelle Gewalt beinhaltet o. g. Formen sexuellen Missbrauchs und Vergewaltigungen[17].
- Gewalt innerhalb von Beziehungen beruht auf einem Verhältnis von Macht und Abhängigkeit zwischen GewaltausüberInnen und Opfern.
- Mädchen können physische und psychische Gewalt auch unter Gleichaltrigen erfahren, beispielsweise in der Schule, im (Schul-) Bus, in der Clique etc.
- Im Falle häuslicher Gewalt von Männern (Vätern) gegenüber Mädchen (Töchtern) werden männliche Vorherrschaft und patriarchale Machtverhältnisse als Hauptursache zugrunde gelegt.
- Ungefähr jede zehnte Frau hat in ihrer Kindheit körperliche Misshandlungen erfahren.
- 8,9 % der Frauen haben als Mädchen häufiger elterliche Partnergewalt miterlebt.
- Physische und psychische Erkrankungen und Entwicklungsstörungen sind oftmals die Folge von selbst erlebter oder miterlebter elterlicher Gewalt.
- Mädchen aus stark konflikt- und gewaltbelasteten Familien tragen ein größeres Risiko, Opfer sexueller Ausbeutung zu werden.
- Hauptursachen psychischer und physischer Gewalt sind schwere Konflikte zwischen den Eltern, wirtschaftliche Krisen, soziale Isolation, schwierige Wohnverhältnisse, aggressives soziales Umfeld, nicht bewältigte Misshandlungserfahrungen der Eltern, frühe Behinderungen und Auffälligkeiten des Mädchens.

16 Vgl. Brückner 2002; Brückner 2001; Wetzels 1997

17 Diese Aufzählungen erheben keinen Anspruch auf Vollzähligkeit. Sie sollen lediglich die unterschiedlichen Formen von Gewaltausübung verdeutlichen.

Mädchen, die sexuelle Gewalt erfahren haben, in den Erziehungshilfen[18]

In den Erziehungshilfen wird laut Baur u. a. (1998, S. 27, 354) bei jedem vierten untergebrachten Mädchen sexueller Missbrauch vermutet, die Dunkelziffer dürfte noch deutlich höher liegen. In knapp der Hälfte der Fälle wird dieser Vermutung nicht weiter nachgegangen. Erziehungshilfen für Mädchen mit einer Vermutung auf sexuellen Missbrauch finden in der Regel bei über 15-Jährigen statt und werden bei über einem Drittel der betroffenen Mädchen selbst initiiert. Aber auch das Jugendamt und andere Personen (Pflegeeltern, Tagesmutter etc.) und Institutionen (Hort, Schule, Gesundheitsamt, Kindergarten etc.) leiten oft die Hilfe in die Wege (vgl. ebd., S. 363). Mädchen müssen demnach für eine Offenlegung ihrer Missbrauchserfahrungen meist stark genug sein, um selbst darauf aufmerksam zu machen. Sie sind auf Hilfe von außen angewiesen, Vertrauenspersonen wie Lehrerinnen oder Gruppenleiterinnen nehmen dabei eine wichtige Funktion ein.[19]

Im Vergleich mit der Gesamtgruppe der Mädchen in Erziehungshilfen finden bei Mädchen mit Erfahrungen sexueller Gewalt häufiger Wechsel zwischen den einzelnen Hilfeformen bzw. Einrichtungen statt. Die Hilfe wird häufiger auf Eigeninitiative des Mädchens, auf Initiative des Jugendamts oder der Einrichtung ungeplant beendet (57,5 %), auffallend hoch ist dementsprechend ein negativer Hilfeabschluss. Schließlich fällt auf, dass Mädchen mit Erfahrungen sexueller Gewalt vor und nach der Hilfe überdurchschnittlich oft in der Kinder- und Jugendpsychiatrie betreut werden (vgl. Baur u. a. 1998, S. 363).

---

18 Im Folgenden wird speziell darauf eingegangen, wie mit Mädchen, die sexuellen Missbrauch erfahren haben, in den Erziehungshilfen umgegangen wird. Der Umgang Professioneller mit betroffenen Mädchen kennzeichnet sich mehr als bei Mädchen mit Gewalterfahrungen von großen Unsicherheiten und einem Weg- bzw. Übersehen. Aus diesem Grund wird diese Problematik hier speziell erläutert.

19 Die Eltern fallen häufig als Unterstützungspersonen weg da in 60 % der Fälle Vater, Stief- oder Pflegevater die Täter sind. Mütter kommen dadurch oftmals in einen ‘Loyalitätskonflikt’ bzw. verschließen die Augen, um ihr Beziehungsgerüst zu erhalten (vgl. zur Rolle von Müttern in Missbrauchssituationen Enders 1995).

Erklärungsansätze

Geht man von den in Kapitel 4.1 dargestellten Konfliktbewältigungsmustern von Mädchen aus, so erscheint das hohe Alter der Mädchen mit sexuellen Gewalterfahrungen zu Beginn einer Hilfe logisch. In der Gesamtgruppe der Mädchen fallen viele durch eher 'stille' Konfliktbewältigungsmuster lange durch das Aufmerksamkeitsraster der Jugendhilfe. Wie bereits dargestellt (4.2), verbleiben Mädchen aufgrund des 'Trends' familienerhaltender Maßnahmen häufiger als Jungen lange in der Familie (und damit oftmals in der Situation des Missbrauchs). Zudem erkennen viele Professionelle aufgrund geschlechtsbezogener Wahrnehmungs- und Überweisungsmuster die Signale und Hilferufe der Mädchen nicht, bzw. führen sie diese nicht auf sexuellen Missbrauch zurück. Den Betroffenen aber ist es oft nicht möglich, ihre Missbrauchserfahrungen direkt an zu sprechen. Vertrauen zu anderen Menschen zu fassen fällt ihnen schwer, ein oftmals vom Täter auferlegtes Redeverbot setzt sie unter Druck, ein mögliches Abhängigkeitsverhältnis zum Täter (z. B. Lehrer) verstärkt die Angst vor den Folgen einer Offenlegung, Schuld- und Schamgefühle verunsichern zutiefst, die Opfer trauen ihrer eigenen Wahrnehmung bzgl. 'richtig' und 'falsch' nicht (vgl. Enders 1995, S. 42 ff.). Ein Erkennen ihrer Versuche, die Missbrauchserfahrungen auf andere Art und Weise deutlich zu machen (z. B. in Zeichnungen, durch sexualisiertes Verhalten gegenüber Gleichaltrigen, distanzloses oder ängstliches Verhalten gegenüber erwachsenen Männern), erfordert eine hohe Sensibilität und Kompetenz auf Seiten der Fachkräfte.

In der Erziehungshilfepraxis ist der Umgang mit Missbrauchsvermutungen von großer Unsicherheit auf Seiten vieler Fachkräfte gekennzeichnet (vgl. Daigler/Finkel 2001, S. 55). Bei Einzelpersonen, Teams und auch in gesamten Einrichtungen bestehen häufig Berührungsängste mit dem Thema, es überwiegt die Angst vor einer Beendigung der Hilfe durch die Eltern, eine fehlende Abstimmung zwischen verschiedenen HelferInnengruppen lassen die Missbrauchsvermutung im wahrsten Sinne des Wortes verschwinden, da aufgrund von Unsicherheit und Angst vor nichtkalkulierbaren Folgen in den Akten oft nicht erwähnt wird was eigentlich gewusst wird (ebd.). Dieser Umgang mit Missbrauchsvermutungen innerhalb der Erziehungshilfen spiegelt die gesellschaftliche Tabuisierung des Themas wider. Angst vor Fehleinschätzungen bzw. vor Reaktionen des Umfelds führen durch Stillschweigen zu einer Verdeckung der Vermutung, die Folge ist eine Zurückweisung der Verantwortung für den sexuellen Missbrauch auf das betroffene Mädchen selbst.

Mädchenwohngruppen nehmen für die Arbeit mit Mädchen mit Missbrauchserfahrungen einen besonderen Stellenwert ein. Sie bilden zum einen durch die Geschlechtshomogenität einen oft notwendigen (und meist für die Mädchen einzigen) männerfreien Schon- und Schutzraum. Das Zusammenleben mit Mädchen, die ähnliche Erfahrungen mitbringen, kann zudem entlasten und stärken. Nicht zuletzt ist in einer Mädchenwohngruppe die Wahrscheinlichkeit höher, auf Pädagoginnen mit geschlechtsbezogenem Fachwissen zu treffen, und damit kompetente Hilfe zu erlangen[20].

Ist der Missbrauch aufgedeckt, so brauchen die Mädchen viel Zeit bei der Verarbeitung. Wann und wie viel sie darüber reden ist ihre Entscheidung, ebenso wann sie *nicht* darüber reden. Manchmal brauchen sie Pausen, z. B. innerhalb einer Therapie, um wieder Kraft sammeln zu können für eine weitere Aufarbeitung des Geschehenen. Für viele Mädchen ist es außerdem schwer, sich auf die Hilfe ein zu lassen, da sie sich durch die Erziehungshilfemaßnahme von ihrer Familie ausgestoßen fühlen und um ihren Platz kämpfen. Loyalitäts- und Abhängigkeitsgefühle gegenüber der Familie können zudem zu ambivalentem Verhalten bzgl. einer Entscheidung für oder gegen die Hilfe führen (Daigler/Finkel 2000, S. 54). Aus Angst, ihren Platz in der Familie zu verlieren, kann es zu destruktivem Verhalten kommen mit dem Ziel, aus der Hilfe heraus und in die Familie zurückgehen zu können. Professionelle müssen die Mädchen in ihrer Ambivalenz mitsamt dem widersprüchlichen Verhalten ernst nehmen. Dies erfordert Durchhaltevermögen, Zeit-lassen

---

20 Dies soll nicht bedeuten, dass Fachkräfte in gemischtgeschlechtlichen Einrichtungen der Erziehungshilfen per se kein geschlechtsbezogenes Fachwissen aufweisen. In der Praxis sind jedoch Kompetenzen geschlechtsbezogener Pädagogik oft kein Kriterium für die Einstellungsauswahl. In geschlechthomogenen Einrichtungen ist die Wahrscheinlichkeit, dass dies Voraussetzung für eine Einstellung von MitarbeiterInnen ist, höher.

sowie Kompetenzen, um diesbezügliche Signale richtig einordnen zu können und nicht etwa als 'Kooperationsverweigerung' ein zu stufen. Frauen als Bezugspersonen erleichtern betroffenen Mädchen oft die Bearbeitung der Missbrauchserfahrungen, da aufgrund des hohen männlichen Anteils auf Seiten der Täter zu Frauen noch am ehesten Vertrauen gefasst werden kann. Eine Auswahl der 'richtigen' Gruppe ist von hoher Bedeutung und sollte daher die Missbrauchserfahrung berücksichtigen. Die Bedürfnisse der Mädchen sind dabei zum Ausgangspunkt zu nehmen (geschlechtshomogene oder -gemischte Einrichtung, männliche oder weibliche Fachkräfte usw.).

5.4 Lesbische Mädchen

Gesellschaftliche Normalitätsvorstellungen

Homosexualität ist im gesellschaftlichen Leben heute sichtbar und diskutierbar, so z. B. in abendlichen Soaps, in Spielfilmen, durch das Coming Out bekannter Personen aus Politik und Öffentlichkeit, oder durch die Diskussion und Einführung der eingetragenen Lebenspartnerschaft. Lesbische und schwule Lebensweisen werden durchaus positiv und wertschätzend thematisiert, gleichzeitig wird dabei aber meist das Nonkonforme homosexueller Lebensweisen verdeutlicht, und Homosexualität gilt als eine Art Ausnahme oder Besonderheit vom 'Normalfall Heterosexualität'. Dies geschieht z. B., wenn eingetragene Lebenspartnerschaften zwar rechtlich verankert werden, zugleich jedoch nicht mit der heterosexuellen Ehe gleichgestellt sind. Oder wenn Personen aus Politik, Sport, Film o. Ä. zwar mehr und mehr über ihre Homosexualität sprechen, dies aber gleichzeitig häufig sensationelle Schlagzeilen wert ist oder als karrierehemmende Maßnahme eingesetzt wird[21].

Lesbische Mädchen kommen nicht umhin, sich damit auseinander zu setzen, dass sie von einer gesellschaftlichen Norm abwei-

---

21 So z. B. bei der CDU-Politikerin Annette Schavan, als diese für das Amt der Baden-Württembergischen Ministerpräsidentin gegen Günther Öttinger kandidierte und dieser versuchte, sie als Lesbe zu outen. Öttingers Sexualität stand aufgrund seines Verheiratet-Seins nicht im öffentlichen Interesse, wohl aber Mutmaßungen über Schavans Lebensweise, da sie alleinstehend war.

chen. Ihre schönen und positiven Gefühle für das eigene Geschlecht stehen oftmals im Widerspruch zu gesellschaftlichen Erwartungen und Normalitätsvorstellungen, in unterschiedlichen Lebenszusammenhängen stoßen die Mädchen auf heterosexuelle Normen, auf das Selbstverständliche gesellschaftlicher Heteronormativität. Beispiele hierfür sind etwa Familienfeste, bei denen der Satz fällt: „Na, hast du schon einen Freund?"; oder Situationen in Ausbildung oder Beruf, in denen z. B. bei Urlaubsgesprächen nach dem Freund, aber nicht nach der Freundin gefragt wird. So sind meist nicht die homoerotischen Gefühle ein Problem für die einzelnen Mädchen, sondern die an sie herangetragenen Werte und Normen, Kommentare ihrer Umwelt oder Angst vor möglichen Reaktionen. Trampenau drückt es folgendermaßen aus: „Für Homosexuelle ist meist nicht ihre Homosexualität ein Problem, sondern die gesellschaftlichen Reaktionen" (1989, S. 40). Lesbische Mädchen gehen unterschiedlich mit ihren Gefühlen sowie mit gesellschaftlichen Erwartungen um, sie entwickeln verschiedene Handlungsstrategien, die von Selbstverleugnung der eigenen Gefühle, über Verheimlichung bis hin zu offenem Bekennen reichen können (vgl. das Kapitel zu 'Sexualität und Geschlechtsidentität bei lesbisch lebenden Mädchen' in diesem Band). *Jede* (junge) Lesbe muss sich zu irgendeinem Zeitpunkt mit ihren homosexuellen Gefühlen und gesellschaftlichen Normen auseinander setzen und sich positionieren – vor sich selbst, vor ihrem (nahen) Umfeld wie Familie und sozialen Bezügen, in Ausbildung oder Beruf (vgl. Helfferich 2001). Denn unsere Gesellschaft erwartet von den Individuen, dass sie sich sexuell festlegen, d. h. dass sie für sich und andere definieren, ob sie hetero- oder homosexuell, evt. auch bisexuell, sind. Mädchen bleibt dadurch nicht viel Raum, mit der eigenen Sexualität zu experimentieren und ihren unterschiedlichen Gefühlen (für Mädchen und für Jungen) nach zu gehen.

Lesbische Mädchen in den Erziehungshilfen

In allen Einrichtungen der Erziehungshilfen leben lesbische Mädchen[22]. Das Selbstverständliche gesellschaftlicher Normali-

---

22 Es wird darauf verzichtet an zu geben, wie hoch der Prozentsatz an Lesben, Schwulen und Bisexuellen an der Gesamtbevölkerung ist. Eine solche Angabe würde verschleiern, dass eine Unterteilung in die-

tätsvorstellungen von Heterosexualität spiegelt sich jedoch oft auch in der Mädchenarbeit sowie in diesbezüglicher Literatur wider. In Fachbüchern werden lesbische Mädchen häufig nicht erwähnt, oder es wird in Fußnoten bzw. in einigen Sätzen darauf eingegangen. Dies hat einerseits den sinnvollen Effekt, Lesben nicht wieder als 'Ausnahmefall' in Sonderkapiteln zu beschreiben. Andererseits wird dadurch die Selbstverständlichkeit einer heterosexuellen Norm auch in der Mädchenarbeit fortgesetzt, und lesbische Mädchen bleiben weiterhin unsichtbar bzw. Randerscheinungen.

In der Ausbildung von ErzieherInnen und SozialpädagogInnen, in Konzeptionen der Einrichtungen oder in Arbeitsplatzbeschreibungen ist das Thema Lesbischsein bzw. Homosexualität selten verankert, vielmehr bleibt es auf ein Engagement einzelner MitarbeiterInnen angewiesen und damit zufällig. So kann es sein, dass Fachkräfte selbst von der heterosexuellen Norm ausgehen, sich an ihr orientieren, und dass ihnen in der Arbeit mit Mädchen das Thema Homosexualität 'aus dem Blick' gerät, da sie es selbst gar nicht mitdenken. Andere Fachkräfte begegnen dem Thema aus unterschiedlichen Gründen mit eigener Unsicherheit. Manchen kann es beispielsweise schwierig erscheinen Homosexualität zu thematisieren, ohne sie dabei wiederum zum 'Sonderfall' zu machen oder einzelnen Mädchen zu nahe zu treten. Unsicherheit kann auch aus einer Angst resultieren, selbst als lesbisch betrachtet zu werden und somit Irritationen oder Unsicherheiten auf Seiten der Mädchen zu befürchten. Lesbische Mitarbeiterinnen können sich im Zwiespalt befinden, einerseits Vorbild sein zu wollen im Sinne eines offenen Thematisierens der eigenen Lebensweise (so wie KollegInnen ihre/ihren PartnerIn oder Familie thematisieren), dem Wunsch, lesbischen Mädchen ein Gegenüber sein zu wollen, sowie andererseits der Befürchtung, auf ihr Lesbischsein reduziert oder gar offen abgelehnt zu werden (auch oder gerade von nicht-lesbischen Mädchen oder von Eltern).

In diesen unterschiedlichen Bedenken und Handlungsweisen der Professionellen zeigt sich die o. g. Unselbstverständlichkeit

---

se drei Kategorien viele andere sexuelle Orientierungen außer Acht lässt, und dass sich viele Menschen in ihrer sexuellen Identität nicht festlegen können und wollen (vgl. Bass/Kaufman 1999, S. 18) homosexueller Lebensweisen, der gesellschaftliche Umgang mit Homosexualität setzt sich also in gewisser Weise in der Arbeit mit Mädchen fort. Ebenso wie junge Lesben gesellschaftliche Reaktionen auf ihre Gefühle häufig nicht einschätzen können und abwägen, wann sie wem davon erzählen, können sie sich in Einrichtungen der Erziehungshilfe mit ähnlichen Gegebenheiten konfrontiert sehen. Es ist daher wichtig, die Arbeit mit lesbischen Mädchen selbstverständlich werden zu lassen und Homosexualität ebenso zum Thema zu machen wie Heterosexualität. Mädchen sollten durch die Fachkräfte in Erziehungshilfen im Ausprobieren der eigenen Sexualität begleitet werden, eine offene und wertschätzende Unterstützung bei der Entwicklung ihrer Geschlechtsidentität ist wichtig. Die Mädchen brauchen in der Auseinandersetzung mit gesellschaftlichen Normen und Erwartungen in den Fachkräften ein Gegenüber, dem sie sich anvertrauen können, an dem sie sich reiben können, das mit ihnen diskutiert und das Räume schafft für die Auseinandersetzung darüber mit anderen Mädchen.

Können sich Mädchen in Angeboten bzw. Einrichtungen der Erziehungshilfen mit Homosexualität, Bisexualität, Lesbischsein, mit weiblicher Sexualität und (homo)erotischen Wünschen auseinandersetzen, so bedeutet dies eine Eröffnung bzw. Thematisierung eines breiten Spektrums von Lebensentwürfen und -gestaltung, ähnlich wie dies bei der Erweiterung des Berufswahlspektrums der Fall ist.

5.5 Mädchen mit Suchtproblematik(en)

Vorbemerkung

Die Thematik des Suchtverhaltens von Mädchen (und Jungen) ist aus mindestens zwei Gründen sehr komplex: *Erstens* unterteilt unsere Gesellschaft in legale und illegale Drogen. Die Folge sind geduldete Süchte im Sinne von gesellschaftlich anerkannten, sowie sanktionierte Süchte. Weiter wird zwischen stoffgebundenen und -ungebundenen Süchten unterschieden:

Unterteilung von Süchten und Drogen[23]	
Stoffgebundene Süchte:	*Stoffungebundene Süchte:*
– Medikamentenabhängigkeit	– Kaufsucht
– Nikotinsucht	– Beziehungsabhängigkeit
– Alkoholabhängigkeit	– Selbstverletzung
– Heroinabhängigkeit	
– Essstörung	
Legale Drogen:	*Illegale Drogen:*
– Alkohol	– Cannabis
– Nikotin	– Heroin
	– Ecstasy

Zweitens stehen hinter jeder Suchtproblematik vielschichtige und teilweise tiefliegende Gründe, die in die Sucht führen. Oftmals wird zudem nicht nur zu *einem* Suchtmittel gegriffen, sondern zu mehreren verschiedenen. Suchtverhalten von Mädchen und dahinter liegende Gründe müssen daher sehr vielschichtig betrachtet werden. Illegaler Drogenkonsum beispielsweise kann eher den Reiz des Verbotenen ausstrahlen, während gesellschaftlich anerkannte Süchte wie Zigaretten und Alkohol etwas mit Erwachsenwerden oder Dazugehören (z. B. zur Peer-Group) zu tun haben können. Auf sich selbst gerichtete Suchtformen (z. B. Essstörungen, Selbstverletzendes Verhalten) wiederum deuten eher auf innere Konflikte hin.

Lebenslagen von Mädchen und daraus resultierender Suchtmittelkonsum

Die Frage nach Suchtproblematiken von Mädchen bedeutet immer auch eine Frage nach ihren Lebenslagen, nach sich daraus ergebenden Widersprüchen und Anforderungen an 'moderne' Mädchen (vgl. ausführlich 2.1), sowie auf darauf zurück zu führende Konfliktbewältigungsmuster (vgl. 4.1). Diese Aspekte im weiblichen Lebenszusammenhang spiegeln sich auch im Suchtverhalten vieler Mädchen wider: weisen viele Mädchen allgemein 'stille', weniger störende Konfliktbewältigungsmuster auf, so wählen sie im Schnitt auch 'stille', nach außen hin

23 Es handelt sich um eine Auswahl, die Angaben erheben keinen Anspruch auf Vollständigkeit.

zunächst unauffällige, gegen sich selbst gerichtete Suchtformen wie Medikamentenkonsum, Essstörungen, selbstverletzendes Verhalten (vgl. Sprotte 2003). Natürlich schadet jede Sucht in erster Linie der/dem Süchtigen selbst, jedoch gehen mit einigen Suchtformen Begleiterscheinungen einher, die nach außen hin stärker auffallen. So hat Alkoholkonsum beispielsweise oftmals laute, randalierende, aus der Rolle fallende Betrunkene zur Folge, der Konsum harter Drogen kann Beschaffungskriminalität nach sich ziehen. Medikamentenkonsum dagegen bewirkt eher ein alltägliches 'Funktionieren' und zieht keine auffälligen Begleiterscheinungen nach sich.

Das Suchtverhalten von Mädchen muss zum einen vor dem Hintergrund spezifischer Anforderungen in ihren Lebenslagen gesehen werden, zum anderen vor dem Hintergrund gesellschaftlich transportierter Bilder von Männlichkeit und Weiblichkeit. Beides steht in Zusammenhang miteinander und beeinflusst, gerade in der Adoleszenz, Mädchen (und Jungen) unterschiedlich. Wenn über Suchtmittelkonsum von Mädchen gesprochen wird, so muss also in erster Linie ihre Lebensphase in den Vordergrund rücken: die Pubertät, das Erwachsenwerden, die Ablösung vom Elternhaus, die Auseinandersetzung mit normativen Weiblichkeitsbildern spielen bzgl. des Suchtverhaltens und der Wahl eines speziellen Suchtmittels eine große Rolle. Helfferich weist auf geschlechtsbezogene Aspekte im Suchtverhalten Jugendlicher hin und deutet durch den Blick auf die Frühadoleszenz den Einfluss kultureller Geschlechtsrollenbilder an: „Die Jugend- und Gesundheitsforschung konnte zeigen, dass […] nach einer ähnlichen Motivation, die erste Zigarette zu rauchen, das erste Glas Alkohol zu trinken, das erste Mal illegale Drogen aus zu probieren, sich ab der Frühadoleszenz deutlich unterschiedliche Konsum- und Gefährdungskulturen bei Mädchen und Jungen entwickeln“ (Helfferich 1995, S. 34).

Vor diesem Hintergrund werden im Folgenden mit Blick auf Mädchen in Erziehungshilfen Medikamenten-, Nikotin- und Alkoholkonsum als häufig auftretende Suchtproblematiken während der Adoleszenz dargestellt und mögliche Gründe für die Wahl dieser Suchtformen beleuchtet. Auf Essstörungen und selbstverletzendes Verhalten als 'typisch weibliche Süchte' wurde bereits in Kapitel 5.1 in Zusammenhang mit Körperlichkeit und Schönheitsidealen ausführlich eingegangen.

Medikamentenkonsum

Forschungsergebnisse zeigen übereinstimmend, dass mit Beginn der Pubertät das Selbstvertrauen von Mädchen deutlich abnimmt (vgl. BZgA 2000, S. 11). Die Wertschätzung eigener Fähigkeiten sinkt ebenso wie der Stolz auf schulische Leistungen (vgl. Flaake 2001, S. 115). Interessant ist, dass Mädchen bis zu dieser Lebensphase gesünder und medizinisch unauffälliger als Jungen sind, sich mit Beginn der Pubertät dieses Verhältnis jedoch umkehrt (vgl. BZgA 2000, S. 11). Dabei handelt es sich meist um Unwohlsein wie Migräne, Menstruationsbeschwerden, Magen- oder Kopfschmerzen. Obwohl ein häufigerer Arztbesuch als bei Jungen zu verzeichnen ist (ebd.), werden diese Beschwerden vielfach durch die 'Hausapotheke' medikamentös behandelt. Mädchen finden oftmals in der Mutter ein 'Vorbild' was das Einnehmen von Medikamenten betrifft und können dadurch lernen, dass das Einnehmen von Beruhigungsmitteln oder Schmerztabletten gewissermaßen 'normal' ist und viele Frauen weiterhin funktionieren lässt (für die Versorgung der Familie und die Bewältigung des Alltags). Körperliche Beschwerden können jedoch Ausdruck psychischer Belastungen sein. Gerade in der Adoleszenz können Mädchen durch die vielschichtigen Anforderungen (familiäre Ansprüche und Rollenkonflikte, Auseinandersetzung mit gesellschaftlichen Weiblichkeitskonstruktionen, Anpassungsdruck in der Gleichaltrigengruppe etc., vgl. 5.1) hierfür besonders anfällig sein.

Das Einnehmen von Medikamenten muss deshalb sorgfältig beobachtet und gegebenenfalls kritisch hinterfragt werden um zu verhindern, dass mögliche psychische Belastungen von Mädchen, die sich in körperlichen Beschwerden äußern, verdeckt werden oder unentdeckt bleiben. Es gilt, sensibel zu sein für mögliche Hintergründe wie Leistungs- und Anpassungsdruck oder das Gefühl, funktionieren zu müssen. Die zunächst einfach und ungefährlich erscheinende Lösung, ein Medikament ein zu nehmen verhindert ein Nachdenken über eigene Signale des Körpers, über Alternativen wie Entspannungsmöglichkeiten, und es verstellt den Blick für die Gefahren psychischer und physischer Abhängigkeit. Sprotte weist darüber hinaus darauf hin, dass mit einem sorglosen Einnehmen von Medikamenten vermehrt ein ebenso sorgloses Einnehmen von illegalen synthetischen Pillen, vor allem Ecstasy, einhergeht (vgl. 2003, S. 12).

Nikotin und Alkohol

Pubertät und Erwachsenwerden bedeuten neben den Veränderungen von Körperattributen ein Verabschieden von der Kindheit, von bestimmten Verhaltensweisen und Umgangsformen. An deren Stelle treten Erwachsenen zugestandene Handlungsweisen, wie z. B. der Konsum legaler Suchtmittel wie Alkohol und Nikotin. So können Mädchen durch das Rauchen oder Trinken von Alkohol versuchen, erwachsener zu wirken, bzw. sie können sich dadurch zum Teil erwachsener fühlen. Gleichzeitig können Grenzen ausgetestet bzw. überschritten werden, indem der erste Rausch erlebt wird oder man das Rauchen vor den Eltern (oder den Betreuungspersonen) verheimlicht.

Hartwig/Kriener (2002) weisen in diesem Zusammenhang auf geschlechtsbezogene Unterschiede hin. Da Mädchen im Freizeitverhalten stärkere Restriktionen erfahren als Jungen, so die Autorinnen, kann für sie ein spätes Nachhausekommen oder das Rauchen der ersten Zigarette bereits eine Grenzerfahrung bedeuten, während Jungen zu drastischeren Mitteln greifen müssen wie Alkoholexzesse oder der Konsum illegaler Drogen. Sprotte führt als mögliche Gründe geschlechtsbezogener Unterschiede bei Alkohol- und Nikotinkonsum kulturelle Männlich- und Weiblichkeitsbilder auf (2003). Betrunkene Mädchen gelten demnach eher als abstoßend, während von Jungen exzessiver Alkoholkonsum praktisch erwartet wird. Tatsächlich sind die Zahlen männlicher und weiblicher jungendlicher RaucherInnen annähernd gleich hoch, während deutlich mehr Jungen als Mädchen Alkohol konsumieren (ebd.)[24].

24 Eine weitere Ursache für geschlechtsbezogene Unterschiede beim Konsum von Alkohol und illegalen Drogen liegt in der höheren Schwelle vor einem möglichen Kontrollverlust auf Seiten von Mädchen (vgl. Sprotte 2003). Im Umkehrschluss kann ein exzessiver Alkoholkonsum sowie der Konsum illegaler Drogen auf das Bedürfnis von Mädchen hindeuten, sich von kulturellen Weiblichkeitsbildern ab zu grenzen und aus ihnen aus zu brechen.

Schließlich liegt ein weiterer Grund für das Rauchen und Alkoholtrinken in der Zugehörigkeit zur Peergroup. Zusammengehörigkeitsgefühle können ebenso verstärkt werden wie der Druck, mit zu machen, um dazu zugehören.

Festzuhalten bleibt insgesamt, dass Mädchen und Jungen, analog zu geschlechtsbezogenen Konfliktbewältigungsmustern, unterschiedliches Suchtverhalten zeigen. In der Tendenz neigen Mädchen zu gesellschaftlich unauffälligen Suchtmitteln, die zudem eine geringere Gefahr eines möglichen Kontrollverlustes nach sich ziehen. Der Konsum von Suchtmitteln ist ebenso in Zusammenhang mit pubertätsbezogenen Grenzgängen zu sehen wie mit Versuchen, Belastungen aus den Lebenslagen aus zu gleichen, deren Ursachen oftmals in gesellschaftlichen und familiären Anforderungen, sowie in früheren Traumata liegen.

Mädchen mit Suchtproblematik(en) in den Erziehungshilfen

Zahlen über Mädchen mit Suchtproblematiken in den Erziehungshilfen bilden das beschriebene geschlechtsbezogene Suchtverhalten ab: Suchtmittel konsumierende Mädchen fallen in der Regel weniger ins Blickfeld der Erziehungshilfen, da sie 'stillere', unauffälligere, gesellschaftlich eher geduldete Suchtformen wählen[25]. Interessant scheint in diesem Zusammenhang, dass laut Baur u. a. (1998, S. 336) Jugendliche mit Suchtproblemen in Erziehungshilfen höhere Belastungen im familiären Bereich (Überforderung der Eltern, wechselnde Familienzusammensetzung, chaotische Beziehungsverhältnisse) aufweisen, sowie mehr Schwierigkeiten im Beziehungsverhalten als ihre AltersgenossInnen ohne Suchtprobleme. Obwohl die AutorInnen ausführen, dass diese Problembereiche weder als Ursache noch als Folge des Suchtverhaltens eingeordnet werden können, so scheinen sie doch mit Blick auf die Lebenslagen vieler Mäd-

25 Innerhalb der Gesamtgruppe von Mädchen und Jungen in Erziehungshilfen werden ein Drittel der über 15-jährigen Mädchen und die Hälfte der über 15-jährigen Jungen mit Suchtverhalten in Verbindung gebracht (vgl. Baur u. a. 1998, S. 333). Es muss jedoch angemerkt werden, dass hierbei von 'drogenkonsumierenden Jugendlichen' gesprochen wird, ohne genauer zu definieren, um welche Drogen es sich handelt bzw. was unter 'Suchtverhalten' verstanden wird. Darin zeigt sich der vage und unklare Umgang mit diesem Thema in den Erziehungshilfen.

chen interessant. Mädchen halten sich mehr in der Familie auf als Jungen, sie werden vermehrt für familiäre Aufgaben heran gezogen und sind stärker an der Familie orientiert (vgl. Hartwig/Kriener 2002, S. 82). Da in den Erziehungshilfen eine starke Tendenz zu familienerhaltenden Maßnahmen (vgl. 3.2) für Mädchen besteht und diese somit familiären Belastungen länger ausgesetzt sind kann davon ausgegangen werden, dass sie zum einen stärker suchtgefährdet sind, zum anderen die Sucht lange unentdeckt bleibt.

Medikamenten-, Alkohol- und Nikotinkonsum

Der Umgang mit rauchenden, Alkohol trinkenden oder Medikamente einnehmenden Mädchen in den Erziehungshilfen muss in Zusammenhang gesehen werden mit (1) den Lebenslagen entspringenden Problemen und (2) mit so genannten 'weiblichen' Süchten bzw. Suchtmittelwahl. Medikamentenkonsum deutet eher auf eine Reaktion auf möglichen Druck hin, dem sich Mädchen ausgesetzt fühlen (z. B. bezüglich schulischer Leistungen, familiärer Belastungen, Anforderungen aufgrund des Erwachsenwerdens usw.). Dementsprechend ist die regelmäßige Einnahme von Medikamenten auch kritisch zu hinterfragen, um mögliche Hintergründe gemeinsam mit den betroffenen Mädchen bearbeiten zu können. Dabei geht es nicht nur um eine 'Behebung' des Problems (bzw. ist eine kurzfristige Lösung oft gar nicht möglich), sondern ebenso um ein Aufzeigen alternativer Behandlungsmethoden wie Entspannungsübungen, Ruhe, eine Wärmflasche (z. B. bei Menstruationsbeschwerden) oder körperliche Bewegung.

Alkohol- und Nikotinkonsum sprechen in der Regel für ein Austesten äußerer Grenzen, für ein Überschreiten eigener Grenzen und für das Einüben bzw. Ausprobieren 'erwachsener' Handlungsweisen. Eine Orientierung an diesbezüglichen kulturellen Weiblichkeitsbildern kann gerade für Mädchen in Erziehungshilfen eine besondere Bedeutung erhalten. Bisher gültige Normen und Werte können durch die Hilfe in Frage gestellt werden, neue Orientierung kann nötig werden, einige Mädchen empfinden möglicherweise besonderen Anpassungsdruck alles 'richtig' zu machen. Rauchen oder Alkohol Trinken kann eine Form darstellen, gesellschaftliche Weiblichkeitsbilder zu übernehmen. Andererseits kann exzessiver Alkoholkonsum oder der Konsum illegaler Drogen wie beispielsweise Cannabis ein Weg für Mädchen sein, sich gegen normative Anforderungen aufzulehnen.

Essstörungen und selbstverletzendes Verhalten

Bei Essstörungen und selbstverletzendem Verhalten handelt es sich im Gegensatz zu Medikamenten-, Alkohol- und Nikotinkonsum, um gesellschaftlich weniger geduldete Süchte. Da beide Suchtformen in Kapitel 5.1 bereits ausführlich beschrieben wurden, soll an dieser Stelle lediglich nochmals betont werden, wie wichtig gerade bei diesem fast ausschließlich 'weiblichen' Suchtverhalten der Blick auf tiefer liegende Probleme der betroffenen Mädchen ist. Vor allem essgestörte Mädchen äußern oftmals, dass sie lange Zeit von niemandem auf ihr Verhalten angesprochen wurden. Dies führt zwar noch nicht zu einer Verhaltensänderung, geschweige denn zu einer Lösung des Essproblems bzw. der dahinter liegenden Ursachen. Im Gegenteil – in der Regel ruft es zunächst eine Abwehrhaltung hervor. Dennoch ist es für viele Mädchen ein Zeichen, dass ihr Verhalten nicht ungesehen bleibt und dass es jemanden gibt, die/der sie wahrnimmt und sich Sorgen macht (vgl. ausführlich Preiß/Wilser 2000).

Zusammenfassende Überlegungen

Der Umgang mit Mädchen mit Suchtproblematiken in den Erziehungshilfen erfordert ein hohes Maß an Sensibilität für die ihren Lebenslagen entspringenden Probleme, für sogenannte 'weibliche' Süchte sowie für kulturelle Weiblich- und Männlichkeitsbilder. Ein Suchtverhalten kann nie isoliert betrachtet werden, sondern ist vor dem Hintergrund tiefer liegender Probleme bzw. Ursachen zu verstehen. Werden diese nicht bearbeitet, so ist in der Regel auch die Sucht nicht zu lösen. Suchtverhalten ist immer, wie eingangs dargestellt, als Bewältigungsstrategie ursächlicher Problemlagen zu interpretieren. Dementsprechend müssen in den einzelnen Hilfen die der Sucht zugrunde liegenden Probleme angegangen und bewältigt werden, um das Suchtverhalten zu durchbrechen. Auf Seiten der Fachkräfte erfordert dies eine hohe Kompetenz bezüglich der Lebenslagen, der Konfliktbewältigungsmuster, der Ängste und

Unsicherheiten vieler Mädchen sowie bezüglich der vielfältigen Entwicklungsaufgaben und der Auseinandersetzung mit dem Erwachsenwerden als Frau während der Adoleszenz. Es ist wichtig, einen möglichen Verdacht frühzeitig aus zu sprechen, um die dahinter liegenden Probleme bearbeiten zu können und nicht die Sucht (und die Probleme) verdeckt weiter existieren zu lassen. Für Mädchen trifft dies umso mehr zu, da sie erst in höherem Alter in eine Hilfe gelangen und insgesamt eine kürzere Hilfedauer als Jungen haben (vgl. 4.2).

Fachkräfte müssen sich ebenfalls des Einflusses der verstärkt mit der Pubertät auftretenden Zuschreibungen von 'Weiblichkeit' bewusst sein. Diese nehmen bezüglich des Suchtverhaltens von Mädchen eine besondere Rolle ein, da sie den Körper immer mehr in den Mittelpunkt rücken. Hartwig und Kriener beschreiben, wie „sie (die Mädchen, K. B.) nun begutachtet [werden], ihre Körperlichkeit wird von Erwachsenen kommentiert, sie vergleichen sich selbst mit Schönheitsidealen und beginnen, den eigenen Köper weiblich zu inszenieren“ (2002, S. 85). Medial transportierte Bilder von gutaussehenden, schlanken, lächelnden, lieblichen Frauen beeinflussen das Erleben und Erproben der Geschlechtsidentität, bei Frauen aus dem nahen Umfeld (v.a. Mütter) können sie die Ausrichtung nach gesellschaftlich vorgegebenen Schönheitsnormen und Charaktereigenschaften (für die Familie sorgen, sich um die Probleme anderer kümmern) beobachten.

Dies alles kann sehr verunsichernd auf Mädchen wirken. Widersprüche zwischen ihren eigenen Bedürfnissen und von außen an sie herangetragenen Erwartungen können die Folge sein (vgl. Helfferich 1998; Bitzan/Daigler 2001). Suchtmittelkonsum kann in unmittelbarem Zusammenhang damit stehen.

5.6 Zusammenfassung

Bei der Betrachtung der spezifischen Lebenssituationen von Mädchen in Erziehungshilfen fällt jeweils eine 'doppelte Verdeckung' auf. Fallen viele Mädchen allgemein durch das Aufmerksamkeitsraster der Jugendhilfe, so sind diejenigen mit spezifischen Lebenssituationen wie Migrationshintergrund, Erfahrungen (sexueller) Gewalt, Mädchen mit bi- oder homoerotischen Gefühlen oder mit Suchtproblematiken hiervon quasi doppelt betroffen. Sind sie in den Blick der Jugendhilfe geraten und konnten in eine Hilfe gelangen so ist es wichtig, dass Fachkräfte nicht aufgrund möglicher Unsicherheiten oder Ängste (z. B. vor möglichen Folgen eines Offenlegens vermuteter Missbrauchs- bzw. Suchtproblematiken) zu einer Verdeckung der Probleme beitragen. Es besteht die Gefahr, dass an der Oberfläche gearbeitet wird und zugrunde liegende Ursachen aber bestehen bzw. unbearbeitet bleiben. So können Missverständnisse oder Fehlinterpretationen entstehen, die sogar zu Hilfeabbrüchen führen können (z. B. Schuleschwänzen gedeutet als Kooperationsverweigerung).

Professionelle sehen sich dabei hohen fachlichen Anforderungen gegenüber. So sollen sie beispielsweise über verschiedene kulturelle Hintergründe Bescheid wissen, kompetent sein im Umgang mit Mädchen, die (sexuelle) Gewalt erfahren haben, unter Essstörungen leiden oder sich selbst verletzen, sie sollen souverän sein im Thematisieren von Homosexualität, oder sie sollen ein Suchtverhalten von Mädchen richtig einordnen können.

Die Grundlage für einen Umgang mit diesen verschiedenen Ansprüchen bildet zum einen das Wissen um Lebenslagen von und sich daraus ergebenden Anforderungen an Mädchen heute. Die Lebensphase der Adoleszenz, die Veränderungen des Körpers und der sexuellen Identität, sowie die neue Qualität der Konfrontation mit kulturellen Weiblichkeitsbildern, stellt für Mädchen eine besondere Herausforderung dar. Dies muss den Hintergrund bilden, vor dem das Verhalten, die Handlungen, die Wünsche und die Probleme der Mädchen gedeutet werden.

Zum anderen muss die Bereitschaft bestehen, sich kompetente Hilfe zu holen. Ob dies in Form von Vernetzung mit anderen Einrichtungen (z. B. der Drogenberatung) geschieht, ob das bedeutet, eine Kollegin mit Migrationshintergrund ein zu stellen, ob es hierfür eines Ortes zur Selbstvergewisserung bedarf wie Supervision oder kollegiale Beratung, oder ob gezielte Fortbildungen wahrgenommen werden müssen – dies muss sicherlich im Einzelfall entschieden werden.

Fachkräfte in Einrichtungen der Erziehungshilfen bewegen sich somit im Spannungsverhältnis von hoher professioneller Sensibilität einerseits und der Abgrenzung für die Zuständigkeit bzw. für alle Probleme andererseits. Sie sind gefordert, den Mädchen und ihren Problemlagen gerecht zu werden, sie wahr zu nehmen und richtig ein zu schätzen. Dies bedeutet nicht, für die Lösung jedes Problems die nötige Kompetenz aufweisen zu müssen, erfordert jedoch eine hohe geschlechtsbezogene Professionalität. Diese ermöglicht eine Aufmerksamkeit bezüglich geschlechtsbezogener Problematiken und stellt erste Schritte zu 'mädchengerechten' Lösungswegen dar.

6. Arbeitskonzepte und Qualifizierung – Herausforderungen an eine Praxis der Mädchenarbeit

6.1 Arbeitskonzepte

6.1.1 Lebensweltorientierung

Das Konzept der Lebensweltorientierung

Das Konzept der Lebensweltorientierung wird maßgeblich von Hans Thiersch seit Ende der 1960er Jahre als Fortführung des Alltagsansatzes profiliert. Es bezeichnet gleichermaßen eine grundlegende Orientierung für sozialpädagogische Praxis, wie ein Rahmenkonzept für sozialpädagogische Theorieentwicklung. Im Laufe der Jahrzehnte wurde das Konzept immer wieder reformuliert und präzisiert, nicht zuletzt aufgrund einer missbräuchlichen und verkürzten „Verwendung“ in Theorie und Praxis. Lebensweltorientierung richtet den Blick zum einen auf die Lebensverhältnisse der Individuen, auf ihre Lebensräume und sozialen Bezüge mit den darin liegenden Möglichkeiten und Ressourcen. Dabei werden Lebenswelt, wird Alltag(shandeln) immer in Zusammenhang mit gesellschaftlichen Strukturen betrachtet, die Ungleichheiten hervorrufen und den/die EinzelneN unterschiedlich an gesellschaftlichen Ressourcen teilhaben lassen. Dadurch wird das Handeln der Individuen als Anstrengung bzw. Leistung gesehen, sich in Verhältnissen und Strukturen der Lebenswelt zu arrangieren, zu behaupten, sie zu bewältigen und ihn ihnen zurecht zu kommen. Lebensweltorientierung bedeutet somit immer auch einen kritischen Blick auf sozialpolitische und gesellschaftliche Strukturen und Verhältnisse, die die Lebenswelt der Individuen bedingen. Soziale Arbeit wird dabei als Institution innerhalb der Lebenswelt betrachtet, die sie potenziell stützt, aber auch – und hier liegt der kritische Blick des Konzepts auf Soziale Arbeit – Begrenzungen unterliegt bzw. sie ausübt.

→ vgl. vertiefend:
Thiersch, Hans 1992: Lebensweltorientierte Soziale Arbeit. Weinheim.
Grunwald, Klaus/Thiersch, Hans 2004 (Hrsg): Praxis lebensweltorientierter Sozialer Arbeit. Weinheim und München.

Mit Blick auf die Arbeit mit Mädchen in Erziehungshilfen soll es im Folgenden darum gehen, das Konzept Lebensweltorientierung für eine geschlechtsbezogene Arbeit nutzbar zu machen. Thiersch betont, das „Konzept Lebensweltorientierung ist ein wissenschaftliches Konzept, also bestimmt durch spezifische Prämissen und Methoden...“, und weiter, „das Konzept [...] so [...] zu verorten ist notwendig, um den weit verbreiteten Irrtum zu unterlaufen, dass dies Konzept in seiner Intention auf Lebenswirklichkeit gleichsam frei von wissenschaftlichen Komplikationen Wirklichkeit direkt darstellen könne und damit dem unmittelbaren Bedürfnis von Praxis [...] entspräche [...]“ (Thiersch 2001, S. 218 f.). Das Konzept der Lebensweltorientierung, auch unter geschlechtsbezogener Perspektive, liefert also keine Konzepte im Sinne von Methoden, die 1:1 in der Praxis der Erziehungshilfen anwendbar wären. Vielmehr geht es um eine Grundhaltung und ein Grundwissen auf Seiten der Professionellen. Dies knüpft an die in Kapitel 3.2 dargestellten Prinzipien parteilicher Mädchenarbeit an und stellt elementare Grundlagen dar, sowohl für einen Zugang zu den Mädchen, als auch für eine notwendige Selbstreflexion der Fachkräfte.

6.1.2 Geschlechtsbezogene Lebensweltorientierung und Konfliktorientierung in den Erziehungshilfen

In Kapitel 3.1. wurden die Lebenslagen von Mädchen in der heutigen modernisierten Gesellschaft dargestellt. Die Widersprüche und Verdeckungen, in denen sich viele Mädchen heute bewegen, sollen hier nochmals aufgegriffen werden, da das Konzept Lebensweltorientierung u. a. eine Analyse dieser den Lebenslagen inhärenten Widersprüche, Verdeckungen und Individualisierungstendenzen beinhaltet.

Im Zuge von Modernisierung und Pluralisierung lösen sich so genannte Normalbiographien immer mehr auf und Lebensentwürfe differenzieren sich aus. Was ‘Normalität’, ‘normale’ Lebensläufe und -entwürfe in unserer Gesellschaft bedeuten, wird demnach immer vielfältiger und offener. Dies scheint zunächst für Mädchen (und Jungen) als eine Erweiterung von Optionen, einer Befreiung aus Grenzen und vorgegebenen Rollen – und wird vor allem über gesellschaftlich idealisierte Leitbilder so verkauft (z. B. das Bild vom selbstbewussten und gut aussehenden Mädchen, das mit Leichtigkeit und einem Lächeln alles erreichen kann, wenn es nur will). 'Alte' Rollenbilder verlieren Gültigkeit, viele Mädchen haben das Gefühl der freien Wahl bezüglich ihrer Lebensgestaltung. Diese offenen Wahloptionen aber entsprechen nicht den tatsächlich existierenden Realisierungsmöglichkeiten, sie halten quasi nicht, was sie versprechen. So steht beispielsweise dem Bild der freien Berufswahl die Realität mangelnder Lehrstellen gegenüber. Bestehende Widersprüche zwischen scheinbaren Wahloptionen und existierenden Realisierungsmöglichkeiten werden jedoch nicht öffentlich benannt, sondern durch die Schaffung idealisierter Leitbilder verdeckt. Gesellschaftlich zu lösende Probleme wie z. B. Kinderbetreuung für berufstätige Eltern, werden so als individuelle Probleme, als Scheitern und Nicht-Erreichen der Einzelnen dargestellt. Maria Bitzan drückt es folgendermaßen aus: „Das Gerede von der Chancengleichheit und die Ideologie der Selbstgestaltung des eigenen Lebens haben aber neue Leitbilder produziert, die für Frauen und Mädchen Selbständigkeit, Attraktivität, Berufstätigkeit, Selbstbewusstsein und souveränes Umsetzen ihrer Wünsche vorsehen. Erfahrungen von Belastungen, unzureichender Unterstützung oder Verletzungen, die zu Unsicherheit und Ängsten führen, müssen vor dieser Folie möglichst verschwiegen werden da sie auf das Mädchen selbst zurück fallen" (Bitzan 2000, S. 340). Die Mädchen selbst also verschweigen mögliche Belastungen oder Brüche in ihren Wünschen, sie verdecken sie, da sie nicht den gesellschaftlich vorgegebenen offenen Wahloptionen entsprechen. Diskrepanzen zwischen Leitbild und Realität und die sich daraus ergebenden widersprüchlichen Anforderungen aber sind ein öffentliches Problem, das von staatlicher Seite aus aufgegriffen und gelöst werden müsste. So müssten beispielsweise Betriebe, die Väter daran hindern Elternzeit zu nehmen, von politischer Seite aus Sanktionen erfahren. Stattdessen bleiben viele Männer im Beruf, um ihre Stelle nicht zu verlieren, die Regelung der Kinderbetreuung wird zur Sache der Mütter. Solche Diskrepanzen lassen sich nur schwer erkennen, geschweige den thematisieren, sondern die Bewältigung erscheint als persönliche Aufgabe, die Mädchen und Frauen entweder gelingt, oder an der sie scheitern. Man kann also sagen, dass die Individualisierung von Widersprüchen, von Belastungen, Verletzungen oder Brüchen im Lebenslauf, eine „Entlastung einer staatlichen Verantwortlichkeit durch Verdeckung von Verursachungszusammenhängen [ist]" (Bitzan 2000, S. 341).

Nun bedeutet die Existenz von Widersprüchen, Individualisierung und Verdeckungen nicht, dass alle Mädchen damit überfordert sind bzw. daran scheitern. Richtet man den Blick auf Mädchen in Erziehungshilfen, so ist ein Wissen um diese Ambivalenzen jedoch unerlässlich. Mädchen geraten in Erziehungshilfen aufgrund von Verhaltensweisen und Handlungsmustern, die in irgendeiner Weise auffallen (zur Definition von Auffälligkeit vgl. Kapitel 4). Wollen Erziehungshilfen nicht einfach nur die Auffälligkeiten beseitigen bzw. 'beheben', sondern die Ursachen dafür bearbeiten (und dies sollte der Anspruch einer jeden Hilfe sein), so müssen die Handlungsmuster der Mädchen vor dem Hintergrund bestehender Diskrepanzen zwischen Wahloptionen und Realisierungsmöglichkeiten interpretiert werden. Anders gesagt: Soziale Arbeit allgemein und auch Erziehungshilfen werden teilweise zuständig für die Lösung von Problemen, die gesellschaftliche Ursachen haben. Sie können dadurch in die Gefahr geraten, die Individuen wieder 'überlebensfähig' zu machen, dafür zu sorgen, dass sie 'funktionieren' in unserer Gesellschaft, quasi 'Störungen' zu beheben. Eine Chance, dieser Gefahr nicht zu unterliegen liegt in der konsequenten Anwendung einer geschlechtsbezogenen Lebensweltorientierung und Konfliktanalyse[1].

Diese beiden Konzepte in Ergänzung zueinander gedacht gehen davon aus, dass (widersprüchliche) Lebenspraxis immer eine Bewältigung von Konflikten ist, egal ob den Subjekten die Konflikte bewusst sind oder nicht (vgl. Bitzan 2000). Lebenspraxis wird hier verstanden als eine Art Konfliktmanagement, als ein Umgehen mit, ein Verhandeln und Bewältigen von Konflikten. Demnach gilt es in der Arbeit mit Mädchen in Erziehungshilfen danach zu fragen, wie Mädchen mit den jeweiligen Anforderungen an sie umgehen, wie sie widersprüchliche Erfahrungen verhandeln, welche „eigenen Lösungen sie finden und was [sie dabei] befördert bzw. behindert" (ebd., S. 343). Die Konflikte und ihre Bewältigungsmuster sind dabei nicht isoliert zu betrachten, sondern in Zusammenhang der gesamten

1 Vgl. zur Konfliktorientierung ausführlich Bitzan/Klöck 1993.

Lebenswelt des einzelnen Mädchens. Dabei spielen viele Aspekte eine Rolle und wirken auf Mädchen ein – beispielsweise die Familienkonstellation ebenso wie die Nationalität, das Geschlecht, die Schichtzugehörigkeit oder der Bildungsverlauf (um nur einige Beispiele zu nennen). Es wird also nie nur eine Kategorie aus der Lebenswelt des Mädchens zugrunde gelegt, sondern von einer Vielschichtigkeit und Komplexität ausgegangen.

Wichtig ist, bei einer Analyse möglicher Konflikte davon aus zu gehen, dass für die Mädchen selbst zunächst einmal jede Lösung, jedes Konfliktbewältigungsmuster – also jedes Verhalten – Sinn ergibt. Es ist als Versuch des Mädchens zu bewerten, sich in seiner jeweiligen Lebenswelt zu arrangieren und zu behaupten. Dieses an zu erkennen und sichtbar zu machen bedeutet einen anderen Blick auf die Mädchen: defizitäres, abweichendes, 'auffälliges' Verhalten erscheint so immer auch als Ergebnis einer Anstrengung, in den gegebenen Verhältnissen zurecht zu kommen. Damit werden die Anstrengungen der Mädchen anerkannt, die vielfältigen Aufgaben ihrer Lebenswelten zu bewältigen. So können sie als selbstbestimmt wahrgenommen werden und „als fähig, sich anpassend, akzentuierend, verändernd mit den Strukturen auseinander zu setzen und sie zu verändern" (Thiersch 2001, S. 219).

Damit rücken die Fähigkeiten der Mädchen in den Vordergrund, gesellschaftliche Verhältnisse zu bewältigen, und nicht eine Art Unfähigkeit und Begrenztheit. Anstatt sie als 'Problemfall' zu definieren, als Opfer gesellschaftlicher Verhältnisse, erscheinen sie als Handelnde in komplexen Strukturen.

Dies knüpft an grundlegende Prämissen parteilicher Mädchenarbeit an: das Verhalten der Mädchen wird nicht als defizitär eingestuft, sondern als Ausdruck und Bewältigungsstrategie von Konflikten und Problemen, die sich aus ihrem gesamten Lebenszusammenhang ergeben. Einzelne Handlungsmuster können dadurch als Stärke interpretiert werden, in der je spezifischen Lebenswelt zu 'überleben'. Die Mädchen selbst werden mit ihren Anstrengungen respektiert, sie erfahren Wertschätzung – eine wichtige und grundlegende Voraussetzung für jede weitere Arbeit. Dass Handlungsmuster zunächst einmal respektiert und anerkannt werden kann nämlich eine wichtige Erfahrung sein für das einzelne Mädchen. Zum einen bedeutet dies Entlastung, zum anderen kann es das Selbstwertgefühl steigern, indem Lösungsstrategien anerkannt, positiv gedeutet bzw. 'ent'-individualisiert werden.

'Auffälligkeiten' prinzipiell und zunächst als Überlebens- bzw. Bewältigungsstrategie zu betrachten, bedeutet in der Folge einen anderen Umgang in der Arbeit mit sich zeigenden Konflikten. Es geht nicht in erster Linie um Fehlverhalten, das es zu korrigieren gilt, sondern um ein Aufsuchen und Benennen von zugrunde liegenden Ursachen von Konflikten (z. B. kann selbstverletzendes Verhalten als Ausdruck gesehen werden, von emotionalen Verletzungen ab zu lenken und somit kann an diesen gearbeitet werden, anstatt 'nur' den Prozess des 'Ritzens' zu verhindern). Dies bedeutet nicht, Auffälligkeiten gut zu heißen, sondern sie an zu erkennen und zu respektieren als Ausdruck tiefer liegender Konflikte, als Überlebensmuster im Umgang mit diesen Konflikten.

Ein Blick auf die gesamte Lebenswelt bedeutet zugleich, Mädchen im Gesamtgefüge gesellschaftlicher Strukturen zu betrachten. Das ist das Politische am Konzept Lebensweltorientierung bzw. parteilicher Mädchenarbeit: Konflikte nicht zu individualisieren, sondern sie auch als Ausdruck gesellschaftlicher Schieflagen zu verstehen, als Folge von Strukturen und Verhältnissen, die bestimmte Probleme erst entstehen lassen (z. B. Erfahrungen (sexueller) Gewalt nicht als Schwäche im Sinne eines Sich-nicht-Wehrens von betroffenen Mädchen zu sehen, sondern als Ausdruck gesellschaftlicher Machtstrukturen). Viele Aspekte der Konzepte parteilicher Mädchenarbeit finden sich im Konzept Lebensweltorientierung wieder. Parteiliche Mädchenarbeit versteht sich seit ihrer Entstehung immer sowohl als pädagogische Arbeit mit den Mädchen, als auch als politische Arbeit im Sinne einer Benennung und Bekämpfung bestehender gesellschaftlicher Strukturen, die geschlechtsbezogene Ungleichheiten bewirken.

Die in Kapitel 3.2 dargestellten Prinzipien parteilicher Mädchenarbeit dienen allesamt mindestens zweierlei: Zum einen einem Zugang zu Mädchen, zu ihren Lebenslagen immanenten Problemen und Konflikten, sowie zu ihren (verdeckten) Wünschen und Bedürfnissen. Und zum anderen dienen sie einer

Analyse dieser Konflikte, Wünsche etc. vor dem Hintergrund gesellschaftlicher Strukturen. Beides kann nie voneinander getrennt werden.

Zusammenfassend lassen sich für eine Grundhaltung auf Seiten Professioneller auf der Grundlage der Konzepte Lebensweltorientierung, Konfliktorientierung und parteiliche Mädchenarbeit folgende Aspekte festhalten:

- Mädchen werden als Handelnde wahrgenommen, nicht als Störende.
- In diesem Sinne wird danach gefragt, wie Mädchen mit den spezifischen Zumutungen und (eingeschränkten) Optionen ihrer Lebenswelt umgehen, welche eigenen Lösungen sie finden und was sie dabei befördert bzw. behindert.
- Es wird anerkannt und sichtbar gemacht, dass jede Lösung ihren subjektiven Sinn hat und dem Mädchen Handlungsspielraum verschafft. Von diesem Standpunkt aus wird nach den Widersprüchen und Bruchstellen gesucht mit dem Ziel, zugrunde liegende Konflikte zu entdecken.
- Eine so verstandene Konfliktorientierung will nicht nur Konflikte bewältigen, sondern die zugrunde liegenden Konflikte *benennen*, ihnen einen Namen geben. Ebenso werden Konfliktbeteiligte benannt, um so die Konflikte zu ent-individualisieren.
- Insgesamt richtet sich der Blick auf Ressourcen, Kompetenzen, auf Positives und Gelingendes in den Handlungsmustern der Mädchen, und nicht auf Störendes und Defizitäres.

6.2 Qualifizierung

Bisher wurde deutlich, dass die Lebenslagen und Lebenswelten von Mädchen in Erziehungshilfen vielfältig und komplex sind. Im Zuge der gesellschaftlichen Modernisierung differenzieren sich Anforderungen an Mädchen (und Jungen) allgemein aus und stellen sich dabei widersprüchlicher und verdeckter denn je dar. Ein professioneller Umgang mit den Konflikten von Mädchen in Erziehungshilfen erfordert ein gewisses Maß an Grundkompetenzen auf Seiten der Fachkräfte, strukturelle Bedingungen von Seiten der Institutionen und Leitungen, sowie bestimmte Inhalte in Ausbildungsgängen Sozialer Arbeit, Pädagogik etc.

6.2.1 Herausforderungen für die Fachkräfte

Die Arbeit mit Mädchen in Erziehungshilfen bedeutet Umgang mit Mädchen in belasteten Lebenslagen. Dies stellt zum einen hohe Anforderungen an die Kompetenzen der Fachkräfte, wollen sie Mädchen und ihren Konflikten gerecht werden. Ebenso können die spezifischen Probleme auch eine große Belastung für Fachkräfte bedeuten, mit denen sie umgehen müssen. Da uns Wissen allgemein in die Lage versetzt, schwierige Situationen zu meistern (vgl. Weiß 2003: 153f), ist für die geschlechtsbezogene Arbeit mit Mädchen in Erziehungshilfen ein gewisses Maß an Grundwissen und Sachkompetenz notwendig, um Belastungen und Gefahren zu mindern:

Grundwissen für geschlechterbewusstes Arbeiten mit Mädchen:

- Erkennen des Zusammenhangs zwischen gesellschaftlichen Strukturen, Verhältnissen in der Lebenswelt sowie dem individuellen Handeln des einzelnen Mädchens.
- Wissen um und Erkennen von geschlechtsbezogenen Konfliktbewältigungsmustern
- Wissen um spezifische Themenfelder von Mädchen in Erziehungshilfen (vgl. 5.).
- Die Rolle und Bedeutung der Thematisierung von Geschlechterthemen im Team muss klar sein. Ein 'Vorleben' unterschiedlicher (geschlechtergerechter) Arbeitsteilung zwischen Männern und Frauen innerhalb des Teams ist dabei nicht zu unterschätzen und hat eine wichtige Vorbildfunktion.
- Die Bereitschaft zu Kooperation und ein Einschätzenkönnen des richtigen Zeitpunkts für eine Delegation an Spezialdienste (v. a. in Bezug auf Themen wie Migration, Sucht, (sexuelle) Gewalt) (s. u.).

Kooperation mit bzw. Delegation an Spezialdienste

Fachkräfte in Erziehungshilfen müssen sich im Klaren darüber sein, dass sie trotz hohem Fachwissen und professioneller Kompetenz nicht allen Problemen der Mädchen gerecht werden können (und auch nicht müssen). Gerade spezifische Lebenslagen wie Migration, Suchtprobleme oder Erfahrungen (sexueller) Gewalt erfordern spezifisches Fachwissen, welches nicht in einer Person bzw. in einer Einrichtung vereint sein kann. Sich dies einzugestehen ist der erste wichtige Schritt bezüglich Kooperation und Delegation. Ein weiterer Schritt ist der Abbau von Konkurrenzdenken. Bei Kooperationen mit anderen Einrichtungen der Jugendhilfe kann es darum gehen – um nur einige Beispiele zu nennen – im Sinne einer Lebensweltorientierung mit Einrichtungen aus der konkreten Lebenswelt des Mädchens zu kooperieren, sich Unterstützung von Fachkräften mit Migrationshintergrund zu holen, oder dem Mädchen beispielsweise in einer Selbsthilfegruppe für Mädchen mit Essstörungen eine angemessene Form der Auseinandersetzung zu ermöglichen. Kooperation bedeutet also nicht etwa ein Eingeständnis von Schwäche oder mangelndem Wissen, sondern zeugt im Gegenteil von hoher professioneller Kompetenz.

Ebenso stellt eine mögliche Delegation der Lösung bestimmter Konflikte einen hohen professionellen Umgang dar (vgl. Hartwig/Kriener 2002, S. 95). Mädchen können Erfahrungen gemacht haben, deren Bearbeitung in Maßnahmen der Erziehungshilfen nur bis zu einem gewissen Grad möglich ist, sowohl aufgrund des speziellen Settings der Hilfeform als auch aufgrund einer möglichen Überforderung der Fachkräfte. Beispielsweise bedürfen Erfahrungen von (sexueller) Gewalt der Bearbeitung innerhalb einer Therapie, bestimmte Suchtproblematiken müssen erst einmal durch einen Klinikaufenthalt angegangen werden. Die Schwierigkeit hierbei ist ein Erkennen des richtigen Zeitpunkts und der richtigen Einrichtung bzw. Form, an die delegiert wird. Es kann nicht darum gehen, ein Mädchen aus zu grenzen, weil es den Gruppenalltag sprengt, sondern den Konflikt zu benennen und – gemeinsam mit dem Mädchen und evt. der Gruppe – eine angemessene Bearbeitungsform dafür zu finden. Der Umgang mit Überforderungsgefühlen sowie der Spagat zwischen Ausgrenzung und Delegation stellt für die Fachkräfte eine hohe Herausforderung dar.

Fachkompetenzen für geschlechterbewusstes Arbeiten mit Mädchen

- Selbstreflexion im Sinne einer Reflexion über die eigene Situation als Frau bzw. Mann in der Gesellschaft sowie als Vorbild und Gegenüber in der Beziehungsarbeit (s. u.).
- Kompetenzen parteilicher Mädchenarbeit:
  - Partizipation

  - Mädchenräume
  - Vernetzung/Mädchenpolitik
- Themen:
  - Selbstwahrnehmung, -behauptung und -verteidigung
  - Körper(arbeit)
  - lesbische Mädchen
  - Sexualität
  - Lebensplanung
- Sich-Einbringen als Person, um den Mädchen ein Gegenüber zu sein

Im Folgenden werden die genannten Fachkompetenzen genauer ausgeführt.

Selbstreflexion

Selbstreflexion ist eine wichtige Voraussetzung, um zum einen den Mädchen in der Beziehungsarbeit gerecht zu werden, und zum anderen Belastungen an die eigene Person zu vermindern. Sie kann erst einmal mühsam, aufwendig und belastend sein und stellt einen Prozess dar, der niemals abgeschlossen ist. Für Fragen der Professionellen, wie weit sie sich als Person einbringen, und wann und wie sie sich abgrenzen (dürfen und müssen), ist eine reflexive Kompetenz jedoch unabdingbar. Selbstreflexion bezieht sich dabei auf die Einflüsse der gesellschaftlichen, der institutionellen sowie der biographischen Gegebenheiten auf das pädagogische Handeln (vgl. Weiß 2003, S. 157).

Solange in unserer Gesellschaft die Zugehörigkeit zu einem Geschlecht eine so bedeutende Rolle spielt, müssen sich Fachkräfte mit ihrer eigenen Geschlechtsidentität auseinander setzen, sowie mit gesellschaftlichen Zuschreibungen an das jeweilige Geschlecht. Bei der Bearbeitung von Konflikten der Mädchen spielt deren Geschlechtszugehörigkeit (neben anderen Kategorien) eine nicht unwesentliche Rolle (s. o.). Dementsprechend müssen sich Fachkräfte ihrer eigenen Geschlechterbilder, ihre Zuschreibungen und Erwartungen an Mädchen und Frauen bewusst sein (vgl. Hartwig/Kriener 2002, S. 95). Ebenso muss die eigene Situation als Frau bzw. als Mann in der Gesellschaft (d. h. auch im Berufsfeld, in der Institution sowie in der Einrichtung) reflektiert werden, um beispielsweise Übertragungen und Gegenübertragungen eigener (versagter) Wünsche oder gesellschaftlicher Ansprüche zu vermeiden. Fördere ich z. B., dass ein Mädchen einen technischen Beruf erlernt, weil ich finde, dass dies den Wünschen und Fähigkeiten des Mädchens entspricht, oder weil ich der Meinung bin, es sollten allgemein mehr Mädchen einen technischen Beruf ergreifen? Oder weil ich gar selbst früher als Frau gerne einen Beruf in diese Richtung gewählt hätte? Ebenso müssen die eigenen Normen bezüglich Lebensplanung, Beziehungsgestaltung, Sexualität usw. reflektiert werden. Gesellschaftliche Zuschreibungen an das Geschlecht bringen auch diesbezügliche Zuschreibungen mit sich. Deshalb ist es unerlässlich, mit den Mädchen offen über diese Themen zu reden und ihnen ein Gegenüber zu sein. Auch so können sie erkennen, dass ein Umgehen mit Widersprüchen nicht ihr individuelles Problem ist, sondern andere Mädchen und Frauen auch damit umgehen müssen, und dass es richtig ist, darüber zu reden anstatt zu versuchen, alleine damit fertig zu werden.

Hierbei können Fachkräfte aber auch an ihre Grenzen kommen. Die Beziehungsgestaltung erfordert ein starkes Einbringen der eigenen Person, dennoch sind es professionelle Beziehungen. Eine lesbisch lebende Mitarbeiterin beispielsweise kann für Mädchen bei deren Auseinandersetzung mit der eigenen Sexualität ein wichtiges Gegenüber sein. Im Umgang mit Homosexualität wäre ein offenes Stehen zur eigenen Lebensweise eine Art Vorbild für Mädchen. Gleichzeitig muss die Mitarbeiterin einschätzen und abwägen, wie andere Jugendliche (z. B. innerhalb der Wohngruppe) auf ein Outing reagieren. So kann sie sich im Zwiespalt befinden, einerseits Vorbild sein zu wollen, andererseits sich selbst schützen zu müssen, um nicht auf ihre Sexualität reduziert zu werden. Der Anspruch, sich in die Beziehungsarbeit als Person offen ein zu bringen, steht einem Abwägen gegenüber, wann Grenzen gesetzt werden sollen (und wollen).

Selbstreflexion bedeutet keine prinzipielle Lösung solcher Spannungsverhältnisse, sondern einen bewussten Umgang damit. Hier wird nochmals deutlich, dass es sich dabei um aufwändige Arbeit handelt, bei der Teamgespräche und Supervision sehr hilfreich sind.

Kompetenzen parteilicher Mädchenarbeit in den Erziehungshilfen

Mädchenräume

Mädchen und ihren Anliegen, Wünschen, Problemen und Themen Raum zu geben bedeutet zunächst einmal, ihnen Zeit zur Verfügung zu stellen, sie zu Wort kommen zu lassen und ihnen zuzuhören. Sich für ihre Themen zu interessieren, sie erst einmal unbewertet stehen zu lassen, ist eine wichtige Erfahrung für Mädchen und in ihrem Alltag oft keine Selbstverständlichkeit.

Raum für Mädchen zur Verfügung zu stellen ist aber auch zu verstehen als geschlechtshomogener Raum. Mädchen(wohn)gruppen sind ein wichtiger Bestandteil in der Arbeit mit Mädchen in Erziehungshilfen, Mädchennachmittage, Mädchenzimmer usw. stellen weitere wichtige Räume dar. Die Intension solch geschlechtshomogener Mädchenzusammenhänge ist, dass Mädchen neben ihren sonstigen gemischtgeschlechtlichen Lebenswelten (in Schule, Familie, Clique usw.) eine Möglichkeit zur Auseinandersetzung mit anderen Mädchen haben. In Formen der geschlechtshomogenen Arbeit mit Mädchen können diese lernen bzw. erfahren, dass ihre Probleme keine individuellen sind, sondern andere Mädchen ähnliche Erfahrungen machen. So kann hier ein Ort entstehen, an dem individuelle Konflikte als gesellschaftliche, strukturelle Konflikte benannt werden, an dem Widersprüche aufgedeckt werden und Mädchen lernen, sich damit auseinander zu setzen. Dies ist oft ein langer Prozess, der durch verschiedene Methoden und Bedingungen gefördert werden kann, und der nicht entsteht, weil beispielsweise eine Fachkraft ihn erläutert. Erfahrungen der Gemeinsamkeit, Solidarität und Unterstützung gehören dabei ebenso dazu wie Konkurrenz, Neid oder Streit. Mädchen müssen sich hier jedoch im Gegensatz zu gemischtgeschlechtlichen Zusammenhängen nicht gegenüber Jungs positionieren, sie können sich frei von deren Bewertungen und Kommentaren bewegen (z. B. können Mädchen sich am Tischkicker ausprobieren, während dieser in gemischtgeschlechtlichen Zusammenhängen meist von Jungs besetzt ist bzw. das Kickern von Mädchen unter deren Kommentaren abläuft). Andere Dinge können hier zur Sprache kommen, auch wenn frau sich nicht so laut äußern kann bzw. beim Thematisieren ihrer Bedürfnisse Zeit braucht.

Mädchen können hier lernen, sich Raum zu nehmen, Raum zu gestalten, oder auch Raum zu erstreiten.

Vernetzung/Mädchenpolitik

Pädagogische Arbeit mit Mädchen braucht Vernetzung mit anderen Fachkräften in der Mädchenarbeit sowie der mädchenpolitischen Arbeit.

Vernetzung dient dem Austausch über Erfahrungen in der Arbeit, über Bedingungen der Mädchenarbeit (beispielsweise innerhalb der eigenen Einrichtung oder zwischen verschiedenen Institutionen), über verschiedene Methoden, Ziele oder Inhalte, und sie bietet Raum für die Reflexion der eigenen Rolle (als Gegenüber der Mädchen wie als Frau in der Gesellschaft). Somit werden Vernetzungszusammenhänge zu 'Orten der Selbstvergewisserung' (vgl. 3.2) für Professionelle und tragen zur Qualitätssteigerung von Mädchenarbeit bei.

Vernetzung stellt darüber hinaus einen Teil mädchenpolitischer Arbeit dar, weil durch den dort stattfindenden Austausch individuelle Erfahrungen, Probleme und Anliegen aus der pädagogischen Arbeit thematisiert werden. So können beispielsweise auch die Fachkräfte lernen, dass Probleme innerhalb der Arbeit strukturelle Ursachen haben können, und dass Andere ähnliche Erfahrungen machen. Somit findet hier auf einer anderen Ebene eine Ent-Individualisierung statt, die auch Inhalt der pädagogischen Arbeit mit den Mädchen ist.

In einem weiteren Schritt bedeutet mädchenpolitische Arbeit, für Veränderungen von gesellschaftlichen Strukturen ein zu treten, die sich ungleich auf die Geschlechter auswirken. Dies kann auf der Ebene der eigenen Einrichtung stattfinden (z. B. wie viel Geld, Zeit oder Personal steht für Mädchenarbeit zur Verfügung, wie steht es um die Geschlechterparität bei Stellenbesetzungen usw.), es kann Einwirkung auf kommunaler Ebene bedeuten (z. B. auf die Jugendhilfeplanung oder auf städtebauliche Maßnahmen), und auch landes- und bundespolitisches Engagement beinhalten. Meist sind weibliche Fachkräfte aus der Mädchenarbeit innerhalb der einzelnen Einrichtungen in Arbeitskreisen organisiert, innerhalb vieler Kommunen gibt es einrichtungsübergreifende Mädchenarbeitskreise, auf Landesebene bestehen teilweise sogenannte Landesarbeitsgemeinschaften Mädchenarbeit bzw. -politik, die wiederum in der Bundesarbeitsgemeinschaft Mädchenpolitik vernetzt sind.

Partizipation/Beteiligung

Partizipation ist innerhalb der parteilichen Mädchenarbeit schon seit den frühen 1980er Jahren ein grundlegendes Prinzip (vgl. Kapitel 3.2), da sie u. a. einen wichtigen Beitrag leistet zu einem Ernstnehmen der Mädchen als ganze Person (also nicht nur des sichtbaren Problems). Folglich stellt sie einen wichtigen Schritt dar auf dem Weg zu einer an den Bedürfnissen und Lebenslagen der Mädchen orientierten Hilfegestaltung.

Bezogen auf die Arbeit mit Mädchen in Erziehungshilfen soll es im Folgenden um eine Beteiligung von Mädchen (und deren Eltern) an der Hilfeplanung gehen, sowie um Beteiligung im konkreten Betreuungsalltag. Partizipation in beiden Bereichen so konkret wie möglich um zu setzen ist wichtig, da laut Schwabe (vgl. 2000) AdressatInnen der Hilfe ohne adäquate und erlebbare Beteiligung eher in eine passive Haltung gegenüber dem Hilfeprozess geraten, die Verantwortung für ein Gelingen an die Fachkräfte abgeben oder von ihnen verordnete oder als unpassend erlebte Hilfeformen sabotieren. Dass dies in der Praxis nicht immer einfach umzusetzen ist, führt anschaulich Blandow aus (vgl. 2001) wenn er schildert, wie beispielsweise die Wahl einer geeigneten Hilfeart daran scheitern kann, dass nicht jede konkret verfügbar ist, der Etat bereits ausgeschöpft ist, von höherer Stelle aus an teuren Heimunterbringungen gespart werden soll, oder dass einem Aushandlungsprozess insofern Grenzen gesetzt sind, als dass z. B. Eltern und Jugendliche nicht der selben Meinung sind. Fachkräfte befinden sich demnach in einem ständigen Spannungsverhältnis zwischen einer in professioneller Verantwortung getroffenen Hilfegestaltung einerseits, und größtmöglicher Beteiligung der AdressatInnen andererseits. Ebenso spannungsreich ist der Spagat der Jugendhilfe zwischen helfender Zuwendung und sozialer Kontrolle.

Im Folgenden werden, in Anlehnung an Martina Kriener (2001), Hilfestellungen dafür gegeben, die oben beschriebenen Spannungsverhältnisse so klein wie möglich zu halten.

a) Partizipation in der Hilfeplanung nach § 36 KJHG

In § 36 KJHG verpflichtet der Gesetzgeber die Jugendhilfe dazu, Kinder, Jugendliche und ihre Familien bzw. Personensorgeberechtigten bei der Hilfeentscheidung, -auswahl und -ausgestaltung zu beteiligen. Mit Beteiligung ist dabei gleichberechtigte, partnerschaftliche Mitbestimmung von Personensorgeberechtigten und Jugendlichen gemeint.

Um Mädchen und ihre Eltern am Hilfeprozess zu beteiligen, muss zunächst einmal die Fachmeinung nachvollziehbar und sinnvoll erscheinen sowie einzelne Hilfeformen transparent und verständlich dargestellt werden. Beteiligung meint nicht nur, die Interessen der AdressatInnen bei fachlichen Einschätzungen zu berücksichtigen, sondern tritt vielmehr in Aushandlungs- und Interaktionsprozesse, vermittelt den Mädchen und ihren Eltern eigene Einschätzungen, und versucht, deren Hilfevorstellungen mit den fachlichen in Einklang zu bringen.

Dabei können für die Gestaltung von Hilfeplangesprächen folgende Aspekte hilfreich sein:

- Vor dem Gespräch mit dem Mädchen die Gestaltung des Settings besprechen.
- Kleine Runden, anstatt ein Übergewicht von (oft vier bis neun) Erwachsenen gegenüber einem Mädchen, was oftmals das Empfinden der Mädchen noch verstärkt, es werde mehr *über* sie als *mit* ihnen gesprochen sowie Vieles nicht zu verstehen. Für viele Mädchen ist es außerdem schwer bzw. angstbesetzt, bei schwelenden Konflikten mit allen Beteiligten (z. B. Eltern, LehrerInnen) an einem Tisch zu sitzen.
- Zu Beginn die Bedeutung bzw. Funktion der Hilfeplangespräche sowie die Teilhaberechte der Mädchen bzw. Eltern klar erläutern. Der Sinn des Gesprächs, die unterschiedlichen Rollen der Anwesenden und tatsächlich zur Disposition stehende Möglichkeiten müssen deutlich gemacht werden. Es sollten ausreichend Informationen über verschiedene Unterstützungsmöglichkeiten und Optionen gegeben werden, sowie die Verantwortlichkeiten und Entscheidungskompetenzen geklärt werden, um unrealistischen Erwartungen vorzubeugen.

- Die Mädchen und ihre Eltern gezielt auf mögliche Bedenken bezüglich ihrer Teilnahme ansprechen sowie darüber, dass sie gemäß § 13 SGB X ein Recht auf eine Vertrauensperson oder einen Beistand haben. Dies kann für Mädchen besonders wichtig sein, da die Ursachen der Probleme häufig in der Familie liegen und für Aushandlungsprozesse quasi eine 'Verstärkung' hilfreich sein kann. Allgemein ist es bei schwierigen Themen oder Loyalitätskonflikten wichtig dafür zu sorgen, dass Mädchen jemanden auf ihrer Seite wissen.
- Die Familien nicht als Ganzes wahrnehmen, sondern als ein Gefüge mit unterschiedlichen Interessen und Bedürfnissen, Rollen, Machtpositionen, Hierarchiegefügen usw.
- Andere Methoden als die des Gesprächs erwägen, um die Hemmschwelle des sprachlich sich gut Ausdrücken-Müssens bzw. überhaupt die Stimme erheben zu müssen, zu umgehen.
- Auf nonverbalen, körperlichen Widerstand bzw. Signale der Mädchen achten, sie in angemessener Form thematisieren und/oder evt. das Setting ändern oder andere Methode einbeziehen.
- Eventuell bestehende eigene geschlechtsspezifische Aufmerksamkeitsstrukturen reflektieren, die 'störenderen' Jungen mehr Zeit, Raum und Hilfe zugestehen als 'unauffälligeren' Mädchen.
- Darauf achten, dass eigene Unsicherheiten der Fachkräfte, z. B. bezüglich Suchtproblematiken, fremder Kulturen oder sexueller Gewalterfahrungen, möglichst im Vorfelde des Gesprächs in entsprechender Weise bearbeitet und reflektiert werden und nicht zu einer 'oberflächlichen' Hilfegewährung führen.
- Als ModeratorIn darauf achten, dass *alle* Beteiligten zu Wort kommen und ausreden können.
- Bei Zweifeln an schnellen Entscheidungen oder voreiliger Zustimmung allen nochmals Bedenkzeit geben.

b) Partizipation im Lebens- und Betreuungsalltag

Partizipation im Lebens- und Betreuungsalltag kann sich beziehen auf persönliche Angelegenheiten der Mädchen selbst, auf die der Gruppe, auf Angelegenheiten der Einrichtung und auf Aspekte von außen. Mehr als im Hilfeplangespräch ist im Alltag das Verhältnis zwischen Mädchen und Fachkräften geprägt von einer professionellen Beziehungsgestaltung, die es immer wieder neu auszuhandeln gilt. Innerhalb dieses Prozesses sind auch Formen der Beteiligung Aushandlungssache, sie können sich somit immer wieder verändern. Beteiligung der Mädchen bedeutet für die Fachkräfte ein ständiges Abwägen zwischen der professionellen Einstellung, was für das Mädchen bzw. für die Gruppe wichtig und richtig ist einerseits, sowie den individuellen Bedürfnissen der einzelnen Mädchen andererseits. Für diesen Prozess bedarf es Orte und Formen zur Selbstreflexion (s. o.), denn Faktoren wie z. B. eigene biographische Erfahrungen, Einflüsse aus der individuellen geschlechtsbezogenen Sozialisation, die persönliche Lebensgestaltung oder eigene Norm- und Wertehaltungen beeinflussen unser Denken und Handeln. Dies muss den Bezugspersonen der Mädchen stets bewusst sein und bezüglich einer professionellen Haltung so weit wie möglich reflektiert werden.

Beteiligung im konkreten Lebens- und Betreuungsalltag kann sowohl formal als auch informell gestaltet werden. Formale (institutionalisierte) Partizipationsformen können sein:

- Befragungen, Fragebogenerhebungen (hierbei sollte allen klar sein, wie mit den Ergebnissen umgegangen wird und den Befragten in jedem Fall eine Rückmeldung gegeben werden)
- formalisierte Aushandlungen von Gruppen- und Heimregeln
- Arbeitsgruppen oder Projekte mit Jugendlichen zu bestimmten Themen des Betreuungsalltags
- institutionalisierte Formen wie GruppensprecherInnen oder Heimräte
- Möglichkeiten und Rechte für Beschwerden

Institutionalisierte Formen der Beteiligung müssen daraufhin überprüft werden, inwieweit sie nicht eine Art Alibifunktion erfüllen (vgl. Bitzan 2000). So darf beispielsweise nicht die gesamte Verantwortung für Beteiligungsprozesse den GruppensprecherInnen zugemutet werden (nach dem Motto: „Wenn sie sich nicht einbringen, sind sie selbst schuld.“), sondern es gilt, neben diesen institutionalisierten Formen weitere informelle Beteiligungsmöglichkeiten zu schaffen.

Informelle Partizipation kann z. B. in persönlichen Gesprächen (u. U. mit formaler Zeit- und Raumgestaltung) und in Gruppengesprächen stattfinden, in denen die Wünsche und Anliegen der Mädchen zum Thema werden, sich die Fachkräfte offen damit auseinander setzen und alle in gemeinsame Aushandlungsprozesse miteinander treten. Gerade in Gruppenzusammenhängen kann dies neben der Erfahrung des Ernstgenommen Werdens für die Mädchen auch zu einem wichtigen Lernprozess werden, sich mit anderen Meinungen und Bedürfnissen auseinander zu setzen, zu streiten und Kompromisse zu finden.

Zusammenfassend lässt sich festhalten, dass Partizipation eine rechtliche und sozialpädagogische Verpflichtung darstellt, will man den Mädchen, ihren Bedürfnissen und Lebenslagen gerecht werden. Partizipation ist dabei gleichzeitig Aufgabe und Herausforderung, stellt sie doch einen wichtigen Faktor dar für die Bildung eines Vertrauensverhältnisses zu den Mädchen sowie für eine Annahme der und Einlassen auf die Hilfe auf Seiten der Mädchen. Partizipation ist zu verstehen als Erfahrungs- und Lernprozess auf Seiten der Mädchen, der Anregung und Unterstützung durch die Professionellen braucht. Dies nicht zuletzt deshalb, weil es gerade Mädchen oftmals nicht gewohnt sind, nach ihrer Meinung bzw. ihren Bedürfnissen gefragt zu werden, geschweige denn sie ein zu fordern. Eigene Räume für Mädchen sind dabei eine wichtiger Ort, an dem sie sich frei äußern können und lernen können, ihre Bedürfnisse und Anliegen wahr zu nehmen und zu artikulieren (s. o.).

Themen der Mädchenarbeit

Selbstwahrnehmung, -behauptung und -verteidigung

Selbstwahrnehmung ist ein wichtiger Schritt auf dem Weg zu einer Lebensgestaltung gemäß den eigenen Bedürfnissen und Wünschen. Mädchen lernen oft eher, auf die Bedürfnisse anderer ein zu gehen als auf ihre eigenen (vgl. Bitzan/Daigler 2001). In der Arbeit mit Mädchen ist es deshalb wichtig, ihnen (wieder) einen Zugang zu ihren Wünschen und Anliegen zu ermöglichen und deutlich zu machen, dass diese Gültigkeit haben. Bei einer Thematisierung von Hindernissen und Begrenzungen bezüglich der Umsetzung geht es sowohl um Grenzen von außen, als auch um eigene innere Grenzen der Mädchen.

Inhalte bzw. Ziele von Selbstwahrnehmungsübungen mit Mädchen können demnach sein (vgl. Wortberg 1997):

- eigene Bedürfnisse und Gefühle 'aufspüren' und respektieren
- die Entwicklung eines Selbstbewusstseins, dass diese Bedürfnisse und Gefühle berechtigt sind
- das Erlernen von Abgrenzung gegenüber äußeren Anforderungen, die die Grenzen der Mädchen überschreiten bzw. verletzen
- ebenso das Erlernen eines gesunden Nähe-Distanz-Gefühls (z. B. durch Körperübungen zu zweit, in denen das Abgrenzen gegenüber Personen geübt wird, die einer zu nahe kommen bzw. in denen das Gefühl nachempfunden werden kann, anderen Personen zu nahe zu kommen)
- ein Einüben von Körperhaltungen, die aus der Defensive führen (aufrechtes Sitzen, Stehen und Gehen, freies Atmen, direkter Blickkontakt, stabiler Stand auf zwei Beinen, Hände nicht im Gesicht usw.)

Selbstbehauptung und -verteidigung haben viel mit Abgrenzung und mit dem Eintreten für eigene Bedürfnisse zu tun, sie hängen insofern eng mit Selbstwahrnehmung zusammen. Mit der Möglichkeit, mit (sexueller) Gewalt konfrontiert zu werden, müssen sich Mädchen prinzipiell auseinander setzen[2], denn es gehört zur Struktur patriarchaler Gesellschaftssysteme, dass viele Männer dadurch ihre Macht ausdrücken. Mädchen werden mit dieser Tatsache früh konfrontiert, sei es durch die Medien, durch Ängste von Bezugspersonen oder durch eigene Erfahrungen.

Mögliche Inhalte von Selbstbehauptung bzw. -verteidigung (vgl. Wortberg 1997):

- eine Auseinandersetzung mit der Angst, (sexuelle) Gewalt zu erfahren
- das Einüben verbaler Abgrenzung
- eine Auseinandersetzung mit Körpersprache, Haltung, Bewegung, Atmung und Stimme
- die Konfrontation mit der Möglichkeit, sich körperlich zu wehren – d. h. auch mit der Möglichkeit, jemanden zu verletzen oder gar zu töten

2 Die Anzahl der in Deutschland gemeldeten Vergewaltigungen (ohne Dunkelziffer) beläuft sich laut Emma Nr. 5/2005 auf 9000 jährlich, das sind ca. 25 Vergewaltigungen täglich.

- einen Bezug herstellen zum Körper und die Erfahrung der eigenen Kraft und Stärke
- das Erlernen körperlicher Schlag-, Tritt-, Befreiungs- und Abwehrtechniken

Durch Selbstbehauptungs- und -verteidigungsübungen können Mädchen ein Gefühl für ihren Körper entwickeln, die eigene Kraft spüren und sich selbst in Bewegungsarbeit wahrnehmen. Für die Entwicklung eines gesunden Selbstbewusstseins und das Eintreten für eigene Bedürfnisse kann dies ein wichtiger Beitrag sein.

Körper(arbeit)

In Kapitel 5.1 wurde erläutert, dass viele Mädchen aufgrund verschiedener Einflüsse und Ursachen ein ambivalentes Verhältnis zu ihrem Körper entwickeln. Vor allem die Arbeit mit Mädchen in geschlechtshomogenen Zusammenhängen ermöglicht es, solche Ambivalenzen zu thematisieren und zu bearbeiten. Mögliche Ziele dabei sind die Entwicklung von Gefühlen für und Zufriedenheit mit dem eigenen Körper sowie eine Auseinadersetzung mit gesellschaftlichen Ansprüchen an 'weibliche' Körper. Durch gemeinsame Zeitschriftenlektüre kann beispielsweise eine Diskussion darüber entstehen, welche Vorstellungen, Vorbilder und Ideale von 'Männlich- und Weiblichkeit' transportiert werden und wie es jeder einzelnen damit geht. So können auch Zufriedenheiten und Unzufriedenheiten mit dem eigenen Körper thematisiert werden (vgl. Klees u. a. 1989). Eine wichtige Erfahrung kann für Mädchen schon darin bestehen, eigene Zufriedenheiten bzw. positive Attribute ihres eigenen Körpers benennen zu müssen. Mädchen sind es oft nicht gewohnt, positiv bzw. selbstbewusst über sich selbst zu sprechen – viel leichter fällt ihnen dagegen, Negatives über sich selbst zu äußern. Dementsprechend werden Mädchen, die sich an diese 'ungeschriebene Regel' nicht halten, dass sich nämlich Mädchen nicht zu positiv über sich selbst äußern, von anderen Mädchen meist kritisch beäugt. Körperangebote wie Entspannungsübungen, Selbst- und Partnerinnenmassagen, Gedanken- und Phantasiereisen oder Bewegungsübungen sind weitere Möglichkeiten, angenehme Gefühle für den eigenen Körper zu entwickeln (vgl. Vogel 1997). Darüber hinaus sollte in der Körperarbeit die Vielfalt von Mädchen thematisiert werden. Gerade in einer Zeit, in der die Medien eher ein einheitliches Mädchenbild verbreiten (schlank, lange Haare, gute Figur, keine Pickel usw.) ist es wichtig, einer Unterschiedlichkeit verschiedener 'Mädchentypen' Gültigkeit zu verleihen.

Lesbische Mädchen

Es wurde bereits mehrfach auf die Notwendigkeit hingewiesen, Lesbischsein in der Arbeit mit Mädchen in Erziehungshilfen selbstverständlich werden zu lassen und Mädchen ein breites Spektrum möglicher geschlechtlicher Identitäten auf zu zeigen (vgl. Kap. 5.1 und 5.4). Folgende Aspekte können dabei helfen:

Lesbischsein als Selbstverständlichkeit in der Arbeit mit Mädchen

- Lesbische Mädchen nicht als Sonderfall behandeln sondern ein Klima schaffen, in dem Homosexualität als selbstverständliche Alternative zur Heterosexualität anerkannt und in den Alltag integriert ist. So gilt es beispielsweise regelmäßig zu überprüfen, inwiefern Freunde und Verliebtsein in Jungs ebenso Thema sind wie Gespräche über Freundinnen und Verliebtsein in Mädchen.
- Ein regelmäßiges Treffen der lesbischen Mädchen und/oder Mädchen, die sich dafür interessieren kann sinnvoll sein und Rückhalt und Kraft geben. Es kann sein, dass sich lesbische Mädchen in einer Identitätskrise befinden und es ihnen schwer fällt, in außenstehende Gruppen zu gehen die zu diesem Thema arbeiten.
- Gleichzeitig gilt es, das Thema Lesbischsein so zu platzieren bzw. lesbischen Mädchen auf eine Weise Raum zu geben, ohne sie zu stigmatisieren als eine Gruppe von Mädchen, die eine 'Sonderbehandlung' benötigt. Wird beispielsweise Raum geschaffen für lesbische Mädchen und ihre aktuellen Themen, so kann gleichzeitig Raum gegeben werden für heterosexuelle Mädchen und ihre Themen, für bisexuelle Mädchen oder auch für Mädchen, die sich (noch) nicht verorten wollen/können.
- Es ist hilfreich, Informationen über Alternativen zum Heterosein zu geben. Zahlreiches (feministisches) Material stellt beispielsweise eine gute Alternative zu Schul- und Jugendbüchern dar und kann betroffenen Mädchen helfen, sich über ihre Gefühle klar zu werden, Identifikationsmöglichkeiten zu finden und das Selbstwertgefühl zu stärken. Literatur über Homo- und Heterosexualität sollte in jeder Einrichtung selbstverständlich und offen zugänglich sein (z. B. Bass, Ellen/Kaufman, Kate 1999: „Wir lieben wen

wir wollen. Selbsthilfe für lesbische, schwule und bisexuelle Jugendliche“ Orlanda Frauenverlag, Berlin. Dieses Buch eignet sich für Mädchen, Eltern und Fachkräfte. Es gibt Informationen und Ratschläge für Mädchen, sowie für Fachkräfte, die das Thema Homosexualität im Betreuungsalltag selbstverständlich verankern möchten).

- MitarbeiterInnen, die den Mädchen als heterosexuell bekannt sind, können durch ein Aufgreifen von Bemerkungen oder Abwertungen über Lesben und Schwule dazu beitragen, Vorurteile in Frage zu stellen und Homosexualität als gleichwertigen und selbstverständlichen Lebensentwurf dar zu stellen.
- Die Gefühle der Mädchen müssen ernst genommen werden. Es kann sein, dass lesbische Mädchen in ihrer Umwelt auf Reaktionen stoßen bzw. sich selbst wünschen, dass es nur ein vorübergehendes Gefühl ist und sie schon noch ‘normal’ werden. Die Mädchen sollten darin bestärkt werden, ihre eigenen Gefühle zu akzeptieren und selbst auch ernst zu nehmen.
- Es gilt, immer wieder den Zusammenhang zwischen der individuellen Situation betroffener Mädchen und gesamtgesellschaftlichen Normalitätsvorstellungen her zu stellen. Auf diese Weise können mögliche Probleme der Mädchen (z. B. mit den Eltern) von der individuellen Ebene, vom Problem des einzelnen Mädchens getrennt werden und als Ausdruck gesellschaftlicher Verhältnisse thematisiert werden. Dies kann die Mädchen entlasten.
- Im Falle eines Coming Out brauchen die Mädchen Unterstützung und Rückhalt.
- Nicht zuletzt müssen sich die Professionellen selbst mit dem Thema Homosexualität auseinander setzen, um eine selbstverständliche und gleichwertige Thematisierung im Alltag zu ermöglichen.

Sexualität

Mädchenarbeit kann dazu beitragen, dass Mädchen ein lustvolles und selbstbestimmtes Gefühl zur eigenen Sexualität entwickeln können. Viele Mädchen machen im Laufe ihrer Sozialisation eher die Erfahrung, dass wenig bzw. nicht offen über Sexualität gesprochen wird, oder dass Gefühle der Scham oder gar Angst (z. B. vor sexuellen Übergriffen) damit verbunden werden. Ein offener Umgang mit diesem Thema auf Seiten der Fachkräfte ist für Mädchen wichtig. Dadurch können sie beispielsweise erfahren, dass über Sexualität gesprochen wird, dass sie sich entwickelt und verändert im Laufe eines Lebens, oder dass Sexualität Vielfalt bedeutet und es kein 'Richtig' oder 'Falsch' gibt. Fachkräfte müssen Mädchen auf der Suche nach ihrer sexuellen Identität begleiten, ihnen ein Gegenüber sein. Dazu gehören die Beschäftigung mit der eigenen Sexualität, die Auseinandersetzung mit gesellschaftlichen Normen, sowie die selbstverständliche Thematisierung im Betreuungsalltag. So sollte z. B. eine Wohngruppe Formen finden, Sexualität nicht nur über Regelungen oder gar Verbote und Kontrollen zu thematisieren, sondern sich mit den Mädchen (und Jungen) über mögliche Hintergründe solcher Regelungen zu verständigen. In geschlechtshomogener Mädchenarbeit können beispielsweise sexuelle Erfahrungen oder Wünsche der Einzelnen durch verschiedene Methoden thematisiert werden und damit verbundene schöne und unangenehme Gefühle besprochen werden. Fragen zur Verhütung sollten selbstverständlich ebenso Thema sein wie HIV und AIDS.

Ziel sexualpädagogischer Arbeit mit Mädchen ist die Entwicklung eines verantwortungsvollen, selbstbestimmten und lustvollen Umgangs der Mädchen mit ihrer eigenen Sexualität. Sie sollen lernen und sich trauen, eigene Bedürfnisse und Gefühle zu leben und ein zu fordern.

Lebensplanung

Es wurde bereits mehrfach dargestellt, in welchen Widersprüchen und Ambivalenzen von idealisierten Wahloptionen und tatsächlich existierenden Realisierungsmöglichkeiten sich Mädchen heute befinden (vgl. 3.1 und 4.1). Bezüglich ihrer Lebensgestaltung und Zukunftsplanung sehen sich Mädchen hohen Anforderungen gegenüber, erfahren gleichzeitig jedoch Grenzen bei der Umsetzung.

Mädchen in Erziehungshilfen haben in der Regel einen Bruch in ihrer Biographie erlebt (sonst wären sie nicht in der Hilfe), der bisher gültige Werte und Vorstellungen erschüttert und in Frage stellt. Viele Mädchen können gerade bezüglich der weiteren Lebensplanung verunsichert oder gar orientierungslos bzw. überfordert sein. Sie brauchen zuerst einmal Zeit, sich quasi wieder zu 'sortieren', Vertrauen in sich selbst, in andere und in das Leben zu finden, und sich bezüglich ihrer eigenen Zukunft zu orientieren[3]. Fachkräfte können Mädchen in diesem Prozess unterstützen, in dem sie mit ihnen an der Entdeckung eigener Ressourcen, Stärken, Fähigkeiten sowie von Wünschen und Bedürfnissen arbeiten. Für viele Mädchen gilt es zunächst einmal heraus zu finden, was sie eigentlich wollen und was sie sich vom Leben erwarten. Erst danach kann anhand dieser Wünsche und Vorstellungen von der eigenen Zukunft daran gearbeitet werden, wie die Realität, die konkreten Umstände mit diesen Vorstellungen vereinbar sind. Es geht dabei ebenso um die Thematisierung möglicher unrealistischer Einschätzungen der Mädchen, wie um die größtmögliche Unterstützung bei der Umsetzung ihrer Zukunftsplanung. Themen wie die Auseinandersetzung mit Familienkonflikten, Berufsorientierung und PartnerInnenwahl gehören genau so dazu wie Familienplanung oder Schulprobleme (um nur einige mögliche Themen zu nennen). Und auch hier ist es wichtig, dass die Fachkräfte für die Mädchen ein Gegenüber darstellen, das nicht nur Fachwissen zur Verfügung stellt, sondern sich mit ihnen offen über Werte, Normen, Wünsche und Ängste auseinander setzt. Mögliche geschlechtsbezogene Einschränkungen im Denken und Handeln der Mädchen gilt es zu thematisieren, aber auch diesbezügliche eigene Wertehaltungen der Fachkräfte zu reflektieren (vgl. die Ausführungen zur 'Selbstreflexion').

Sich-Einbringen als Person, um den Mädchen ein Gegenüber zu sein

Bei den Ausführungen der verschiedenen Fachkompetenzen bzw. des Grundwissens wurde immer wieder deutlich, dass Fachkräfte für Mädchen ein Gegenüber sein müssen, d. h. sie müssen sich mit ihrer ganzen Person einbringen, mit eigenen Werten, Vorstellungen, Haltungen usw. (vgl. Hartwig 2001, S. 64). Sie können gleichzeitig eine Vorbildfunktion einnehmen, Reibungsfläche bieten und Gelegenheit zur Auseinandersetzung geben. Gerade parteiliche Mädchenarbeit betont immer wieder die Bedeutung dieses Einbringens der ganzen Person.

---

3 Die Tatsache, dass Mädchen im Schnitt erst im Alter von 15 Jahren in eine Hilfe gelangen (vgl. 4.2), der Verbleib also ab dem 18. Lebensjahr bereits wieder unklar ist, lässt ihnen teilweise nicht viel Zeit für eine neue Orientierung.

Für weibliche Fachkräfte gibt Hartwig noch den zusätzlichen Aspekt zu bedenken, dass die Beziehung zwischen ihnen und den Mädchen durch die oftmals stark belastete oder gescheiterte Mutter-Tochter-Beziehung eine besondere Funktion einnehmen kann. Die professionelle Erzieherin kann zu einer Art 'konkurrierender Ersatzmutter' für Mädchen werden (ebd., S. 58), die die Mädchen trotz teilweise starker Abgrenzungsbedürfnisse gegenüber der eigenen Mutter sowie Verletztheitsgefühlen quasi als 'weibliche Reibungs- Projektionsfläche' benützen. Im Prozess der Auseinandersetzung der Mädchen mit ihrer Beziehung zur eigenen Mutter können sie jedoch innerhalb der professionellen Beziehung auch in ein neues ergänzendes weibliches Vorbild erhalten.

An dieser Stelle soll auf die Notwendigkeit und das Recht von Abgrenzung innerhalb der professionellen Beziehung hingewiesen werden. Zum einen gibt es Grenzen, die von außen gesetzt werden. Knappe Ressourcen wie z. B. Finanzen, Personal, Räume oder Zeit lassen den Fachkräften oftmals wenig Raum für genügend Auseinandersetzung mit den Mädchen, nicht alle Themen können mit genügend Zeit bearbeitet werden oder es gibt nicht ausreichend Raum oder Personal für geschlechtshomogene Angebote. Aber auch die Tatsache, dass es sich für Fachkräfte um eine professionelle Beziehung zu den Mädchen handelt, macht Grenzziehungen notwendig. Es ist eine Beziehung innerhalb des Berufs, und dies bedeutet ein ständiges Spannungsverhältnis zwischen Sich-Einbringen und Sich-Abgrenzen. Fachkräfte dürfen den Wunsch und das Recht haben, sich ab zu grenzen, der Beziehung Grenzen zu setzen. Wichtig ist dabei allerdings, dies den Mädchen transparent zu machen in dem Sinne, dass eine berufliche Abgrenzung nicht bedeutet, dass die Mädchen den Fachkräften nicht 'ehrlich am Herzen liegen'. Die Mädchen sollten dies nachvollziehen können und sich nicht vor den Kopf gestoßen fühlen.

6.2.2 Herausforderungen für die Einrichtungen und Institutionen

Die Umsetzung der formulierten Anforderungen an die Fachkräfte liegt nicht allein in deren Verantwortung, sondern setzt spezifische Bedingungen und Strukturen in den jeweiligen Einrichtungen und Institutionen voraus, die eine reflexive, geschlechtsbezogene Arbeit möglich machen und fördern. Reflexive Koedukation ist laut Hartwig für die Pädagogik der Erziehungshilfen jedoch noch weitgehend ein Fremdwort geblieben (vgl. 2001, S. 58). Zwar gibt es Mädchen(wohn)gruppen, Mädchenfreizeitgruppen oder Mädchentage zu speziellen Themen, doch haben diese eher ergänzenden Charakter, als dass eine Verankerung fachlicher Standards für eine geschlechtsbezogene Arbeit bestünde. Diese kann von Fachkräften aber nur selbstverständlich umgesetzt werden, wenn sie nicht nur an ihren eigenen Fachkompetenzen bzw. ihrem Grundwissen bezüglich geschlechtsbezogener Pädagogik arbeiten (s. o.), sondern wenn sie dafür notwendige Bedingungen in den Einrichtungen vorfinden. Einige wesentliche Voraussetzungen hierfür werden im Folgenden angeführt.

- Parteiliche Mädchenarbeit (und antisexistische Jungenarbeit) muss als *Querschnittsthema* verankert werden, das ein selbstverständliches Qualitätsmerkmal der pädagogischen Arbeit in Erziehungshilfen darstellt neben vielen anderen. So kann verhindert werden, dass geschlechtsbezogene Arbeit personenabhängig wird in dem Sinne, dass es sie nur kann gibt, wenn sie ein Anliegen 'engagierter' MitarbeiterInnen wird, denen 'so etwas halt wichtig ist'. Böhnisch und Funk weisen darauf hin, dass ein geschlechtstypischer Ansatz in der Sozialen Arbeit ein professionelles Muss ist: „Man muss nicht Feministin oder männerbewegt sein, um geschlechtsbezogen arbeiten zu können. [...] Wer meint, 'geschlechtsneutral' arbeiten zu können, arbeitet unprofessionell.“ (Böhnisch/ Funk 2002, S. 18). Eine Verankerung als Querschnittsthema verhindert außerdem, dass in Zeiten von Sparzwängen geschlechtsbezogene Pädagogik bzw. Geschlechterorientierung zu einer Art 'Luxus' wird, auf den zur Not verzichtet werden kann.
- Dies setzt voraus, bei Stellenausschreibungen, -besetzungen und in Arbeitsplatzbeschreibungen Kompetenzen geschlechtsbezogener Pädagogik mit zum *Einstellungskriterium* zu machen. Dabei kann nicht davon ausgegangen werden, dass Frauen oder Männer allein aufgrund ihrer Geschlechtszugehörigkeit zu geschlechtsbezogener pädagogischer Arbeit mit Mädchen bzw. Jungen befähigt sind. Diesbezügliche Kompetenzen gilt es in Bewerbungsgesprächen ab zu fragen. Hierzu

gehören auch Fachwissen bezüglich der Lebenslagen von Mädchen heute, sowie bezüglich (sexueller) Gewalterfahrungen, Homosexualität, Suchtproblematiken und Migrationsaspekten.

- Geschlechterreflektierte Mädchen(und Jungen-)arbeit als Qualitätsmerkmal der Arbeit in Erziehungshilfen setzt voraus, dafür notwendige *Ressourcen* selbstverständlich zur Verfügung zu stellen wie Zeit, Räume, konzeptionelle Arbeit, personelle Ausstattung, Arbeitszeit für Vernetzungszusammenhänge, entsprechende Arbeitsgruppen, politische und fachliche Gremien etc.
- Regelmäßige *Fort- und Weiterbildungsangebote* zu geschlechtsbezogener Arbeit, samt den damit verbundenen Themen wie Umgang mit (sexueller) Gewalt, Suchtproblematiken von Mädchen u.v.m. sollten von der Institution als Qualitätssteigerung betrachtet und aktiv unterstützt werden.
- *Geschlechtshomogene Mädchenwohngruppen* sind unverzichtbarer Bestandteil der Erziehungshilfen. Sie stellen für viele Mädchen einen besonderen und wichtigen Lebensraum dar für Auseinandersetzungen, Schutz, Selbstfindung u.v.m.
- *Mädchengruppen, Mädchentage und Mädchenaktionen* haben für viele Mädchen (z. B. Ausländerinnen, Migrantinnen, von Gewalt betroffene usw.) einen hohen Stellenwert und können nicht durch geschlechtsbezogene koedukative Formen ersetzt werden.
- Regelsupervision fördert u.a. die *Selbstreflexion* sowie die *Reflexion geschlechtshierarchischer Zustände* in den jeweiligen Einrichtungen und Teams. Sie sollte, ebenso wie kollegiale Teamgespräche, zum selbstverständlichen Bestandteil der Arbeit in Erziehungshilfen gehören.
- Die Einrichtungen und Institutionen müssen sich ihrer *Vorbildfunktion* bezüglich geschlechterdemokratischer Strukturen und Rollen bewusst sein. Dazu gehört ein Aufbrechen der Übernahme tradierter Geschlechtsrollen wie etwa die Besetzung von Leitungsstellen mit Männern, der Stellen der direkten Betreuungs- und Beziehungsarbeit und der Reproduktionsarbeit überwiegend mit Frauen (vgl. Hartwig/Kriener 2002). Auf allen Ebenen, von Konzeptgestaltungen, Personalentwicklung, Teambesetzung bis zur Leitungsebene, sollte Geschlechterparität bestehen.

- Um auf die kulturelle Herkunft der Mädchen mit Migrationshintergrund eingehen zu können empfiehlt sich die Einstellung *ausländischer MitarbeiterInnen*, sowie die Hinzuziehung ausländischer Fachkräfte und Dienste (vgl. Baur u. a. 1998, S. 410 f.).

6.2.3 Herausforderungen für Ausbildungsstätten, Fort- und Weiterbildungsinstitute

Der Erwerb beruflicher Identität findet nicht allein während der Ausbildung statt. Er setzt sich danach in der Berufserfahrung fort, im Erleben gelingender und misslingender Handlungsprozesse und in der Reflexion innerhalb von Supervision oder kollegialen Beratungen (vgl. Weiß 2003). Angehende Fachkräfte der Erziehungshilfen können somit nicht davon ausgehen, innerhalb ihrer Ausbildung oder ihres Studiums umfassend auf alle Situationen der alltäglichen Praxis der Erziehungshilfen vorbereitet zu werden. Dennoch haben Ausbildungsstätten die Aufgabe, Grundkenntnisse zu vermitteln, die die angehenden Fachkräfte kompetent handlungsfähig machen, d. h. die sie dazu befähigen, gemäß den Konflikten der Mädchen (und Jungen) in der konkreten Praxis zu handeln.

Genderthemen, Frauen- und Geschlechterforschung, parteiliche Mädchenarbeit, aber auch Selbstreflexion oder der Zusammenhang zwischen gesellschaftlichen Strukturen und Sozialer Arbeit – dies alles sind Themenfelder, die keineswegs selbstverständlicher Bestandteil der Ausbildung sind. Es kann sein, dass Männer und Frauen ihre Ausbildung beenden, ohne jemals mit diesen Themen konfrontiert worden zu sein.

Bezogen auf die Arbeit mit Mädchen in Erziehungshilfen stellen sich folgende Anforderungen an heutige Ausbildungsstätten:

- *Genderthemen* und *geschlechtsbezogene Inhalte*, samt dazu gehörender Themen wie Migration, (sexuelle) Gewalt, Sucht, sexuelle Identität, müssen strukturell verankert werden und dürfen nicht (weiter) personenabhängig sein. Diese Aspekte müssen Auszubildenden und Studierenden als selbstverständlich erscheinen wie andere Inhalte bzw. Kompetenzanforderungen an PädagogInnen auch, sie dürfen nicht als

Randthemen einzelner Lehrender verankert bzw. wahrgenommen werden.

- Die Notwendigkeit zur (Selbst-)Reflexion sowie *Kompetenzen für geschlechtsbezogene Selbstreflexion* müssen während der Ausbildung vermittelt werden.
- Der *Zusammenhang* von gesellschaftlichen Strukturen und Sozialer Arbeit muss immer wieder hergestellt werden.
- In spezifischen Themen der Mädchenarbeit, die eng mit gesellschaftlichen Strukturen zusammenhängen (z. B. Schönheitsideale, Suchtproblematiken, Erfahrungen (sexueller und/oder häuslicher) Gewalt, Konfliktbewältigungsmuster) muss ein grundlegendes *Basiswissen* vermittelt werden, das späteren Unsicherheiten in der Praxis zumindest ein Stück weit vorbeugen kann.
- Es sollte eng mit der *Praxis* der Erziehungshilfen zusammengearbeitet werden. Dies ist für die Ausbildungsstätten wie für die Praxis gleichermaßen notwendig (vgl. Gildemeister 1992, S. 218). Für Ausbildungsstätten gilt es, den Blick für aktuelle Entwicklungen und Bedarfe nicht zu verlieren, um die Auszubildenden praxisgemäß vorbereiten zu können. Die Praxis wiederum profitiert von wissenschaftlichen Erkenntnissen und kann sich weiter entwickeln und qualifizieren.
- Fort- und Weiterbildungseinrichtungen sollten regelmäßige *Angebote geschlechtsbezogener Pädagogik* im Programm haben. Sie können evtl. schneller auf aktuelle Themen und Bedarfe der Praxis reagieren als Ausbildungsstätten.
- *Lehrende* in Ausbildungsstätten, in Fort- und Weiterbildungsinstituten sind dazu aufgefordert, ihr *eigenes geschlechtsbezogenes Denken und Handeln* sowie ihre Rolle als Teil des geschlechterhierarchischen Systems regelmäßig zu reflektieren und ihr Wirken diesbezüglich zu überprüfen.
- In Einrichtungen der Aus-, Fort- und Weiterbildung gilt wie für Einrichtungen der Erziehungshilfen auch, dass *gelebte Geschlechterdemokratie* hohe Priorität haben muss. Dies bezieht sich auf das Angebot gelehrter Themen, auf Arbeitsteilung, Stellenbesetzungspolitik und auf Leitungsfunktionen.

Zusammenfassung

Die Verankerung geschlechtsbezogener Pädagogik stellt hohe Anforderungen an Fachkräfte, an Einrichtungen und an Aus- und Weiterbildungsstätten. Die Umsetzung bedeutet für Mädchen in Erziehungshilfen einen hohen Gewinn: mit geschlechterreflektierten Fachkräften können sie sich über ihre Themen und Bedürfnisse auseinander setzen und Probleme lösen. Da die Fachkräfte sich mit sich selbst und mit gesellschaftlichen Strukturen und Verhältnissen auseinandergesetzt haben und weiter auseinander setzen, können sie für Mädchen zu einem Gegenüber werden, das sie ernst nimmt und um ihre Themen weiß. Einen Gewinn erleben Mädchen auch durch die Bereitstellung der Ressourcen Zeit, Geld und Räume, in denen ihre Themen Platz finden und bearbeitet werden können.

Parteiliche Mädchenarbeit bzw. geschlechterreflektierte und – bezogene Pädagogik als selbstverständliches Qualitätsmerkmal zeichnet Einrichtungen und Ausbildungsstätten aus und qualifiziert sie als Institutionen, die sich zu einem wichtigen fachlichen Standard bekennen und deutlich machen, dass sie um die gesellschaftliche Situation von Mädchen und Jungen wissen und zur Beseitigung von Ungleichheiten beitragen wollen.

7. Methodenbeispiele und Reflexionshilfen für die praktische Arbeit

7.1 Prinzipielles zum Funktionieren von Methoden

Bevor nachfolgend verschiedene Methoden für die Arbeit mit Mädchen vorgestellt werden ist darauf hin zu weisen, dass Methoden immer eine Art 'Mittel zum Zweck' sind. Durch Methoden soll etwas erreicht werden, z. B. die Auseinandersetzung der Mädchen mit einem bestimmten Thema, der spielerische Umgang mit problematischen Fragen, die Erlangung eines gesunden Körpergefühls, die Diskussion heikel erscheinender Angelegenheiten, es soll die Möglichkeit gegeben werden, sich aus zu probieren, gemeinsam Spaß zu haben u.v.m. Um die passende Methode für ein erwünschtes Ziel zu finden ist es daher wichtig, sich vor der Entscheidung für bzw. dem Einsatz von einer speziellen Methode darüber im Klaren zu sein, was man als Fachkraft bewirken möchte.

Weiter ist für die Auswahl einer Methode die Beziehung der Mädchen untereinander wichtig (wie vertraut sind sie sich, gibt es Konkurrenz, usw.), sowie das Verhältnis der Fachkraft zu den Mädchen, und die Zusammensetzung der Gruppe (Herkunft, Alter, Bildung, Nationalität).

Bedingungen wie Störungen von außen, Größe und Atmosphäre der Räumlichkeiten, Gruppengröße, Zeit, mögliche Folgetreffen etc. spielen ebenfalls eine Rolle und können eine Methode geeignet oder weniger geeignet werden lassen.

Die Fachkraft sollte von der ausgewählten Methode überzeugt sein. Eine halbherzige Entscheidung für eine Methode kann dazu führen, dass diese nicht mit genügend Überzeugung durchgeführt wird, dass die Mädchen dies spüren und sich dadurch nicht oder nicht genügend einlassen. Einige Methoden erfordern von den Mädchen Vertrauen, sowohl in die anderen Mädchen als auch in die Spielleiterin. Hat letztere kein Vertrauen in die von ihr gewählte Methode, so kann sie dies auch nicht von den Teilnehmerinnen erwarten. Dabei ist ungenügende Überzeugung nicht mit Nervosität zu verwechseln – diese kann sich selbst nach Jahren noch bei erfahrenen Pädagoginnen einstellen, die bestimmte Methoden schon unzählige Male durchgeführt haben. Gruppen und Situationen unterscheiden und verändern sich, daher funktionieren und verlaufen Methoden in der Regel jedes Mal wieder anders.

Schließlich kann keine Methode Erfolgsgarantie gewähren. Es kann vorkommen, dass die gewählte Methode aus ganz unterschiedlichen Gründen nicht zum gewünschten Ziel führt und es daher sinnvoller ist, die Methode zu variieren oder zu beenden. Dies kann von der Fachkraft eine hohe Sensibilität erfordern und teilweise auch Mut, von der Planung ab zu rücken. Signale der Mädchen wie z. B. Kichern, Lästern, Verlassen des Raumes, Gegenseitiges Beschimpfen, Schweigen oder Herumschreien (um nur einige Beispiele zu nennen) müssen teilweise recht schnell eingeschätzt werden und es kann sein, dass eine spontane Entscheidung getroffen werden muss. Oft kann es helfen, die Mädchen direkt zu fragen, wodurch ihr (die Fachkraft verunsicherndes oder irritierendes) Verhalten ausgelöst wird, ehrlich zu sagen, was es wiederum bei der Fachkraft selbst auslöst und zu fragen, ob die Mädchen etwas anderes machen wollen. So werden sie in ihren Reaktionen und Bedürfnissen ernst genommen und können evt. alternative Wünsche äußern.

7.2 Methodenbeispiele mit unterschiedlichen thematischen Schwerpunkten

Die folgenden Methodenbeispiele gehen davon aus, dass die Teilnehmerinnen sich kennen und einigermaßen regelmäßig treffen. Eine gewisse Vertrauensbasis unter den Mädchen wird vorausgesetzt.

Die einzelnen Beispiele sind den in Kapitel 6 beschriebenen unterschiedlichen Themenfeldern in der Arbeit mit Mädchen zugeordnet.

Thema Selbstbehauptung und -wahrnehmung

Nähe-Distanz-Übung

Diese Übung dient der Wahrnehmung eigener Grenzen und verdeutlicht, wie individuell verschieden Grenzen sind.

Gruppengröße: 2–12 Teilnehmerinnen, je nach Raumgröße

Voraussetzungen: großer Raum

Durchführung:
Die Teilnehmerinnen gehen paarweise zusammen und stellen sich mit Blickkontakt zueinander auf. Der Abstand voneinander sollte mindestens 5, höchstens 10 Meter betragen. Die Mädchen auf der linken Seite des Raumes bekommen von der Spielleiterin die Anweisung, stehen zu bleiben und ihre Partnerin an zu blicken. Auf ein Zeichen der Spielleiterin gehen die Mädchen auf der rechten Seite langsam, mit kleinen Schritten und Blickkontakt auf ihre Partnerin zu. Diese hat die Aufgabe, 'stopp' zu sagen, sobald sie das Gefühl hat, der Abstand zur Partnerin ist angemessen bzw. ihre Partnerin kommt ihr zu nahe. Beide bleiben dann einen Moment stehen und spüren schweigend, wie sich der Abstand zueinander anfühlt. Danach teilen sie sich ihre Gefühle mit. Ein Blick zu den Abständen der anderen Paare verdeutlicht, wie unterschiedlich nahe jede Einzelne ihre Partnerin kommen lies. Die Übung wird wiederholt, danach tauschen die Teilnehmerinnen ihre Rollen und führen die Übung abermals zweimal durch.
Anschließend setzen sich alle im Kreis und die Spielleiterin fragt nach folgenden Gefühlen:

- Wie leicht oder schwer fiel euch die Einschätzung des 'richtigen' Abstands?
- Hattet ihr ihn für euch richtig eingeschätzt oder war die Partnerin zu nah/zu weit weg?
- Wie fühlte es sich an, 'stopp' zu sagen?
- Wie fühlte es sich an, 'gestoppt' zu werden?
- War euch beim Gehen der 'Stopp' zu früh, zu spät oder passend – d. h. war für euch der Abstand zu weit, zu nah oder angemessen?
- Achtet ihr im Alltag darauf, ob euch jemand zu nahe kommt? Wie geht ihr damit um?

– Was macht es leicht oder schwer, die eigene Grenze wahr zu nehmen und zu vertreten?

Varianten

a) Die Übung kann auch jeweils nur mit einem Paar durchgeführt werden, die übrigen Teilnehmerinnen nehmen dabei die Zuschauerinnenrolle ein. Dies veranschaulicht den Zuschauerinnen, wie individuell verschieden die jeweiligen Nähe-Distanz-Gefühle sind.
b) Die Teilnehmerinnen können aufgefordert werden, die Übung ein zweites Mal mit einer ihr nicht so sehr vertrauten Partnerin durch zu führen. Sie können dadurch erfahren, wie unterschiedlich nah sie verschiedene Personen an sich heran lassen.

Verfolgerin – Verfolgte

Bei dieser Übung soll nachempfunden werden, wie die eigene Körperhaltung helfen kann, sich in angstbesetzten Situationen sicherer zu fühlen.

Gruppengröße: max. 12 Teilnehmerinnen, je nach Raumgröße

Voraussetzungen: großer Raum

Durchführung:
Die Teilnehmerinnen gehen paarweise zusammen, eine erhält die Rolle der Verfolgerin, die andere die der Verfolgten. Während der verschiedenen Phasen der Übung sollen die Teilnehmerinnen in ihren jeweiligen Rollen genau auf ihre Gefühle achten.
Auf ein Zeichen der Spielleiterin gehen die Paare in einem Abstand von ca. 2 Meter durch den Raum, wobei die Verfolgerin den Abstand im Laufe der Übung variiert. Nach einer Weile unterbricht die Spielleiterin und gibt der Verfolgten die Anweisung kleine, hektische Schritte zu machen und sich immer wieder ängstlich nach ihrer Verfolgerin um zu drehen.
Bei der nächsten Unterbrechung wird die Verfolgte angewiesen große, bestimmte Schritte zu machen und sich zunächst nicht um zu drehen. Erst nachdem sie eine zeitlang den Unterschied zwischen den kleinen und großen Schritten gespürt hat, soll sie stehen bleiben, sich umdrehen und ihrer Verfolgerin in die Augen sehen. Wurde dies ein paar Mal durchgeführt, wird in

einem weiteren Durchgang nach dem Blickkontakt noch ein lautes 'Stop', 'Hau ab' o. Ä. von der Verfolgten geäußert.
In jedem Durchgang ist es wichtig, dass die Teilnehmerinnen in ihren jeweiligen Rollen genau auf ihre Gefühle achten.
Nach dem letzten Durchgang tauschen sich die Paare darüber aus, welche Gefühle sie als Verfolgerin, welche als Verfolgte spürten.
Danach werden die Rollen getauscht und alle Phasen der Übung mit den jeweiligen Anweisungen der Spielleiterin durchgeführt.
Im Anschluss folgt eine Austauschrunde im Kreis. Folgende Aspekte können besprochen werden:

a) Wie war es für dich als Verfolgerin:
Hast du dich mächtig gefühlt?
Wie war es für dich, als die Verfolgte sich ängstlich verhielt?
Wie war es, als sie sich umdrehte, und wie, als sie 'Stop' sagte?
b) Wie war es als Verfolgte:
Gab es Unterschiede in deinen Gefühlen, als du deine Körperhaltung geändert hast (kleine und große Schritte, Umdrehen und Blickkontakt aufnehmen)?
Kostete es viel Überwindung, dich um zu drehen bzw. ein verbales 'Stop' zu äußern?
c) Nach dieser Übung bietet sich außerdem ein Austausch darüber an, welche Situationen im Alltag Angst machen, wer bedrohliche Situationen erlebt hat und welches Verhalten hilfreich ist.

Es kann vorkommen, dass die Mädchen aufgrund der ungewohnten Rollen zu Beginn kichern oder viel reden. Viele Mädchen waren bereits schon ein oder mehrere Male in ähnlichen angstbesetzten Situationen und fühlen sich durch die Übungen evt. unangenehm daran erinnert. Die Reaktionen der Mädchen sollten nicht übergangen werden, sondern eine zeitlang Raum erhalten. Nach einigen Minuten kann die Spielleiterin die Mädchen bitten zu versuchen, ruhig(er) zu werden und sich auf ihre Gefühle zu konzentrieren, sie zuzulassen und zu spüren, ob bzw. wie sie sich in den jeweiligen Phasen und mit verschiedenen Körperhaltungen verändern.

Thema Körper(arbeit)

Meine guten Seiten

Die Teilnehmerinnen sprechen bei dieser Übung positiv über eigene Körper- und Charaktereigenschaften und erfahren, wie viel leichter es ist, Negatives an sich selbst zu finden als Positives.

Gruppengröße: 5–10 Teilnehmerinnen

Voraussetzungen: gemütliche Atmosphäre, Vertrauen untereinander und zur Spielleiterin

Durchführung:
Jede Teilnehmerin soll für sich selbst in ca. 5–10 Minuten je drei Eigenschaften aufschreiben, die sie an ihrem Charakter und an ihrem Körper gut findet. Dabei geht es nicht um Dinge, die sie gut *können* (z. B. eine Sportart oder ein Instrument spielen), sondern um gute Eigenschaften, die ihrer Meinung nach positiv an ihnen sind. Ebenso wenig geht es bezüglich des Körpers um schöne Kleidung, sondern um Körperattribute.
Wenn jede Teilnehmerin je 3 positive Aspekte aufgeschrieben hat, setzt sich die Gruppe zusammen. Nun stellt sich nacheinander jede Teilnehmerin vor die Gruppe und nennt klar und deutlich und in ganzen Sätzen, was sie sich notiert hat. Sie können ihre Sätze beginnen mit „Ich finde an mir gut …“/“Ich schätze an mir …“ und „An meinem Körper finde ich schön …“. Die übrigen Teilnehmerin erhalten die Anweisung, den persönlichen Mut der Anderen zu respektieren und deshalb nichts zu kommentieren, nicht zu lachen, zu lästern o. Ä., sondern nach jeder Teilnehmerin zu applaudieren.
Nach der letzten Teilnehmerin folgt ein Austausch darüber, warum es schwer fällt, positive Eigenschaften und schöne Körperattribute an sich zu finden und zu benennen. Dabei kann auf Aspekte eingegangen werden wie gesellschaftliche Schönheitsideale, die Unsicherheit, über sich selbst positiv zu sprechen, die Angst vor Reaktionen anderer, u.v.m. Hat die Gruppe viel Vertrauen zueinander, so kann teilweise eine sehr wertschätzende Atmosphäre aufkommen, manchmal können die Mädchen im Gespräch über ihre Ängste und Unsicherheiten beginnen, sich gegenseitig Komplimente zu machen.

Klettern

Für die eigene Körpererfahrung bietet das Klettern als ein Medium der Erlebnispädagogik für die Arbeit mit Mädchen vielfältige Möglichkeiten. Durch die Motorik des Greifens, Tretens, Steigens und Ziehens werden teilweise 'unbekannte' Körperstellen erspürt und erprobt. Zudem wird die Wahrnehmung der eigenen psychischen und physischen Grenzen und Möglichkeiten gefördert sowie Selbsteinschätzung, Mut, Entschlossenheit, Durchhaltevermögen, der Umgang mit Angst und Misserfolg sowie das Angewiesensein auf Rat und Hilfe. Für Mädchen mit Migrationshintergrund, die oftmals in geschlechtsspezifischeren Rollenzuweisungen aufwachsen, stellt das Klettern laut Mühlhausen und Ramadan (vgl. 2003) eine besonders gute Möglichkeit zur Erweiterung eigener Handlungsmöglichkeiten dar.

Da im Anfangsstadium durch die ungewohnten Bewegungsabläufe oft Frustration und Misserfolg auftreten können ist es wichtig, Klettern als längerfristiges Projekt an zu legen. Dadurch kann mit leichten Kletterrouten begonnen werden, die Anforderungen können langsam gesteigert und Misserfolge überwunden werden. Inhalt jeder Kletteraktion sollte außerdem eine gemeinsame Reflexion der Erlebnisse sein, Gespräche über Erfolgs- und Misserfolgsgefühle sowie darüber, welche Erfahrungen auf andere Lebensbereiche übertragen werden können (vgl. ebd., S. 9).

Kletterprojekte mit Mädchen sollten von der Pädagogin in jedem Fall in Zusammenarbeit mit einer ausgebildeten Erlebnispädagogin geplant werden. Denn zum einen ist es wichtig, den Mädchen in der Kletter-Expertin eine weibliches Vorbild bzw. eine Identifikationsmöglichkeit zu bieten. Zum anderen hängt der Lernerfolg maßgeblich von der Umsetzung erlebnis- und mädchenpädagogischer Inhalte ab.

Da viele Fachkräfte ein Kletterprojekt nicht alleine durchführen können, folgt nun ein Methodenbeispiel aus der Erlebnispädagogik.

Säureteichüberquerung

Die Teilnehmerinnen trainieren das Gleichgewichtsgefühl, Kommunikationsfähigkeit und Teamwork.

Gruppengröße: ab 6 Teilnehmerinnen

Voraussetzungen: Trittflächen (Teppichreste, Holzbretter o. Ä.), einige weniger als die Zahl der Mitspielerinnen (ca. 20 %). Spielfeldmarkierungen. Im Freien oder in einem größeren Raum durchführbar.

Durchführung:
Der Gruppe wird folgendes Szenario beschrieben: In einer Chemiefirma hat sich nach einem Betriebsunfall ätzende Flüssigkeit verbreitet. Das Absperrventil befindet sich am anderen Ende des Raumes (bzw. der abgesteckten Fläche im Freien) und muss mit Hilfe aller Mitspielerinnen zugedreht werden. Über säurebeständige Schwimmkörper kann man zum Absperrventil gelangen, allerdings sind diese sehr flüchtig: sie müssen stets festgehalten werden, sonst treiben sie augenblicklich davon. Wird die Säureflüssigkeit (d. h. der Boden) von einer Mitspielerin berührt, so muss diese schnellstmöglich zum Anfangspunkt der Kette zurück, um dekontaminiert zu werden und anschließend neu starten. Aus Sicherheitsgründen müssen alle in ständigem Körperkontakt bleiben. Wer den Kontakt verliert, muss ebenfalls neu beginnen.
In der Auswertung können Aspekte thematisiert werden wie Umgang mit 'gehandicapten' Mitspielerinnen, Schwierigkeiten bei Absprachen und gemeinsamer Strategieentwicklung, Handhabung von Meinungsverschiedenheiten (z. B. ob ein Umweg zum Schatz eingebaut wird oder nicht).

Varianten:
Der Schwierigkeitsgrad lässt sich durch Anzahl und Größe der zur Verfügung stehenden Hilfsmittel erheblich variieren.

1. Bei Bodenberührung kann vereinbar werden, dass die Gesamtgruppe zurück an den Start und ggf. mit Handicaps neu starten muss (z. B. blind, einbeinig, stumm).
2. Die Spielleiterin versieht zu Beginn einige Teilnehmerinnen mit Handicaps – die Anforderung an die Gruppe bezüglich Kooperation- und Kommunikation steigt damit. Dies kann anschließend gezielt ausgewertet werden.
3. Vor dem Start erhält die Gruppe ein Zeitfenster (5-15 min) zur Planung.
4. Ein Schatz kann einbebaut werden, der für die Gruppe ein Genuss, aber auch einen Umweg bedeutet.

Körperumriss zum Thema Schönheitsideal

Diese Methode eignet sich gut für verschiedene Altersgruppen, um über gesellschaftliche Schönheitsideale und die (Un-)Zufriedenheit mit dem eigenen Körper zu sprechen.

Gruppengröße: 4–8 Teilnehmerinnen

Voraussetzungen: Vertraute Atmosphäre, große Papiere (Körpergröße), Stifte, harte Unterlage.

Durchführung:
Die Teilnehmerinnen gehen paarweise zusammen und erhalten pro Paar ein Stück Papier und zwei Stifte unterschiedlicher Farbe. Ein Mädchen legt sich auf das Papier, ihre Partnerin zeichnet ihren Körperumriss ab. Beide setzen sich nun neben den Körperumriss und besprechen, welche Körperteile sie an sich schön finden und welche nicht. Dies zeichnen oder schreiben sie mit unterschiedlichen Farben (eine für Positives, eine für Negatives) in den Körperumriss. Wenn alle Paare fertig sind setzen sich die Teilnehmerinnen in einen Kreis, jedes Paar stellt seinen Körperumriss vor. So kann ein Gespräch entstehen über ähnliche 'Problemstellen' und Unzufriedenheiten oder über eigene Unsicherheiten bezüglich körperlicher Attribute. Die Spielleiterin kann den Zusammenhang zu gesellschaftlichen Schönheitsidealen herstellen. Sie sollte außerdem darauf achten, dass auch positive Seiten angesprochen werden.

Thema Lesbischsein, gleichgeschlechtliche Lebensweisen und Sexualität

Flaschendrehen[1]

In spielerischer Form werden Fragen und Aspekte über Homosexualität, Liebe, Sexualität, Freundschaft angesprochen. Die Teilnehmerinnen können dabei selbst entscheiden, wann sie persönlich werden wollen und wann nicht.

Gruppengröße: ab 4 Teilnehmerinnen

Voraussetzungen: Vertrauensvolle und ungestörte Atmosphäre. Benötigt werden Stifte, eine leere Flasche und Karteikarten. Es

1 Nach einer Idee von Ulrike Sammet, vgl. Mädchentreff e.V. Tübingen 2000, S. 46 f.

bietet sich an, einige Karteikarten bereits mit Fragen oder Aussagen zu beschriften, um das Spiel evtl. in Gang zu bringen.

Durchführung:
Vor dem eigentlichen Beginn des Flaschendrehens werden die Teilnehmerinnen aufgefordert, auf die Karteikarten Fragen oder Aussagen zu den Themen Lesbischsein, Freundschaft, Liebe und Sexualität zu schreiben. Anschließend sitzen alle im Kreis, die Karteikarten liegen verdeckt in der Mitte. Durch Drehen der Flasche wird nach dem Zufallsprinzip eine Mitspielerin ermittelt, der eine Frage oder Aussage vorgelesen wird. Sie hat die Wahl, ob sie die Frage beantworten bzw. zu der Aussage Stellung beziehen will, oder lieber einen Joker wählt und somit nicht Stellung beziehen muss. Anfangs kann es zu Gelächter oder peinlichem Kichern kommen, da es den Mädchen ungewohnt erscheint, offen über diese persönlichen Themen bzw. ihre eigenen Fragen und Erfahrungen zu sprechen. Dies legt sich jedoch in der Regel und die Mädchen schätzen die (seltene) Möglichkeit, miteinander ins Gespräch zu kommen.

Mögliche Fragen/Aussagen vorbeschrifteter Kärtchen von der Spielleiterin:

- Wie sieht dein Traummann/deine Traumfrau aus?
- Wie stellst du dir ein romantisches Abendessen vor?
- Eine Freundin erzählt dir, dass sie sich in ein Mädchen verliebt hat. Wie reagierst du?
- Nenne alle Verhütungsmittel, die du kennst.
- Dein Freund will mit dir schlafen, du aber nicht mit ihm. Wie reagierst du?
- Wie heißen Brust und Scheide in deiner Muttersprache?
- Kannst du dir vorstellen, dich in ein Mädchen zu verlieben?
- Wie machst du einen Jungen/ein Mädchen auf dich aufmerksam, in den/das du verliebt bist?
- Was ist das Blödeste, was du je über Lesben gehört hast?

Die Fragen und Aussagen können je nach Zielgruppe (z. B. hoher Anteil ausländischer Mädchen, reine Lesbengruppe o. Ä.) variiert werden, sowie nach Themenfeld (z. B. können auch Fragen zu den Themen Schönheitsideal, Essstörungen oder Lebensplanung formuliert werden).

Rollenspiele

Rollenspiele sind eine gute Möglichkeit, über Sexualität, Lesbischsein, Liebe und Freundschaft ins Gespräch zu kommen. Meist lernen die Mädchen im Rollenspiel an sich und den anderen neue Seiten kennen, da sich viele unerwartet 'theatralisch' einbringen. Spaß und Gelächter sind dabei ein toller Nebeneffekt.
Nach den Rollenspielen sollte immer eine ausführliche Auswertung stattfinden. Zuschauerinnen und Spielende tauschen sich über ihre Gefühle und Wahrnehmungen aus, die aufgrund der unterschiedlichen Rollen sehr verschieden sein können. Dadurch können die Mädchen gemeinsam alternative Lösungen oder Handlungsoptionen entwickeln. Die Spielleiterin muss darauf achten, dass kein Mädchen mit der von ihr gespielten Rolle identifiziert wird und dadurch Kritik an ihr, anstatt an der von ihr gespielten Person geübt wird.

Gruppengröße: ab 5

Voraussetzungen: vorbereitete Szenen mit offenem Ausgang, von der Spielleiterin auf Kärtchen für die jeweilige Spielgruppe notiert. Es können auch Themen vorgegeben werden, die von den Teilnehmerinnen selbst in Szenen umgesetzt werden.

Szenenvorschläge:

a) Lisa weiß seit einer Weile, dass sie lesbisch ist. Da ihre Eltern sie immer wieder darauf ansprechen, warum sie denn noch immer keinen Freund habe, will sie sich outen. Aber sie hat Angst vor abwertenden Reaktionen. Deshalb bittet sie ihre besten Freundinnen Anna und Selma um Rat. Während Selma sie ermutigt, zu ihrem Lesbischsein zu stehen und einige gute Argumente für das Gespräch mit Lisas Eltern einbringt, reagiert Anna zögerlich. Sie findet es etwas komisch, dass Lisa sich nicht für Jungs interessiert.
   Wie verläuft das Gespräch? Welche Argumente fallen? Kann Lisa aus dem Gespräch mit ihren Freundinnen Kraft schöpfen?
b) Lisa geht schon eine Weile mit Florian und möchte gerne mit ihm schlafen. Sie und Florian haben sich aber noch nie nackt gesehen und Lisa hat Angst, er könnte sie nicht schön finden. Beim Eisessen mit ihren besten Freundinnen Anna und Sel-

ma spricht sie ihre Bedenken an. Alle drei stellen fest, dass sie ihre Brust und ihren Po entweder zu groß, zu klein, zu fett oder zu rund finden. Da sie beste Freundinnen sind beschließen sie, sich gegenseitig Komplimente zu machen.

c) Anna ist in Marc aus ihrer Klasse verliebt. Sie will gerne mit ihm Eis essen gehen, weiß aber nicht wie sie das anstellen soll. Zum Glück hat Selma, ihre beste Freundin, eine Idee und am nächsten Tag auf dem Schulhof spricht Anna Marc an.
Spielt zuerst das Gespräch zwischen Anna und Selma. Welche Idee hat Selma wohl? Spielt anschließend, wie Anna mit Marc redet – funktioniert Selmas Plan?

Je nach Alter der Teilnehmerinnen können die Inhalte oder Themen verändert werden.

Schreibdiskussion

Ein Thema wird schriftlich und schweigend diskutiert. Fällt es Mädchen schwer, sich in Diskussionsrunden zu äußern, so haben sie hier eine gute Möglichkeit, ihre Meinung ein zu bringen.

Gruppengröße: pro Papier 3–5 Teilnehmerinnen

Voraussetzungen: große Stücke Papier (z. B. Flipchart-Papier), die von der Spielleiterin mit je einer Frage oder Aussage zu einem bestimmten Thema beschriftet wurden. Für jede Teilnehmerin einen Stift.

Durchführung:
Circa 3–5 Mädchen gruppieren sich um ein Stück Papier auf dem Boden oder Tisch. Sie sollen sich schriftlich zu der darauf notierten Frage oder Aussage äußern und auf diese Weise miteinander in Diskussion kommen. Sie können die Statements ihrer Mitspielerinnen bestätigen, ergänzen, ihnen widersprechen oder sie in Frage stellen.
Anschließend können die Teilnehmerinnen die Papiere der anderen Gruppen durchlesen oder die Gruppen stellen sich gegenseitig ihre Diskussionspapiere vor.
Die vorgegebenen Aussagen oder Fragen können aus unterschiedlichen Themenbereichen stammen wie Sexualität, Lebensplanung, Lesbischsein, Schönheitsideale, Berufswahl, o. Ä.

Beispiele:
- Ich kann mir vorstellen, mich in Männer und Frauen zu verlieben. Es kommt mir auf den Menschen an.
- Ich möchte mal Karriere machen.
- Meine Berufswahl ist mir nicht so wichtig, weil ich eh mal Kinder haben will und zu Hause sein werde.
- Ich schlafe erst mit meinem Freund, wenn ich es will.
- Welche Verhütungsmittel kennt ihr?
- Wie findet ihr es, dass Schwule und Lesben keine Kinder adoptieren dürfen?
- Ich will einen Beruf erlernen, in dem ich mal viel Geld verdienen kann.
- Eine Frau sieht gut aus, wenn …

Variante:
Anstatt Fragen und Aussagen können auf die Papiere auch Bilder geklebt werden, zu denen die Teilnehmerinnen sich äußern (z. B. ein lesbisches Liebespaar, eine Frau mit Baby, ein Mann, der eine Frau schlägt, usw.).

Thema Lebensplanung

Kreuzworträtsel

Die Teilnehmerinnen werden zum Nachdenken über ihre Lebensentwürfe angeregt und tauschen sich darüber aus. Die Spielleiterin sollte teilnehmen.

Gruppengröße: 3–8 Teilnehmerinnen

Voraussetzungen: pro Teilnehmerin ein Blatt Papier (mind. DIN A4), eine feste Schreibunterlage und ein Stift

Durchführung:
Die Teilnehmerinnen sitzen im Kreis und werden aufgefordert, ihren Namen groß auf die Mitte ihres Papiers zu schreiben. Jeder Buchstabe wird in ein Kästchen gesetzt, so als wäre er ein Wort in einem Kreuzworträtsel (z. B. L I S A). Jeden Buchstaben ihres eigenen Namens verbindet jede für sich nun mit einer Assoziation ihrer Zukunft bzw. ihrer Lebenspläne (z. B. kann das „L“ zu „Eltern“ werden, das „S“ zu „Lesbe“ usw.). Haben alle dies für sich überlegt und aufgeschrieben, stellt jede ihre Assoziationen vor und was sie jeweils damit verbindet. Die

Gruppe kann nachfragen und ergänzen, wodurch ein Austausch entsteht.

Zeitstrahl

Die Teilnehmerinnen erhalten Gelegenheit, sich ihre eigene Zukunft vor zu stellen und sich mit anderen darüber aus zu tauschen. Sie erfahren sowohl, dass andere Mädchen ähnliche Zukunftsgedanken haben, als auch dass Lebensentwürfe ganz verschieden sind und es keine 'richtigen' oder 'falschen' gibt.

Gruppengröße: 3–15 Teilnehmerinnen

Voraussetzung: Alle Teilnehmerinnen sollten mit genügen Platz nebeneinander stehen können. Die Spielleiterin schreibt verschiedene Jahreszahlen auf ein Blatt Papier oder Karton und legt sie auf einer (fiktiven oder mit Schnur gelegten) Linie auf den Boden.

Durchführung:
Die Teilnehmerinnen werden aufgefordert sich vorzustellen, in verschiede Stationen ihrer eigenen Zukunft zu reisen. Die Jahreszahlen auf dem Boden markieren dabei die einzelnen Stationen. Sie sollen sich überlegen

- wie (und evt. wo) sie jeweils wohnen
- was sie arbeiten
- wie sie leben (als Single, mit Freundin oder Freund)
- ob sie Kinder haben oder nicht

Die Spielleiterin leitet nun die Reise zur ersten Station ein, die in naher Zukunft liegt (1–3 Jahre). Alle begeben sich zur ersten Jahreszahl, erhalten etwas Zeit zum Nachdenken, und äußern sich dann nacheinander zu den verschiedenen Fragen. Die Teilnehmerinnen können Nachfragen stellen, sollen sich aber nicht gegenseitig kommentieren oder bewerten (z. B. „Kinder kriegen ist doch doof" oder „Heiraten würde ich ja nie"). Auf diese Weise werden ca. vier bis fünf Stationen durchreist, die Reise endet etwa in 30 Jahren (je nach Alter der Mädchen).

Es bietet sich eine Anschlussrunde an, in der über Schwierigkeiten, Ängste, Unsicherheiten sowie Positives, Ersehntes und Lustvolles bezüglich der eigenen Zukunft gesprochen wird.

Zukunftswerkstatt und Open Space Methoden

Die Methode der Zukunftswerkstatt sowie Planspiele eignen sich gut für intensive Beschäftigungen mit dem Thema Lebensplanung und -entwürfe. Beide Methoden erfordern viel Zeit, die Teilnehmerinnen müssen sich aufeinander einlassen und sich selbst teilweise recht persönlich einbringen. Die Darstellung dieser Methoden würde den Rahmen dieses Bandes sprengen, daher wird als vertiefende Literatur empfohlen:

- Jungk, Robert/Müllert, Norbert R. 1995: Zukunftswerkstätten. Mit Phantasie gegen Routine und Resignation. 5., überarbeitete und aktualisierte Aufl., München.
- Stange, Waldemar/Paschen, Wolf 1994: Praxishandbuch Zukunftswerkstätten. Methoden, Motivation, Konzepte. Hamburg und Kiel.

Weiterführende Literatur für die methodische Arbeit mit Mädchen:

Baer, U. (1997): 66 Spiele zur Bearbeitung von Themen. Seelze.

Christiansen, A./Linde, K./Wendel, H. (1991): Mädchen Los! Mädchen macht! 100 und 1 Idee zur Mädchenarbeit. Münster.

Fluegelman, A./Shoshana, T. ([7]1988): New Games. Die neuen Spiele. Soyen.

Fluegelman, A. ([13]2002): Die neuen Spiele. Band 2. Pittenhart-Oberbrunn.

Gilsdorf, R./Kistner, G. (2001): Kooperative Abenteuerspiele. Seelze-Velber.

Wortberg, C. (1997): Bye, bye Barbie. Körpersprache und Körperbild in der Gewaltpräventionsarbeit. Münster.

7.3 Weiterführende Adressen

• Ausführliche Informationen über aktuelle Fortbildungen, politische Arbeit und Vernetzungszusammenhänge einzelner Bundesländer bieten die jeweiligen Landesarbeitsgemeinschaften (LAG) Mädchenpolitik bzw. -arbeit:

LAG Mädchenarbeit e. V. Mecklenburg-Vorpommern
% Mädchenorientierungswerkstatt (AWO)
Waldweg 29, 18273 Güstrow
mail: mow@awogue.de

LAG Mädchenarbeit in NRW e. V.
Robertstraße 5°, 42107 Wuppertal
mail: lag@maedchenarbeit-nrw.de

LAG Mädchenarbeit in Sachsen-Anhalt
% Landesverwaltung/Landesjugendamt
Neustädter Passage 15, 06122 Halle/Saale
mail: gisela.mueller@lvwa.lsa-net.de

LAG Mädchenpolitik Baden-Württemberg
Siemensstraße 11, 70469 Stuttgart
mail: info@lag-maedchenpolitik-bw.de

LAG Mädchenpolitik Hamburg e.V.
% Dolle Deerns
Sternstraße 106, 20357 Hamburg
mail: kontaktundinfo@dolledeerns.de

LAG Mädchenpolitik in Hessen e.V.
% Angela Schmidt
Waidmannsweg 16, 35039 Marburg
mail: lag.maedchenpolitik-hessen@web.de

LAG Mädchenpolitik Niedersachsen e.V.
% Mädchenhaus Hannover
Färberstraße 8, 30435 Hannover
mail: t.dietrich@maedchenhaus-hannover.de

LAG Mädchenpolitisches Netzwerk im Land Brandenburg
% Mädchentreff
Ehm-Welk-Straße 45, 16303 Schwedt
mail: maedchentreff@schwedt.de

LAG Mädchen und junge Frauen
in der Jugendhilfe Schleswig-Holstein
% Landesjungendring Schleswig-Holstein
Holtenauer Straße 99, 24105 Kiel
mail: maedchen-und-frauenarbeit@ljrsh.de

LAG Mädchen und junge Frauen in Sachsen e. V.
Königsbruckerstraße 68, HH, 01099 Dresden
mail: LAGjuFr@freenet.de

• Die Dachorganisation der einzelnen LAGs ist die Bundesarbeitsgemeinschaft (BAG) Mädchenpolitik. Hier können Informationen über aktuelle bundesweite Entwicklungen erfragt werden:

Bundesarbeitsgemeinschaft Mädchenpolitik e. V.
Dircksenstraße 47, 10178 Berlin
mail: info@maedchenpolitik.de, www.bag-maedchenpolitik.de

• Bundesweite Informationen bezüglich sexualpädagogischer Arbeit, Prävention und Infomaterialien:

Bundeszentrale für gesundheitliche Aufklärung (BzgA)
Ostmerheimer Straße 220, 51109 Köln
mail: poststelle@bzga.de, www.bzga.de

www.profamilia.de
(Adressen der Profamilia-Beratungsstellen einzelner Städte finden sich auf der Homepage)

• Informationen für sexuell missbrauchte Mädchen sowie Angehörige und FreundInnen:

Wildwasser e. V.
(Viele Städte haben eigene Wildwasser-Beratungsstellen, zu erfragen über die Homepage)
www.wildwasser.de, info@wildwasser.de

• Arbeit mit lesbischen Mädchen:

Lesbeninformations- und Beratungsstelle (LIBS) e.V.
Alte Gasse 38, 60313 Frankfurt a. M.
mail: info@libs.w4w.net

• Informationen über Essstörungen (für Betroffene selbst und für Menschen, die mit Betroffenen arbeiten):

Frankfurter Zentrum für Ess-Störungen gGmbH
Hansaallee 18, 60322 Frankfurt a. M.
Telefon 069/550176
www.essstoerungen-frankfurt.de

• Informationen zu Mädchenarbeitskreisen und mädchenspezifischen Aktivitäten vor Ort sind zu erfragen bei den Jugendämtern der Stadt und des Landkreises.

Teil 2
Jungenarbeit

8. Historie – Zur Entstehung der Jungenarbeit

Geschichte der Jungenarbeit vor 1980 oder: Ab wann kann von Jungenarbeit gesprochen werden?

Wie die Erziehung und Sozialisation von Jungen auszusehen habe und an welchen Orten sie zu erreichen sei, ist keine neue Frage, die erst seit den 1980er Jahren gestellt worden wäre: Die Gründung von Jungmänner- und Handwerksvereinen im 18. Jahrhundert, das Militär, Jungenschulen und –Internate oder die geschlechtsgetrennten Kinderheime der Fürsorgeerziehung waren und sind zum Beispiel Orte (vgl. Reulecke 2001) der Jungenerziehung und -sozialisation. Man kann historisch sogar noch weiter zurückblicken: Die Übersetzung des Begriffs Pädagogik mit der „Lehre von der Knabenführung" (Mielenz 1996, S. 424) deutet bereits an, dass die Adressaten erzieherischer Bemühungen Jahrhunderte lang vor allem Jungen und männliche Jugendliche waren.

Auch die Erziehung innerhalb der bürgerlichen Gesellschaft des 18. und 19. Jahrhunderts richtete sich auf *Jungen* und *Mädchen* (und nicht etwa unspezifisch auf *die* Heranwachsenden), indem die Geschlechtertrennung in den Idealen von männlich-öffentlicher Erwerbsarbeit einerseits und weiblich-komplementärer Hausarbeit andererseits angelegt war. Nach einer Phase der Bemühungen um Koedukation während der 1920er Jahre pervertiert und manifestiert die Erziehungsdiktatur des Nationalsozialismus die schon über Jahrhunderte entstandene Differenz zwischen Jungen und Mädchen durch eine völkisch verstandene Kampf- und „Gebrauchspädagogik" (Giesecke 1993, S. 217 ff.) mit einem maskulinistischen Soldatenideal und weiblichen Mutterideal.

Es zeigt sich also, dass der Blick auf die spezifische Erziehung von Jungen auf eine lange Tradition zurückreicht. Und doch lässt sich von *Jungenarbeit* erst seit den frühen 1980er Jahren sprechen. In dieser Zeit nämlich wird die pädagogische Arbeit mit Jungen als eine reflektierte, kritische und bewusste Pädagogik entworfen. Aus der geschlechtsspezifisch weitgehend unreflektierten „Arbeit mit Jungen" wird die „Jungenarbeit". Wegner (1995, S. 161) hat die Geschichte der Jungenarbeit auf folgende Formel gebracht: „Jungenarbeit ist alt [...]. Jungenarbeit ist neu".

Es bietet sich daher eine Unterscheidung an zwischen *nicht-reflektierter Arbeit mit Jungen* (welche im Grunde die Geschichte von Pädagogik und Jugendfürsorge prägt) und geschlechter-*reflektierender Jungenarbeit.* Dass nun ausgerechnet zu Beginn der 80er Jahre jene reflektierte Jungenarbeit aus der Taufe gehoben wird, stellt das Resultat der kritisch-selbstreflexiven Männerbewegung der 1970er Jahre einerseits sowie der zweiten Frauenbewegung bzw. der feministischen Kritik andererseits dar.

Die 1980er Jahre: Die Entdeckung der Jungenarbeit im Kontext antisexistischer und feministischer Perspektiven

Die kritische Männerbewegung sowie die zweite Frauenbewegung beeinflussen maßgeblich die Zielperspektive der Jungenarbeit in deren Entstehungszeit: Das neue Handlungsfeld ist zunächst geprägt vom sogenannten antisexistischen Ansatz. Entwickelt wird dieser Zugang von 1986 bis 1988 im Rahmen eines Modellprojekts durch die Heimvolkshochschule „Alte Molkerei" Frille (HVHS 1988). Das damit verbundene Konzeptverständnis erlangt rasch den Status des Pioniercharakters für die Jungenarbeit – wenngleich schon einige Jahre zuvor, etwa durch Michael Brunke (1981) oder Leo Teuter (1985), auf die Notwendigkeit einer reflektierten und konzeptionell fundierten pädagogischen Arbeit mit Jungen hinwiesen wird.

Der Friller Ansatz der antisexistischen Jungenarbeit erlangt vermutlich deshalb eine so große Resonanz, weil er wohl erstmals in größerem konzeptionellen Zusammenhang Ziele für Jungenarbeit formulieren kann: Er orientiert sich dabei stark an einer feministisch beeinflussten Deutung und versucht, den angeblich „typischen" herrschaftlichen und dominanten Verhaltensweisen der Jungen (Gewalt gegen Mädchen und Frauen, Sexismus) durch pädagogische Arbeit an Einstellungen und Handlungsweisen entgegenzusteuern (Ottemeier-Glücks 1987, S. 343). Methodisches Instrumentarium ist dabei die Kritik am Sexismus, der als über die sexuelle Ebene hinausgehendes Dominanzverhalten von Jungen definiert wird. Der antisexistische Ansatz will sich an der Frage messen lassen, ob es ihm gelingt, durch das Aufbrechen des patriarchalen Gewaltverhältnisses sowie durch die kritische Hinterfragung männlichen Verhaltens zur Gleichberechtigung der Geschlechter beizutragen (Zieske 1994, S. 168).

Den Jungen sollen im sozialpädagogischen Konzept Frilles positive Perspektiven einer Veränderung ihres Machtanspruchs angeboten werden, die vor allem in praktischen und emotionalen Reproduktionsleistungen sowie dem Abbau von Konkurrenz bestehen (Ottemeier-Glücks 1987, S. 344 f.). Dies käme den Jungen unmittelbar zugute, denn männliche Sozialisation „produziert einen unvollständigen Menschen, der aus diesem Mangel heraus zwangsläufig angewiesen ist auf die Eigenschaften einer Frau" (Ottemeier-Glücks 1991, S. 4). Konzepte mit ähnlicher Intention nannten sich „patriarchatskritische" oder „feministische" Jungenarbeit (vgl. Hoffmann 1994, S. 102; Schnack/Neutzling 1993, S. 64).

Der antisexistische Ansatz wird schon bald scharf kritisiert: Dem Friller Konzept wird vorgehalten, es neige zu einer „kompensatorische[n] Defizitpädagogik" (Sielert 1989, S. 40), berücksichtige die unterschiedlichen Lebenslagen der Jungen nicht, orientiere sich kaum an einer eigenständigen Jungenperspektive und reduziere stattdessen die Jungenpädagogik zur „Auftragsarbeit" (Winter 1996, S. 25) und zur „Hilfswissenschaft" (Böhnisch 1997, S. 64) der feministischen Mädchenarbeit. Der antisexistische Ansatz biete zudem aufgrund seiner stigmatisierenden Begrifflichkeit keinen motivationalen Anreiz für Jungen und bleibe einem permanenten Opfer-Täter-Schema verhaftet: „Das zu grobe Bild der Geschlechter-Interessenblöcke führt die pädagogische Arbeit letztlich ad absurdum" (Kindler 1993, S. 26).

Gleichwohl ist mit der antisexistischen Jungenarbeit ein erster, wichtiger Schritt getan, weil dieser die Jungenarbeit erstmals als reflektiertes Handlungsfeld beschreiben kann. Eine zweite Bedeutung für die Entwicklung der Jungenarbeit liegt darin begründet, dass die kritische Auseinandersetzung mit dem Friller Konzept zu einer wahren Triebfeder der Weiterentwicklung von Jungenarbeit wird; es entstehen zahlreiche Konzepte und Handlungsvorschläge, die wiederum dafür sorgen, dass die Jungenarbeit in den 90er Jahren einen wahren Boom erlebt.

Die 1990er Jahre: Die Etablierung der Jungenarbeit im Kontext unterschiedlicher Konzeptversuche und Praxisfelder

Im Laufe der 90er Jahre setzt sich die Jungenarbeit innerhalb der (Fach-)Öffentlichkeit zunehmend durch, wobei diese Etablierung in zwei großen Linien vorangetrieben wird: Die Konzeptentwicklung sowie die Expansion in unterschiedlichen Handlungsfeldern der Sozialpädagogik.

Konzeptentwicklungen

In den 90er Jahren entstehen unterschiedliche Konzeptionen der Jungenarbeit. Diese stehen zwar oft in Konkurrenz zueinander, sind jedoch zugleich durch ein gemeinsames Ziel verbunden: Die Konzeptionen bemühen sich, eine weniger defizitorientierte und dafür eigenständigere Perspektive auf die Jungen(arbeit) zu entwickeln. Große Resonanz erfährt in diesem Bemühen das Buch „Kleine Helden in Not" (Schnack/Neutzling 1990), weil die Autoren einen parteilichen und emphatisch-verstehenden Blick auf die männliche Sozialisation und auf die Probleme der Jungen werfen. Das Jungesein resp. das Mannsein gelten mit ihren Bewältigungsmechanismen (etwa emotionale Einsamkeit, Abwertung von Gefühlen der Schwäche und Traurigkeit, Leistungsdruck, der Mythos der Unverletzlichkeit oder die Flucht in Abhängigkeiten) als „riskante Lebensform" (Hollstein 2000).

In Anlehnung an den geisteswissenschaftlichen Pädagogen Herman Nohl[1] könnte man sagen, dass es der Jungenarbeit der 90er Jahre zunehmend um die Probleme geht, die Jungen *haben* – und nicht mehr primär um jene, die Jungen *machen*: Hieß es bisher, „Jungen und Männer sind das Problem", so wurde nun ergänzt: Jungen und Männer haben auch Probleme in ihrer Ent-

1 Herman Nohl war Professor für Pädagogik in Göttingen und wirkte in der ersten Hälfte des 20. Jahrhunderts. Zwar steht Nohl für eine kulturkonservative Pädagogik, doch zugleich vertritt er einen subjektorientierten Blick auf Kinder und Jugendliche (einleitend: Giesecke 1997, S. 217 ff.).

wicklung als Junge und Mann. Es vollzog sich also eine „einfühlsame Wende“ (Blomberg 2003, S. 4) innerhalb der Jungenarbeit, die nun den Weg „vom Feministen zum Jungenarbeiter“ (Schnack/ Neutzling 1993) beschreitet.

Dieses gemeinsame Grundverständnis wird, wie gesagt, von den unterschiedlichen Konzeptentwürfen zur Jungenarbeit geteilt: Der praxisbezogene Ansatz der *reflektierenden Jungenarbeit*, der vor allem Uwe Sielert (1989) zugeschrieben wird, zielt auf eine Harmonisierung zwischen der Akzeptanz von bestehenden Verhaltensweisen und der Entwicklung von neuen, „weiblichen“ Anteilen des Verhaltensrepertoires. Kritische bzw. *identitätsorientierte Jungenarbeit*, vertreten vor allem von Lothar Böhnisch und Reinhard Winter (1993), setzt demgegenüber nicht primär am Geschlechterrollenverhalten an, sondern stellt die realen Unsicherheiten in der Lebensbewältigung von Jungen in den Mittelpunkt ihres Interesses. Der Ansatz der *emanzipatorischen Jungenarbeit* wiederum radikalisiert den parteilichen und subjektorientierten Zugang zu Jungen. Jungen gelten dabei, infolge einer „Unterdrückung des Mannes“ (Schenk 1992, S. 105), als Opfer einer gesellschaftlich gewollten Zurichtung von Männlichkeit (Schenk 1992, S. 102). Ein ebenfalls stark parteiliches, in seiner methodischen Entfaltung jedoch deutlich unterschiedliches Konzept bildet die sog. mythopoetische oder *maskulinistische Jungenarbeit*. Auf der Grundlage biologischer und kulturgeschichtlicher Differenzen zwischen den Geschlechtern wird eine positive Stärkung des Mannseins durch den Leitbild-Bezug auf traditionelle Eigenschaften zu begründen versucht: Klassische Rollenzuschreibungen und Archetypen (Krieger, Liebender etc.) sollen für die heutige Gesellschaft neu formuliert werden. Dabei ist eine klare Trennlinie zwischen den Geschlechtern mitgedacht: Ein Mann soll versuchen, sich nach bestimmten Rollenbildern („Archetypen“) entsprechend zu entwickeln. Pädagogische Arbeit wird dabei als Mentorenschaft verstanden. In Deutschland wurde (und wird) dieser Ansatz vor allem von Götz Haindorff (u. a. 1997; vgl. auch Bly 1990) vertreten.

Die genannten Konzeptversuche haben sich mittlerweile weitgehend aufgelöst, sind fusioniert oder in Unklarheit verschwommen. Und doch haben sie Bedeutung gehabt für die Jungenarbeit: Sie setzten theoretische Grundpfeiler und haben damit die Perspektiven der Jungenarbeit in der Sozialpädagogik verbreitet. Auf aktuelle Themenstränge (Kap. 11) wird an späterer Stelle noch eingegangen.

Die Expansion der Jungenarbeit

Neben der Konzeptualisierung ist eine zweite große Linie zu nennen, die zur Expansion der Jungenarbeit innerhalb der 90er Jahre beitragen konnte: Die reflektierte Pädagogik mit Jungen hält Einzug in unterschiedliche Handlungsfelder der Sozialpädagogik und Sozialarbeit. Ausgehend von der Jugendbildungsarbeit (Pfadfinder, Sportjugend, konfessionelle Verbände; vgl. beispielsweise Kindler 1993) werden Praxismodelle erprobt und publiziert, die zumindest auch ansatzweise die Arbeitsfelder der Erziehungshilfen streifen: Bereits Ende der 80er Jahre entstehen erste Praxisbeschreibungen für die Jungenarbeit in der Heimerziehung (Kuchenbecker 1989; Engelfried 1992). Weitere Arbeitsfelder, in denen die Jungenarbeit nun „ankommt", sind die Suchtprävention, die Beratungsarbeit (Rebstock 1992) oder der Kindertagesstättenbereich. Aber auch die Diskussion um den Rechtsradikalismus als Phänomen männlichen Gewalt- und Abwertungsverhaltens oder die Folgen der Massenarbeitslosigkeit auf männliche Identitätsentwürfe sind Themen, die Mitte der 90er Jahre den Fokus auf Jungen und junge Männer richteten.

Aufgrund der raschen Expansion innerhalb sozialpädagogischer Handlungsfelder können schon zu Beginn der 90er Jahre erste Praxishandbücher zur Jungenarbeit (Sielert 1989; Hessischer Jugendring 1992; Winter/Willems 1992) und Sammelbesprechungen (Möller 1991) vorgelegt werden. Allerdings muss davon ausgegangen werden, dass die Verbreitung von Jungenarbeit in der Praxis hinter diesen Debatten um Jungenarbeit hinterher hinkte und bis heute hinterher hinkt (vgl. Kap. 10.3).

Seit 2000: Gender Mainstreaming und die weitere Institutionalisierung der Jungenarbeit

Die Etablierung innerhalb der 90er Jahre hat sich vor allem auf die fachwissenschaftliche Diskussion beschränkt: Hier konnte sich Jungenarbeit, stützend auf ihre seit den 1980er Jahren existierende Praxis, als eigenständiges Feld etablieren. Eine größere öffentliche Aufmerksamkeit gelingt der Jungenarbeit jedoch erst etwa seit dem Jahr 2000: Die Pisa-Untersuchung, Gesundheitsstatistiken oder die Forschung zur jugendlichen Gewalt haben zu vielen Reaktionen in den Medien geführt und die Jungen in den Mittelpunkt des Interesses gerückt.

Parallel dazu steht Jungenarbeit seit einigen Jahren vor der Herausforderung, ihre Rolle innerhalb der Strategie des Gender Mainstreaming (vgl. Kap. 1.4) zu finden. Dazu werden neue Konzepte diskutiert – auch für die Erziehungshilfen (vgl. Kap. 12.1).

Darüber hinaus strebt Jungenarbeit eine stärkere Vernetzung und Institutionalisierung an (vgl. v. a. Kap. 12.2.2). Bestehende Etablierungsversuche auf institutioneller Ebene sollen, so das Bemühen, ausgebaut und Jungenarbeit zu einer tatsächlichen Querschnittsaufgabe aller Handlungsfelder öffentlicher Hilfe und Erziehung werden. Aus diesem Grund ist die Jungenarbeit auch weiterhin bemüht, ihre praktische Verbreitung zu reflektieren und in Form von Praxismodellen zu dokumentieren (u. a. Sturzenhecker/Winter 2002a; Paritätisches Bildungswerk 2003).

Zusammenfassung

Auch wenn die pädagogische Arbeit mit Jungen in der Geschichte der (Sozial-) Pädagogik zumeist im Mittelpunkt steht, lässt sich von *bewusster* Jungenarbeit erst seit Ende der 1980er Jahre sprechen. Nach konzeptionellen Auseinandersetzungen, vor allem um den frühen Ansatz der antisexistischen Jungenarbeit, kann sich die Jungenarbeit vor allem in der zweiten Hälfte der 90er Jahre zunehmend etablieren. Momentan sieht sie sich der Herausforderung gegenüber, durch weitere Vernetzung und Praxisentwicklung ihre Positionierung innerhalb der Strategie des Gender Mainstreaming zu finden.

9. Aktualität und Grundverständnis – Annäherung an die Jungenarbeit

Der kurze historische Streifzug hat bereits einen zentralen Hinweis auf das Grundverständnis von Jungenarbeit gegeben: „Jungenarbeit“ hat sich als Konzeptbegriff durchgesetzt, um die geschlechterreflektierende Pädagogik abzugrenzen von einer unspezifischen Arbeit mit Jungen. Definiert wird Jungenarbeit zumeist durch die Zielsetzung, mit Jungen in geschlechterbezogener Weise zu arbeiten (Bentheim u. a. 2004, S. 8). Pädagogische Situationen sollen genutzt werden, „um daran Themen der Entwicklung eigenständiger und mitverantwortlicher Geschlechtsidentität, die die Jungen gerade bewegen, zu entdecken und anzugehen“ (Sturzenhecker/Winter 2002c, S. 11). Angestrebt wird sozusagen ein „jungenspezifischer Blick“ bezüglich der Lebenslagen von Jungen sowie der daran anschließenden Handlungsansätze in sozialpädagogischen Arbeitsfeldern.

In einem Satz gesagt: Jungenarbeit meint die *geschlechter- und lebenslagenreflektierende pädagogisch-fachliche Arbeit mit Jungen auf der Grundlage theoriegeleiteter Praxis.* Diese Grunddefinition lässt sich etwas genauer erklären, indem sie in ihre Schlüsselbegriffe aufgefächert wird (in Anlehnung an Bentheim u. a. 2004, S. 8 ff.).

Jungen

Mit „Jungen“ sind Kinder, Jugendliche und junge Erwachsene männlichen Geschlechts gemeint. Jungenarbeit umfasst also eine generationale und lebensphasenspezifische (Kinder und Jugendliche) sowie eine geschlechtliche Perspektive (Kinder und Jugendliche *männlichen* Geschlechts). Zur Zielgruppe von Jungenarbeit können somit im Grunde alle Jungen resp. männlichen Jugendlichen gehören. Dieses weite Grundverständnis weist auf die Wichtigkeit einer Differenzierung nach Lebenslagen und Adressatengruppen hin (vgl. ausführlich Kap. 11).

Geschlechterbezogenheit

„Geschlechterbezogenheit“ unterstreicht den Bezug auf die männliche soziale Geschlechtlichkeit sowie, allgemeiner, auf die gesellschaftlichen Geschlechterverhältnisse (Bentheim u. a. 2004, S. 9). Jungenarbeit benötigt also ein gewisses (Mindest-) Maß an Geschlechterreflektiertheit. Daher werden geschlechterhomogene Angebote – also reine Jungengruppen – *nicht schon zwangsläufig* zur Jungenarbeit gerechnet. Um ein Bestandteil von Jungenarbeit darzustellen, müssten solche Gruppen zudem die Reflexion von individuellen, sozialen und gesellschaftlichen Bedingungen des Junge- und Mannseins beinhalten. So gilt etwa den meisten Fachleuten die Fußballmannschaft oder die „zufällig“ nur aus Jungen bestehende Freizeitgruppe noch nicht im engeren Sinne als Jungenarbeit. Für die Heimerziehung könnte man dementsprechend sagen: Die reine Jungenwohngruppe bedeutet noch keine Jungenarbeit im engeren Sinne, wenn nicht auch ein jungenpädagogisches Konzept vorhanden ist und umgesetzt wird.

Pädagogische Zielbestimmung

Jungenarbeit als biografische Begleitung unter der Prämisse geschlechterbezogener Reflexion (Wieland 2005) beinhaltet ein dezidiert pädagogisches Vorgehen: Jungenarbeit möchte einen Entwicklungs- und Lernprozess hervorbringen und verfolgt damit Zielvorstellungen bezüglich ihres Handelns. Als pädagogische Ziele der Jungenarbeit sind zu nennen:

- die Vielfalt von Formen des Jungeseins sichtbar und erfahrbar zu machen: Jungenarbeit will die Möglichkeit bieten, mit anderen Jungen sowie mit Erwachsenen über all das zu sprechen und vieles von dem zu erleben, was Jungen interessiert
- andere Jungen nicht nur als Helden und Clowns zu erleben, sondern auch als Freunde, Tröster und in anderen eher ungewohnten Rollen
- die problematischen und dysfunktionalen Formen der männlichen Lebensbewältigung reflektieren
- Jungenarbeit widmet sich auch dem Thema „Grenzen“: Grenzverletzungen durch Jungen und begangen an Jungen (vgl. ausführlich Kap. 11.4; 12.1) werden durch die Jungenarbeit aufgegriffen und thematisiert

- den Normalisierungsdruck durch die Schaffung von Situationen und Anregungsräume für ein erweitertes Jungesein (Winter/Neubauer 2001, S. 132) überwinden helfen: Jungen sollen sich trauen, die Formen des Jungeseins zu leben, die sie leben möchten
- die Potenziale des Junge- und Mannsein zu entwickeln durch ein positives Bild vom Jungesein: Spaß und Freude an den eigenen Ideen und Bedürfnissen zu entwickeln, ist daher ein Ziel für Jungenarbeit
- Jungen und Männern zu begegnen, die andere Meinungen haben und anders leben: Sich mit ihnen konstruktiv auseinander zu setzen und daraus etwas über die eigene Form des Jungeseins zu erleben, ist ein weiteres Ziel der Jungenarbeit

Durch diese Ziele sollen, zusammenfassend gesagt, die Chancen einer selbstbestimmten Geschlechtsidentität entwickelt werden. Jungenarbeit ist damit eine *pädagogische Verständigungshilfe für den biografischen Entwurf einer Geschlechtsidentität, die nicht zuletzt auf Mündigkeit zielt.* Mündigkeit meint dabei die Fähigkeit, selbständige Entscheidungen im Kontext der eigenen Geschlechtlichkeit zu treffen und zu reflektieren (vgl. Bentheim u. a. 2004, S. 114). Ziel von Jungenarbeit ist schließlich immer, durch das Sichtbarmachen von Vielfalt von den stereotypen Vorgaben zu entlasten und dadurch zur individuellen Entwicklung des einzelnen Jungen beizutragen: Es geht der Jungenarbeit eigentlich immer um die Unterstützung und Entwicklung der Identität von Jungen.

Professionalität und Auftrag

Die genannten Zielstellungen und pädagogischen Ansprüche der Jungenarbeit sind nur vor einem fachlichen Hintergrund möglich. Zu diesem gehört der Einsatz professioneller *Fachkräfte*, unterstützt von kompetenten Ehrenamtlichen. Zum Aspekt der Fachlichkeit gehört darüber hinaus der professionelle *Auftrag*, man könnte auch sagen: das rechtliche Mandat. Dieses lässt sich aus mehreren Vorgaben ableiten: Zum einen gibt das Grundgesetz die Gleichberechtigung von Frauen und Männern vor (Artikel 3). Darüber hinaus fordert das KJHG, die individuellen und sozialen Entwicklungen zu fördern und Benachteiligungen abzubauen (§ 1). Eine solche Förderung der Entwicklung ist nur unter Berücksichtigung der geschlechtsspezifischen Lebenslagen und Sozialisationsbedingungen möglich. Der deutlichste Hinweis auf Jungenarbeit (und Mädchenarbeit) findet sich im § 9, in dem es heißt: „Bei der Ausgestaltung der Leistungen und der Erfüllung der Aufgaben sind […] die unterschiedlichen Lebenslagen von Mädchen und Jungen zu berücksichtigen, Benachteiligungen abzubauen und die Gleichberechtigung von Mädchen und Jungen zu fördern".

Theoriegeleitete Praxis

Professionelle Jungenarbeit ist ein komplexer Gegenstand: Deshalb kann auch die Praxis der Jungenarbeit nur erfolgreich sein, wenn sie die gesellschaftlichen, sozialen, kulturellen und biologischen Geschlechterverständnisse reflektiert. Dazu ist in den vergangenen Jahren auf verschiedene Theorien Bezug genommen worden: Zu diesen zählt etwa das Hegemonie-Konzept von Connell (Connell 1986; Connell 1995), der neben der Hegemonie des Männlichen vor allem auf die hegemonialen und hierarchischen Strukturen zwischen verschiedenen sozialen Gruppen von Männern aufmerksam macht.

Darüber hinaus wird auf sozialisationstheoretische Theorien über die kindliche Entwicklung mit ihren Klassifikationen des Männlichen und Weiblichen zurückgegriffen (allg. Mogge-Grotjahn 2004, S. 93 ff.; auch Böhnisch 2004). Modernisierungstheorien wiederum lenken den Blick auf aktuelle gesellschaftliche Entwicklungen (Individualisierung etc.) und fragen, wie sich diese auf die Bedeutung des Männlichen auswirken. Psychoanalytische und entwicklungspsychologische Ansätze arbeiten die Verbindung heraus zwischen innerfamiliären Bedingungen des Aufwachsens und der Entwicklung der Geschlechtsidentität. Evolutionsbiologische Theorien (u. a. Bischof-Köhler 2002; allg. auch Rendtorff 2003) schließen zusätzlich noch biologische und genetische Aspekte der Entwicklung des Mannseins mit ein. Konstruktivistische Theorien hingegen fragen danach, inwieweit die Geschlechterzuschreibungen nicht vor allem die Folge einer gesellschaftlich gewollten Konstruktion von Geschlecht ist.

Eine Übersicht über einige theoretische Zugänge versuchen Bentheim u. a. (2004). Beiträge zu den theoretischen Perspektiven der Geschlechterforschung finden sich im einschlägigen Handbuch von Glaser/Klika/Prengel (2004, S. 33–285).[1] Allerdings werden etliche aktuelle Theorieströmungen innerhalb der Männerarbeit (ausführlich: Forster 2004, S. 478 ff.) in der Jungenarbeit kaum aufgenommen.

Zusammenfassung

Das Grundverständnis von Jungenarbeit als geschlechterreflektierende Arbeit mit männlichen Kindern und Jugendlichen lässt sich mit den Eckpfeilern Jungen (Adressaten), Geschlechterbezogenheit, Pädagogisches Handeln/Ziele, Fachlichkeit und theoriegeleitete Praxis beschreiben. Aus pädagogischer Sicht wird die Unterstützung bei der Entwicklung der eigenen Geschlechtsidentität als erstes Ziel deutlich. Nach dem Streifzug durch die Historie der Jungenarbeit sowie im Anschluss an das Grundverständnis wird in den folgenden Kapiteln nun direkt auf die Jungenarbeit in den Handlungsfeldern der Erziehungshilfe Bezug genommen.

1 Zur Machtthematik innerhalb der Gender-Theorie wird aktuell u. a. der Beitrag von Soiland (2005) diskutiert.

10. Jungen(arbeit) in den Handlungsfeldern der Hilfen zur Erziehung

10.1 Empirische Befunde

Die Nutzung von Erziehungshilfen

Rund 63 % der durchgeführten Erziehungshilfen richten sich an Jungen (Bürger 2002; Scherr 2002, S. 300; Bange 2004; Fendrich/Pothmann 2006). Diese Überrepräsentanz scheint in ihrer Ausprägung stabil zu sein, denn sowohl zum Stichtag 1992 als auch zum Stichtag 2000 lag der Prozentanteil von Jungen im Durchschnitt aller Handlungsfelder jeweils in der Größenordnung von etwa 60 %.

Blickt man auf die einzelnen Handlungsfelder, so zeigen sich allerdings beachtliche Unterschiede in der Verteilung: In der Tagesgruppenerziehung (§ 32 KJHG) sind Jungen mit etwa 75 % überrepräsentiert, in der Sozialen Gruppenarbeit (§ 29) sowie in der Erziehungsbeistandschaft (§ 30) sind Jungen ähnlich deutlich stärker vertreten. Die Erziehungsberatung weist zwar ebenfalls eine Überrepräsentanz von Jungen auf, die aber mit knapp 60 % nicht so deutlich ausfällt wie in der Tagesgruppen-Erziehung oder der Erziehungsbeistandschaft. Dennoch kann man in einem ersten Fazit festhalten, dass sich Hilfen zur Erziehung *im nicht-stationären Bereich* zu nahezu 70 % an Jungen richten (Fendrich/Pothmann 2006).

Im *stationären Bereich* hingegen (§ 34, aber auch § 33: Vollzeitpflege) ist die Geschlechterverteilung in etwa paritätisch angelegt. Hier sind Mädchen mit 47 % leicht unterrepräsentiert, beim Betreuten Wohnen sowie bei der Aufnahme in Jugendschutzstellen sind sie im Vergleich zu Jungen überrepräsentiert (Finkel 2000c, S. 33 f.; Fendrich/Pothmann 2006).

Neben den Unterschieden bezüglich der *Handlungsfelder* muss ein zweiter Analysefaktor einbezogen werden, um die geschlechterspezifische Nutzung von Erziehungshilfen verstehen zu können. Gemeint ist der *Altersaspekt*: Verallgemeinernd gesagt nimmt der Anteil der Jungen mit steigendem Alter immer weiter *ab*, so dass sich vor allem im stationären Bereich (Betreutes Wohnen, Außenwohngruppen etc.) sowie innerhalb der Erziehungsberatung ab einem Alter von etwa 15 Jahren die Geschlechterverteilung umkehrt: Jungen sind hier zum Teil deutlich in der Minderzahl.[1]

Zusammengefasst: Jungen sind mit rund 60 % in den Erziehungshilfen überrepräsentiert und dominieren vor allem den nicht-stationären Bereich. Im stationären Bereich hingegen sind Jungen nur leicht überrepräsentiert. Bis auf wenige Ausnahmen nimmt der Anteil der Jungen in Erziehungshilfen mit zunehmendem Alter immer weiter ab.

Geschlechterbezogene Konfliktbewältigungsmuster und Indikatoren

Neben der unterschiedlichen *Nutzung* von Erziehungshilfen fällt die geschlechtsspezifische Zuschreibung bei den Indikationen auf (Bange 2004): Seit einiger Zeit ist bekannt, dass die Lebenslagen von Jungen und Mädchen unterschiedlich wahrgenommen werden. Genauer gesagt: Es haben sich unterschiedliche Problem*wahrnehmungen* herausgebildet, die auf bestimmten Geschlechterstereotypen gründen und auch vor einer professionellen Sichtweise nicht Halt machen. Schon Stein-Hilbers hat 1988 (zit. n. Bitzan 2004, S. 465) jene Indikationen bei den Aufnahmegründen für Erziehungshilfen herausgearbeitet, die in anderen Studien immer wieder bestätigt werden konnten[2]: Aggression, Entwicklungsauffälligkeiten, Schulversagen (Leistungsthematik) und Delinquenz dominieren als Indikatoren bei den Jungen, Beziehungs- und Familienprobleme sowie Missbrauchserfahrungen bei den Mädchen (akt. auch Helmig 2006, S. 134 f.).

Solche Diagnosen und Zuschreibungen müssen weder problematisch noch falsch sein. Wenn sie aber in der Arbeit mit den Jugendlichen nicht erkannt werden – sondern stattdessen in

---

1 Eine Ausnahme bildet jedoch die Erziehungsbeistandschaft: Bei dieser ambulanten Angebotsform nimmt der Anteil der Jungen ab etwa 14 Jahren *zu*.

2 Wenngleich einige Diagnosen wie die Trennungs- und Scheidungserfahrung oder die soziale Lage etwa gleich verteilt sind.

dem vermeintlichen Wissen münden, Jungen (und Mädchen) „sind eben so“ – dann drohen sie einen Verstärkungscharakter anzunehmen. Darüber hinaus werden Themen und Problematiken, die als nicht typisch gelten, dann kaum wahrgenommen: Auch Jungen können gravierende Beziehungsprobleme haben, die jedoch gar nicht in das Blickfeld geraten, weil sie eben „untypisch“ sind und von den Jungen oftmals auch gar nicht angesprochen werden – eben weil auch die Jungen wissen, dass solche Probleme für sie als untypisch gelten. So werden bei Jungen untypische, „andere Leidenserfahrungen und Bewältigungswege (zum Beispiel sexuelle Gewalterfahrung oder das Leiden an der Zurichtung auf männliche Funktionen als Starker, Leistender) nicht gesehen“ (Bitzan 2004, S. 470) – dies gilt auch und vor allem für die Indikationen der Erziehungshilfe.

Zeitliche Verläufe von Erziehungshilfen

Auch beim Beginn und bei der Beendigung von Erziehungshilfen zeigen sich geschlechterspezifische Unterschiede: Die Aufnahme einer Erziehungshilfe geht bei Mädchen deutlich stärker auf den eigenen Wunsch zurück als dies bei Jungen der Fall ist; bei ihnen wird eine Erziehungshilfe häufiger durch Polizei, Schulen, soziale Dienste oder Eltern eingeleitet (Baur u. a. 1998, S. 214; Bange 2004; Bitzan 2004, S. 469). Dies mag einerseits mit dem durchschnittlich höheren Alter der Mädchen zu Beginn einer Erziehungshilfe zusammenhängen und andererseits mit den „typischen“ Indikatoren: Die nach außen gerichteten Verhaltensweisen der Jungen fallen einfach schneller auf und werden eher als Problem auch für andere gewertet.

Erziehungshilfen für Jungen verlaufen im Schnitt über einen längeren Zeitraum als für Mädchen. Dies mag einerseits mit dem niedrigeren Eintrittsalter von Jungen in Maßnahmen der Erziehungshilfe begründet sein. Andererseits spielen auch die zum Teil unterschiedlichen Perspektiven der Beendigung eine Rolle: Jungen werden, im Vergleich zu Mädchen, seltener in eigenes Wohnen vermittelt. Dies wird gedeutet als ein Ausdruck der gesellschaftlichen Zuschreibung als Hausfrau, also als eine Reaktion auf die reproduktive Funktionalisierung der Mädchen (Hartwig 2001, S. 56 f.). Auf der anderen Seite bedeutet diese Zuschreibung auch eine Aufrechterhaltung der Unselbständigkeit von Jungen, also deren (über)behütender Versorgung, einer „Rentnermentalität". Für Mädchen und Jungen wirken hier also traditionelle Rollenklischees fort, die unreflektiert durch die Gestaltung der Erziehungshilfe-Maßnahmen fortgeschrieben werden.

Aus diesem Grund führt auch die Tatsache, dass Jungen eher und in jüngeren Jahren eine Hilfe zur Erziehung erhalten, offenbar noch nicht dazu, dass diese von der Hilfe per se mehr profitieren als Mädchen. Die Überrepräsentanz von Jungen steht jedenfalls nicht im Zusammenhang mit dem *Erfolg* von Jugendhilfemaßnahmen. So kommt etwa die Jule-Studie über die Leistungen und Grenzen der Heimerziehung (Baur u. a. 1998, S. 136 ff.) zu dem Ergebnis, dass doppelt so viele Hilfeverläufe, die als durchgängig negativ zu bezeichnen sind, Jungen betreffen.[3]

10.2 Versuch einer Deutung: Zur Wahrnehmung von Jungen(problemen) durch die Erziehungshilfe[4]

Erstes Wahrnehmungsproblem: Überrepräsentanz bedeutet nicht gleich Bevorzugung

Die Tatsache der Überrepräsentanz von Jungen hat in der Vergangenheit oftmals dazu geführt, die Jungen als „Bevorzugte" anzusehen. Diese Gleichsetzung von „Überrepräsentanz gleich Bevorzugung" suggeriert dann fälschlicherweise, dass für die Jungen genug getan werde und ihre Probleme ausreichend erkannt sowie differenziert berücksichtigt seien. Salopp gesagt: Die Überrepräsentanz verleitet dazu, anzunehmen, man wisse schon genau, was mit „den Jungen los ist". Diese Tendenz verfestigt sich noch durch die Typisierung der spezifischen Indikationen: Jungen fallen schneller auf, sie sind laut und oft dominant. Dirk Bange (2004) formuliert das Problem so: „Mögli-

3 Bei diesen Zahlen muss allerdings beachtet werden, dass die Beurteilung des Gelingens einer Hilfe eine nur schwer zu messende Kategorie darstellt, die zudem von zahlreichen Bedingungen überlagert wird.

4 Vgl. auch Behnisch (2004b), wo die hier vorgetragenen Gedanken z. T. ausführlicher, z.T. mit anderer Akzentuierung aufgegriffen sind.

cherweise geraten in den erzieherischen Hilfen Jungen zwar schneller ins Blickfeld, gleichzeitig werden ihre Bedürfnisse aber systematisch ausgeblendet". *Jungen*biografien, hier schlägt die jahrzehntelange Selbstverständlichkeit einer „Jugendarbeit als Jungenarbeit" zurück, gelten noch immer als *Jugend*biografie, wodurch die *spezifischen* Hintergründe der männlichen Sozialisation nicht ausreichend berücksichtigt sind. Anders gesagt: Sind Jungen in den Erziehungshilfen einerseits *quantitativ überrepräsentiert*, so sind sie andererseits in vielen Reflexionsbereichen *qualitativ unterrepräsentiert*. Deshalb gilt wohl noch immer die (fach-)öffentliche Botschaft: „Mädchen haben Probleme aufgrund ihres *Geschlechts*, Jungen nicht; Mädchenalltag ist durch ihr Geschlecht geprägt, Jungenalltag nicht" (Rose/ Scherr 2000, S. 66).

Zusammenfassend gesagt: Während also Mädchen mit ihren Problemlagen oft nicht wahrgenommen werden, werden zwar die Probleme, die Jungen machen und haben, schneller gesehen, doch nicht ausreichend qualitativ aufgenommen im Kontext von deren spezifischer Geschlechterbiografie.

Zweites Wahrnehmungsproblem: Bevorzugung kann stigmatisierende Tendenzen beinhalten

Die erhöhte Aufmerksamkeit gegenüber Jungen verdeckt nicht nur paradoxerweise den *spezifischen* (qualitativen) Blick, sondern kann zudem noch einen Stigmatisierungsprozess zur Folge haben. Für die Schulpädagogik wurde herausgearbeitet (u. a. Preuss-Lausitz 1999), dass die „bevorzugte Aufmerksamkeit" keineswegs dazu geführt hat, dass Jungen als Gewinner des Schulsystems bezeichnet werden könnten – das Gegenteil scheint sogar der Fall zu sein. Offenbar kann also jene Aufmerksamkeit auch Erwartungsdruck und Versagensängste erzeugen, die sich als nicht lernförderlich erweisen (Schmidt 2006, S. 16).

Im Kontext der Erziehungshilfen wird ebenfalls zu fragen sein, was es für die Jungen bedeuten muss, als „Indexpatient" und im Fokus der Aufmerksamkeit stellvertretend die Defekte des Familiensystems auszutragen. Die Auffälligkeit von Jungen, ihre Überrepräsentanz in den Erziehungshilfen, ist nämlich nur ein bedingt erstrebenswertes Ideal des Aufwachsens: Stattdessen beinhaltet das Angewiesensein auf Erziehungshilfen auch Stigmatisierungsprozesse – es wird zum öffentlichen Ausdruck eines problematischen Lebenslaufs: Abgestempelt als Verlierer, der inmitten einer starken Autonomiephase einen „Betreuer" braucht – so sehen fast alle Jungen etwa ihre Einzelfallhilfe, dessen Fachkraft Freunden gegenüber meist schamvoll als „Onkel", „älterer Cousin" etc. ausgegeben wird. Oder: Man beobachte einmal die verschämten Reaktionen, wenn man mit Jungen im einrichtungseigenen Bus etwa mit den Aufschriften „Jugendhilfezentrum" oder „Für Jugendliche in Not" durch den Stadtteil des Jugendlichen fährt. Dass Jungen seltener von sich aus eine Erziehungshilfe in Anspruch nehmen, wirft zudem noch die Frage auf, was es für den Verlauf erzieherischer Hilfen bedeutet, wenn bei Jungen das Stigma der Verpflichtung und des „Zwangs" bereits beim Beginn der Hilfemaßnahme eingelassen ist.

Ein letzter Hinweis: Selbst offenkundige und provokante männliche Dominanz scheint nur auf den ersten Blick als Privilegierung. Zumeist stellt dieses verzweifelte Dominanzgehabe ein Zeichen von Überforderung dar, welches sich zudem als gesellschaftlich nicht funktional erweist und oftmals im Strafvollzug oder in der Klinik endet – oder eben in Maßnahmen der Jugendhilfe.

Forderungen: Überwindung des Gegensatzes und Qualifizierung der Erziehungshilfen

Aus der bisherigen Deutung der empirischen Befunde lassen sich nun zwei Forderungen ableiten: Die Überwindung des Gegensatzes von Bevorzugung und Benachteiligung (erstens) sowie die geschlechterreflektierende Qualifizierung der Erziehungshilfen (zweitens).

Erstens: Überwindung des Gegensatzes von Bevorzugung und Benachteiligung

Einseitige Sichtweisen – etwa benachteiligte Mädchen, bevorzugte Jungen oder umgekehrt (allg.: Schmauch/Rose 2005) – gilt es zu vermeiden. Denn in jeder universalistischen Sichtweise liegen gravierende Probleme verborgen: Es wird, erstens, übersehen, dass die Benachteiligung einer Gruppe im Unkehrschluss nicht schon eine Bevorzugung der anderen bedeutet. Eine solche Konstruktion von Gegensätzlichkeit droht, zweitens, eine Defizitsicht hervorzubringen, manchmal auch nur als trotziger Reflex: Die Jungen leiden aber doch viel mehr! Schließlich kann Benachteiligung nicht nur anhand der reinen Zahlen definiert werden. Denn: „Stellt es tatsächlich eine problematische Chancenungleichheit dar, dass beispielsweise in den Angelvereinen kaum Mädchen sind [und, M. B.] stellt es möglicherweise ein weibliches Privileg dar, dass sich Mädchen ‚der Borniertheit und dem Stumpfsinn des Sports besser entziehen können'", so Rose (2003, S. 52) in Anlehnung an ein Zitat von Anke Abraham.

Anstelle eines Gegensatzes von Bevorzugung und Benachteiligung muss sichtbar gemacht werden, wie, in welcher Form und an jeweils welcher Stelle *beide* Geschlechter durch eine bestimmte Zuschreibung benachteiligt, das heißt in ihren Potenzialen begrenzt werden. Eine Perspektive der Gegensätzlichkeit von Bevorzugung und Benachteiligung hingegen verstellt den differenzierenden Blick auf Jungen *und* Mädchen.

Die Forderung für eine Reflexion innerhalb der Erziehungshilfen kann also nur lauten, jenes Denken in Gegensätzlichkeiten zu überwinden. Erst in dieser Überwindung von „Bevorzugung versus Benachteiligung" liegt die Chance für eine Debatte über pädagogische Strategien zur Bearbeitung der Geschlechteridentität als biografische Herausforderung innerhalb der Erziehungshilfen (Wieland 2005).

Zweitens: Die geschlechterreflektierende Qualifizierung der Erziehungshilfen

Weil die Erziehungshilfe zu wenig über jene Faktoren der eigenen Arbeit – welche Geschlechtergerechtigkeit reduzieren oder verstärken (BMFSFJ 2002, S. 252) – weiß, reproduziert sie tendenziell bestehende und typisierte Geschlechterverhältnisse. Dies zeigt sich in den empirischen Befunde (vgl. Kap. 10.1) sowie in den Wahrnehmungsproblemen (s. o.). Deshalb kann folgende Herausforderung für die Erziehungshilfen formuliert werden: Gefordert ist ein erhöhter Wissens- und Reflexionsbedarf, mithin eine grundlegende und systematische Qualifizierung des Nachdenkens innerhalb der Erziehungshilfen aus geschlechterreflektierender Sicht. Angesichts der Notwendigkeit von Jungenarbeit steht die Erziehungshilfe also vor der

Herausforderung, Undifferenziertheit und scheinbare Selbstverständlichkeit zugunsten eines geschlechtsspezifischen Blicks abzulösen. Dazu gehören zunächst, allgemein gesagt (ausführlich: Kap. 12.2.1), die folgenden Reflexionsbereiche:

- Jungenarbeit in den Erziehungshilfen bedeutet, danach zu fragen, ob und wie die Angebote sich auf Jungen auswirken bzw. welche biografische Bedeutung die Erziehungshilfe für die Handlungsmuster des Jungen erlangt.
- Jungenarbeit in den Erziehungshilfen fragt danach, was eine Jungengruppe, etwa in der Heimerziehung oder einer Tagesgruppe, zu einem qualifiziert jungenpädagogischen Ansatz werden lassen kann: Wie lässt sich die „Arbeit mit Jungen" zu einer reflektierenden Jungenarbeit weiterentwickeln?

Durch die Bearbeitung beider Reflexionsbereiche ließe sich die Jungenarbeit im Feld der Erziehungshilfen im Sinne des Gender Mainstreaming qualifizieren und etablieren. Allerdings entwickelt sich die Jungenarbeit in der Erziehungshilfe noch sehr zögerlich und zumeist „'unter der Hand' und in wenig reflektierter Form" (Brandes 1998, S. 105): Jungenarbeit steht innerhalb der Erziehungshilfen noch am Anfang (Enggruber 2001, S. 49).[5] Dieses Problem lässt sich eindrücklich mit Blick auf die einzelnen Handlungsfelder nachweisen.

10.3 Jungenarbeit in den einzelnen Handlungsfeldern der Erziehungshilfe. Eine kritische Bestandsaufnahme

Ein kurzer Blick in die Handlungsfelder

Die Etablierung und Institutionalisierung der Jungenarbeit ist in den verschiedenen Arbeitsbereichen der Erziehungshilfen unterschiedlich weit entwickelt. Zwar kann es hier nicht das Ziel sein, einen ausführlichen Blick in alle Arbeitsfelder zu werfen, doch

---

5 Allerdings muss berücksichtigt werden, dass Jungenarbeit als Thema der Erziehungshilfen überhaupt erst seit den 90er Jahren existiert – zuvor gab es innerhalb der Jugendhilfe im Grunde „keine Untersuchungen, die die Frage nach der Geschlechtsspezifität auf Jungen bezog" (Bitzan 2004, S. 467; Orig. z. T. kursiv).

soll ansatzweise verdeutlicht werden, wie der „Stand der Jungenarbeit" sich jeweils darstellt.

Die *Erziehungsberatung* wird aufgrund der psychotherapeutischen Ausrichtung und dem Fehlen eines förmlichen Hilfeplanverfahrens gerne als Sonderfall der Erziehungshilfen betrachtet und dementsprechend nur randständig thematisiert – obwohl mit rund 250.000 Fällen jährlich über 50 % der Erziehungshilfen auf dieses Feld entfallen (Trede 2002, S. 26). So wurden auch die hier vorfindbaren, wenngleich wenigen jungenarbeiterischen Ansätze kaum wahrgenommen: Im Kontext der Bundeskonferenz für Erziehungsberatung sowie durch einige Einzelveröffentlichungen sind Ansätze der Jungengruppenarbeit in Beratungsstellen thematisiert worden (Rebstock 1992; Klütsch 1996; BKE 2003; Behnisch 2003). Dabei standen vor allem die methodischen Möglichkeiten der Gruppenarbeit sowie die psychosozialen und familiären Probleme der Jungen (etwa die „fehlenden Väter") im Vordergrund der pädagogischen Arbeit.[6]

Für die unterschiedlichen Profile der *Heimerziehung* (allg. Freigang/Wolf 2001; Trede 2002) liegen interessanterweise schon früh einige Praxisberichte zur Jungenarbeit vor (Kuchenbecker 1989; Engelfried 1992). Diese wurden aber weder breit diskutiert, noch weiter verfolgt. Auch die wenigen Veröffentlichungen in jüngerer Zeit beschreiben ihren Gegenstand eher in allgemeiner Form (etwa als allgemeines Fortbildungskonzept). Sie befassen sich hingegen kaum mit den Handlungsbedingungen der Heimerziehung und den darin liegenden Möglichkeiten sowie der Notwendigkeit von Jungenarbeit. Es fehlen nach wie vor praxisorientierte Arbeiten als auch solche, die Jungenarbeit in der Heimerziehung systematisch beschreiben würden. Darüber hinaus wäre eine gründliche Auswertung und Darstellung von praktischen Ansätzen wünschenswert – zumal seit einigen Jahren vieler dieser Praxisansätze[7] existieren, beispielhaft etwa zwei Außenwohngruppen des Eylarduswerks in Bad Bentheim

---

6 Ausgesprochen kritisch zum Stand der Jungenarbeit in Beratungsstellen äußern sich hingegen Winter/Neubauer (2001, S. 74 ff.).

7 Praxisbeschreibungen finden sich in der Broschüre des Paritätischen Bildungswerks (2003) oder bei Michels/Moorkamp (2004). Vgl. für weitere Beispiele auch Bentheim u. a. (2004, S. 69).

oder eine Gruppe für Jungen mit sexuellen Missbrauchserfahrungen im evangelischen Jugend- und Fürsorgewerk Berlin.

Aus dem Bereich der *Vollzeitpflege* liegen m. W. keine Arbeiten über den geschlechtsspezifischen Aspekt vor. Die Intensive sozialpädagogische *Einzelbetreuung* (§ 35 KJHG) sowie die *Erziehungsbeistandschaft* (§ 30 KJHG) als zwei ambulante, betreuungsbezogene Hilfeformen weisen – bezüglich der Jungenarbeits-Landschaft – noch mehr weiße Flecken auf als die stationären Angebote der Erziehungshilfen. Es ist wohl nicht überfolgert zu behaupten, dass hier eine Pionierarbeit im Grunde noch aussteht.

Ähnliches gilt für die *Sozialpädagogische Familienhilfe* (§ 31 KJHG), auch wenn hier vereinzelte Berichte über die Möglichkeit und die Bedingungen von Jungenarbeit publiziert wurden (Nagel 2002). Systematische Beschreibungen, die über die Ebene der Praxisberichte hinausreichen, liegen allerdings nicht vor. Zur Erziehung in Tagesgruppen schließlich (§ 32 KJHG) – jener Arbeitsbereich mit dem höchsten Prozentsatz an Jungen (vgl. Kap. 3.1) – liegen ebenfalls kaum Ansätze und Publikationen vor.

Für alle Handlungsbereiche existieren gleichwohl sogenannte „graue Papiere“ (Konzepte von Einrichtungen, Arbeitskreis-Papiere, Arbeitshilfen, Hausarbeiten an Hochschulen etc.), die jedoch für einen größeren Kreis der interessierten Fachöffentlichkeit nicht zugänglich sind und deshalb hier nicht erwähnt werden. Insgesamt, so lässt sich folgern, sind die Erziehungshilfen bezüglich der Jungenarbeit weniger weit vorangekommen als einige ihrer Nachbarfelder – dies gilt vor allem für die Jugendarbeit (u. a. Rose 2003), aber auch für die Jugendsozialarbeit (u. a. Enggruber 2001).

Jungenarbeit in den Handlungsfeldern etablieren – einige Vorschläge

Die kurze Bestandsaufnahme aus den Handlungsfeldern provoziert nun die Frage, warum die Jungenarbeit in den Erziehungshilfen eine vergleichsweise geringe Beachtung erfährt (allg. Sturzenhecker 2002) – und wie sich dies verändern ließe. Die Zurückhaltung gegenüber der Jungenarbeit kann jedenfalls nicht allein mit der geringen Zahl männlicher Fachkräfte begründet werden – selbst in der Grundschulpädagogik sowie im Kindertagesstättenbereich (Rohrmann/Thoma 1998; kritisch dazu: Winter 2001, S. 906) liegen mittlerweile sogar Handbücher zur Jungenarbeit vor. Die geringe Beachtung hängt also noch mit anderen Gründen zusammen, die es im Sinne einer Etablierung von Jungenarbeit zu korrigieren gilt.

Jungenarbeit im Fachdiskurs stärker beachten

Häufig wird selbst in umfangreichen Handbüchern und Standardwerken die Geschlechterpädagogik und insbesondere die Jungenarbeit schlicht unterschlagen: Auf über 1000 Seiten und mehreren Dutzend Handwörterbucheinträgen zur Heimerziehung findet sich etwa im Nachschlagewerk von Colla u. a. (1999) kein einziger zur Geschlechterthematik in der Heimerziehung. Kein Wunder also, dass Neubauer (2002, S. 117) in Auswertung einer längerfristigen Projektphase zu dem Ergebnis gelangt, dass sich gerade im Bereich der teilstationären und stationären Hilfen ein hoher Bedarf an jungenpädagogischen Konzepten gezeigt habe. Zu fordern wäre deshalb, Jungenarbeit im Fachdiskurs nicht zu unterschlagen und gezielt in den Fokus von Einführungen, Handbüchern etc. zu rücken.

Konkretisierung für das Handlungsfeld

In den Erziehungshilfen sind die „Auseinandersetzungen um geschlechtsbezogene Angebote in der Jugendhilfe immer wieder von einer erstaunlichen Undifferenziertheit bezüglich der einzelnen Felder der Jugendhilfe als auch der in den Blick zu nehmenden Problemlagen gekennzeichnet […]. Was in der offenen Jugendarbeit doch einigermaßen flächendeckend allmählich als Standard (differenzierte geschlechterbezogene Angebote) formuliert werden kann und auch in Kommunalparlamenten nicht mehr grundsätzlich angezweifelt wird, gilt noch lange nicht für das Feld der erzieherischen Hilfen“ (Bitzan 2004, S. 462). Diese mangelnde Konkretisierung auf einzelne Handlungs- und Arbeitsfelder gilt es nachzuarbeiten. Dies kann und sollte auch in Arbeitshilfen oder Themenheften umgesetzt werden, die sich sehr konkret mit einzelnen Handlungsbereichen beschäftigen (z. B. Sexualpädagogische Ansätze mit Jungen in den Erziehungshilfen; Umgang mit homosexuellen Jungen in der Erziehungshilfe).

Abwehrreaktionen erkennen und abbauen

Gender-Themen können aus verschiedenen Gründen Abwehrreaktionen hervorrufen: Ihr Einfordern droht die bisherige Arbeit in Frage zu stellen oder führt zu Gefühlen gekränkter Professionalität, weil die Fachkräfte der Erziehungshilfe ihren Anspruch kritisiert sehen, Mädchen und Jungen gleich(berechtigt) zu behandeln. Möglicherweise wirkt darüber hinaus die persönliche Betroffenheit, die zwangsläufig mit Gender-Themen verbunden ist, abschreckend (Weg 2002, S. 18). Möchte man also Jungenarbeit in den Erziehungshilfen stärker verankern, gilt es solche Befürchtungen ernst zu nehmen. Bearbeitet werden müssten sie auf verschiedenen Ebenen; diese reichen von der Konzeptentwicklung einer Einrichtung bis hin zur Supervision von Einzelnen oder von Teams.

Missverständnisse bezüglich der Koedukation und der Geschlechtertrennung ausräumen

Bis in den 1970er Jahre war die Heimerziehung geprägt durch die (konfessionell ausgerichtete) geschlechterstereotypisierende Trennung in Jungen- und Mädchenheime. Dass diese Praxis durch Formen der Koedukation (gemischte Gruppen) überwunden wurde, galt und gilt bereits als ausreichender Fortschritt hin zu einer Geschlechterpädagogik. Ihr folgte jedenfalls kein Aufbruch in eine reflektierte geschlechtsbezogene Jugendhilfepraxis. Kurzum: „Im Unterschied zu Entwicklungen […] im Bereich offener Kinder- und Jugendarbeit und Jugendsozialarbeit galt mit Einführung der Koedukation das Geschlechterthema für die Erziehungshilfen als erledigt“ (Rose, B. 1997, S. 104 f.). Die Hausaufgaben zur Umsetzung einer bewussten Jungenarbeit wurden nicht gemacht. Diese gilt es nun nachzuholen, indem deutlich gemacht wird: Gemischte Gruppen und gemeinsame Erziehung von Mädchen und Jungen sind noch keine reflektierte Mädchen- oder Jungenarbeit.

Vielleicht hat die Vorsicht gegenüber der Jungenarbeit in den Erziehungshilfen auch damit zu tun, dass man befürchtet, reine Jungengruppen und eine Jungenerziehung bedeute einen Rückfall in „alte Zeiten" der Geschlechtertrennung. Hier gilt es deshalb auf den reflektierenden Charakter von Jungenarbeit hinzuweisen und über ein Missverständnis aufzuklären: Dass man „immer schon mit Jungen" gearbeitet hat in der Heimerziehung, heißt nicht, dass dies eine bewusste Jungenarbeit bedeutet hätte. Deshalb bedeutet der Einstieg in den Jungenarbeit keineswegs einen Rückfall in etwas Bekanntes und Überwundenes, sondern etwas Neues.

Familienanaloge Erziehungsangebote kritisch reflektieren

Heimerziehung hat sich im Gefolge der Heimreform zunehmend als familienanaloges Erziehungsangebot verstanden. Die familienähnlichen Gruppen(strukturen) sollten unter anderem das Etikett der beziehungsarmen und von Verlegungsprozessen gekennzeichneten, öffentlich initiierten „Zwangserziehung" relativieren helfen. Während die Paradoxien und Widersprüche einer solchen Strategie häufig thematisiert worden sind (u.a. Bühler-Niederberger 1999), bleiben die aus der Familienorientierung ebenso resultierenden Auswirkungen für die *Geschlechtererziehung* im Heim weitgehend undiskutiert: Konzeptionen zur Heimerziehung neigen offenbar dazu, das Geschlechterthema einseitig im „traditionellen" Familienthema aufzulösen (Bange 2004). Die Erziehungshilfen sind aus ihrer Tradition heraus (familienergänzend, familienersetzend) nach wie vor auf jene familienanaloge Modelle bezogen – was unmittelbar auf die Geschlechterrepräsentation innerhalb der Erziehungshilfen zurück wirkt. Zuvor gelernte, praktizierte und verinnerlichte Rollenmuster drohen „familienanalog" wiederholt zu werden, die „Heimerziehung reproduziert in vielen Bereichen die unkritische Übernahme tradierter Geschlechtsrollen" (Hartwig 2001, S. 60). Dies spiegelt sich in Ansätzen traditioneller Arbeitsteilung in familienähnlichen Wohngruppenarrangements ebenso wider wie in der Tatsache, dass der Anteil der Mädchen an den Erziehungshilfen steigt, je stärker diese Hilfe auf die Familie ausgerichtet ist (Weber 1999). Die empirischen Befunde (vgl. 10.1) geben etliche Hinweise für geschlechterstereotype Ausrichtungen, hinter denen „die individuellen Problem- und Bedürfnislagen der Mädchen [und Jungen, M. B.] zurück zu stehen" (Weber 1999) drohen.

Stärker auf die Wünsche von Jugendlichen eingehen

Innerhalb der Jugendarbeit stimmen die Jugendlichen mit den Füßen über die jeweiligen Angebote ab: Wenn ihnen die Angebote nicht passen, kommen sie einfach nicht. Jungenarbeit wurde daher in der Jugendarbeit zu einem innovativen Angebot, um Jungen ein passendes Angebot zu machen. Innerhalb der Erziehungshilfe fehlt ein solcher „Innovationsdruck" von Seiten der Jugendlichen häufig. Heimerziehung besteht nur sehr bedingt auf der Grundlage einer aktiven Nachfrage der Adressaten (Bürger 2001, S. 658). Umso wichtiger ist es, die Wünsche der Jungen bezüglich einer reflektierten Jungenarbeit abzuklopfen und zu fragen, welche Formen der Jungenarbeit sie sich wünschen – um dies dann aufzugreifen. Wenn man in den Erziehungshilfen wartet, bis die Jungen von sich aus genau benennen, welche Jungenarbeit sie wollen, kann man vermutlich lange warten.

Jungenarbeit nicht (nur) als Kosten-Nutzen-Rechnung und Label verstehen

Der Kostendruck im Bereich der Hilfen zur Erziehung wirft auch die Frage nach den finanziellen Ressourcen für Jungenarbeit auf. Im Kontext mit ökonomischen Krisen und gesellschaftlichen Unsicherheiten führt eine solche Verknappung in der Regel dazu, dass traditionelle Zuschreibungen als funktional und stabilisierend gelten und deshalb zunehmend weniger Interesse besteht an einer kritischen Auseinandersetzung mit Geschlechterrollen – oder schlicht keine personellen und finanziellen Ressourcen mehr zur Verfügung stehen.

Dies könnte dazu führen, dass Jungenarbeit nicht primär aus fachlichem Interesse durchgeführt wird, sondern nur noch dann, wenn sie marktgerecht zu nutzen ist: „Dieses findet besonders im Feld der Erzieherischen Hilfen statt, in dem sich die Institutionen von dem Label Jungenarbeit bessere Marktchancen erwarten. Jungenarbeit wird nicht gemacht aus eigener Einsicht der Institutionen in die Probleme ihrer männlichen Klientel, sondern wird veranstaltet, wenn es dafür Geld gibt" (Sturzenhecker 2002, S. 327). Jungenarbeit, so ergänzen Bentheim u. a. (2004, S. 93), werde oftmals eher „als Schlüsselbegriff für die Außendarstellung benutzt […], denn als interne konzeptionelle

Überzeugung“ (Bentheim u. a. 2004, S. 93). Mit einem solchen Vorgehen kann sich die Jungenarbeit vielleicht kurzfristig etablieren, doch fehlt ihr die fachliche Weiterentwicklung: Dies verhindert wiederum eine dauerhafte Etablierung in Feldern der Erziehungshilfe. Daher ist zu fordern, Jungenarbeit auch dort voranzubringen, wo sie sich nicht unmittelbar „auszahlt“ bzw. wo sie zunächst keinen Label-Gewinn verspricht.

Außenimpulse schaffen durch eine öffentliche Debatte

Der Debatte um Jungenarbeit in den Erziehungshilfen fehlt nach wie vor der Außenimpuls und damit ein gesellschaftliches Bewusstsein über die Notwendigkeit einer Auseinandersetzung mit männlicher Identität und Lebenspraxis (Sturzenhecker 2002, S. 326). Ein solcher gesellschaftlicher Außenimpuls wäre dringend notwendig, um die geschlechterspezifische Entwicklung von Jungen pädagogisch aufgreifen zu können – so wie die Mädchenarbeit ohne eine starke Frauenbewegung nicht möglich gewesen wäre.

Durchsetzung fachlicher Standards der Jungenarbeit

Ein letzter Grund besteht in der bislang fehlenden Durchsetzung fachlicher Standards von Jungenarbeit (Scherr 2002, S. 300). Dass eine „dem Stand der internationalen wissenschaftlichen Forschung und Theoriebildung entsprechende Fundierung der Jungenarbeit“ (ebd., S. 306) noch aussteht, trägt zumindest mit dazu bei, dass sich die Konzepte der Jungenarbeit bislang noch nicht im nötigen Maße durchgesetzt haben – eben auch und vor allem nicht in den Erziehungshilfen. Die Forderung lautet dementsprechend, Forschung und fachliche Qualitätsentwicklung deutlich zu steigern.

Zusammenfassung

Ausgehend von empirischen Befunden lassen sich zum Teil deutliche geschlechterbezogene Unterschiede bezüglich der Indikatoren, des Verlaufs und der Beendigung von Erziehungshilfen zeigen (10.1). Dabei sind Jungen in den Erziehungshilfen zwar quantitativ überrepräsentiert, doch zugleich werden die Probleme der Jungen nicht ausreichend qualitativ aufgenommen im Kontext von deren Geschlechterbiografie. Zu fordern ist deshalb ein Abbau des Denkens in unproduktiven Gegensätzlichkeiten sowie eine weitere geschlechterreflektierende Qualifizierung der Erziehungshilfen (10.2). Der kaum ausgeprägte geschlechtsspezifische Blick auf die Lebenslagen von Jungen korrespondiert zudem mit der geringen Beachtung der Jungenarbeit in den Handlungsfeldern der Erziehungshilfen. Hier sind verschiedene Ansätze denkbar, um die noch geringe Etablierung von Jungenarbeit voranzubringen (10.3): Konkretisierungen auf die Handlungsfelder und die Überwindung von Abwehrreaktionen gehört ebenso dazu wie die Durchsetzung fachlicher Standards oder das Eingehen auf die Wünsche der Jungen. Deutlich wird, dass die Etablierung von Jungenarbeit auf verschiedenen Ebenen angesiedelt sein muss: Der Ebene des konkreten Handelns, der Ebene der Institutionen sowie der Ebene der Öffentlichkeit.

11. Spezifische Themenfelder der Jungenarbeit in den Hilfen zur Erziehung

In diesem Kapitel soll zunächst verdeutlicht werden, warum die Jungenarbeit in den Erziehungshilfen ein zentrales Reflexionsmerkmal darstellen sollte und kann (11.1). Anschließend wird, davon ausgehend, auf einige jener lebenslagenbezogenen Themen hingewiesen, die für Jungen häufig relevant sind. Daraus wiederum lassen sich die Themen der Jungenarbeit für die Erziehungshilfen ableiten. Skizziert werden folgende Themen: Gesundheit, Krankheit, Körperempfinden (11.2); Sexualität (11.3); Krisen und Krisenbewältigung (11.4); Schule, Arbeit, Lebensplanung (11.5); Fremdheit und Interkulturalität (11.6); Generation (11.7) sowie Freundschaft und Liebe (11.8). Diese Themen können freilich nicht verallgemeinert werden und betreffen einen einzelnen Jungen immer in unterschiedlichen Anteilen.

Anhand der benannten Themen lässt sich eine zentrale Absicht des Kapitels schon erkennen: Sie fokussieren nicht auf gängige Indikationen und Problemlagen der Erziehungshilfen. Dadurch soll verhindert werden, dass Jungenarbeit in den Erziehungshilfen einseitig als Präventionspädagogik für die „armen Jungs“ oder die „problematischen Jungs“ verstanden wird. Die skizzierten Themen sind zudem im Hinblick auf die Reflexionsbedürfnisse der Erziehungshilfen ausgewählt.

11.1 Vorbemerkung: Die besondere Bedeutung der Jungenarbeit für die Praxis der Erziehungshilfen

Zwar ist die *Resonanz* von Jungenarbeit in den Erziehungshilfen gering (vgl. Kap. 10), doch zugleich scheint die *Notwendigkeit* von Jungenarbeit besonders hoch zu sein: Vier Gründe sprechen jedenfalls dafür.

Lebenswelt

Im stationären Bereich, in der Tagesgruppenerziehung sowie im Rahmen der sozialpädagogischen Einzelbetreuung (Beistandschaft oder § 35 KJHG) begleiten die Fachkräfte die Jungen häufig sehr intensiv: Sie begleiten ihren lebensweltlichen Alltag –zumeist unmittelbarer, als dies etwa in der Jugendarbeit oder der Schule der Fall sein kann. Dementsprechend wird auch das geschlechterbezogene Verhalten der Jungen deutlicher und direkter erfahrbar.

Marginalisierung

Insbesondere die Erziehungshilfen haben es häufig mit Jugendlichen zu tun, die infolge gesellschaftlicher Umbrüche mit Marginalisierungserfahrungen konfrontiert sind. Dazu gehören etwa Armut, Arbeitslosigkeit, prekäre Wohnsituationen, erodierte Familienstrukturen etc.. Jungen aus marginalisierten Schichten müssen damit rechnen, „oft und nachhaltig zu unterliegen. Sie haben kaum Aussichten auf attraktive gesellschaftliche Positionen und wissen das auch. Es wird ihnen, z. B. von Pädagogen in der Erziehungshilfe, z. B. im Rahmen der Perspektivplanung oft genug klar gemacht“ (Wieland 2005, S. 146).

Diese Mischung aus brüchigem Selbstwertgefühl, Ressourcenarmut sowie geringen Bildungs- und Teilhabechancen spiegelt sich in der Geschlechteridentität und reproduziert sich dort. Konkret: Marginalisierungserfahrungen können durch ein tradiertes Geschlechterrollenmuster zu kitten versucht werden. Zur Bewältigung von Belastungen wird auf Stereotype zurückgegriffen, die Jugendlichen „in ihrer Identitätssuche Sicherheit und die Anerkennung, ‚richtig‘ zu sein, vermitteln können – z. B. greifen Jungen auf Gewaltanwendung zurück, z. B. sexualisieren Mädchen ihre Erscheinung oder beginnen krankhaft zu fasten“ (Bitzan 2004, S. 461). Der Mangel an Halt und Orientierung führt also zu diesem Rückgriff auf Klischees (Puchert/ Höyng 2004, S. 105). Wenig Ressourcen zur Identitätsbildung oder Krisensituationen verleiten dazu, „sich möglichst in die vorhandenen Bilder einzupassen“ (Bitzan 2004, S. 468). Diese versprechen Erleichterung und Bewältigungshilfe bei den Unsicherheiten der Identitätsfindung. Empirische Arbeiten bestätigen diesen engen Zusammenhang von sozialer Lebenslage und

Geschlechterrolle (u. a. Liebau 1992; Zimmermann 1998). Kurzum: Weil die Erziehungshilfe häufig mit Kindern und Jugendlichen zu tun hat, die von Benachteiligung und Marginalisierung betroffen sind, spielt die Geschlechtlichkeit hier eine besondere Rolle bei der Entwicklung einer stabilen Identität.

Integration

Hilfen zur Erziehung haben einen Integrationsauftrag. Dieser bezieht sich natürlich auch auf Unterstützung bei der Entwicklung einer geschlechtlichen Identität und Integration.

Hier brauchen Mädchen und Jungen Hilfestellungen und Orientierungen: Denn einerseits wird ihnen eine hohe Individualität versprochen („jeder kann so sein, wie er will"), doch andererseits erleben sie die engen Grenzen des gesellschaftlich „erlaubten" Entwurfs einer individuellen Geschlechtlichkeit. Durchsetzungsfähigkeit und mutig sollen Jungen sein – aber nicht übertreiben und sich mit zu sanktionierender Gewalt durchsetzen. Viele Jungen fühlen sich in der Diskrepanz von großen Versprechungen (auf individuelle Lebensgestaltung) einerseits und den tatsächlich geringen gesellschaftlichen Chancen andererseits verunsichert (Puchert/Höyng 2004, S. 105).

Erziehungshilfen kommt hier die Aufgabe zu, eine angemessene Integrationsleistung mitzugestalten (Hartwig 2001, S. 63 f.). Dies gilt für die geschlechterbezogenen Dimensionen von Verteilungskämpfen im Ausbildungssektor ebenso wie bezüglich der Integration von (alternativen) Lebensentwürfen: Bislang ist es häufig so, dass sich Mädchen in die Frauenrolle als Mutter zurückziehen, während Jungen oftmals vergeblich dem Ideal männlicher Berufstätigkeit (autonome, dauerhafte Tätigkeit im Status des Familienernährers) nacheifern und sich alternativ dazu keine Wege eröffnen (vgl. 11.5). Dabei machen Wandel und Entwertung der traditionellen Geschlechterrolle während der vergangenen 30 Jahre (ökonomisch, sozial, beruflich) vor allem jenen Jungen zu schaffen, die wenig integriert und marginalisiert sind.

Erziehungshilfe leistet also einen Beitrag, Benachteiligung und Diskriminierung, die partiell auch durch Geschlechtszugehörigkeit entsteht, auszugleichen (Hartwig 2001, S. 60).

Gute Voraussetzungen

Die Erziehungshilfe verfügt über gute Voraussetzungen, Jungenarbeit dauerhaft pädagogisch zu etablieren: Die meisten MitarbeiterInnen haben Interesse an der Umsetzung von Jungenarbeit – jedenfalls konnte eine Projektstudie „eine durchgängig hohe Bereitschaft zur konzeptionellen Auseinandersetzung mit Geschlechterpädagogik feststellen“ (Winter/Neubauer 2001, S. 65). Bezüglich der institutionellen Bedingungen ließe sich die Jungenarbeit ebenfalls gut einfassen in die Arbeitsfelder der Erziehungshilfen: Verbindlichkeit in der pädagogischen Betreuung, eine Ziel- und Aufgabenplanung im Kontext des Hilfeplanverfahrens, relativ klar definierte Handlungsorte sowie die Möglichkeit zu gruppenpädagogischen Settings.

Die Bedeutung, die Jungenarbeit in den Erziehungshilfen einnimmt, weist darauf hin, dass eine fachliche Entwicklung der Jungenarbeit *möglich* und dringend *notwendig* ist. Dazu braucht es aber Themenfelder, mit denen sich die Jungenarbeit in der praktischen Arbeit der Erziehungshilfe umsetzen lässt.

11.2 Körper(empfinden): Gesundheit und Krankheit als Jungenthemen

Körperlichkeit als „Ausweis des Mannseins“

Der Körper eines Menschen ist keine „neutrale Hülle“. Im Gegenteil: Über den Körper präsentieren Jungen und Männer ihren „Ausweis den Mannseins“. Schon früh lernen und erkennen Jungen Gesten, die als typisch für einen männlichen Körperausdruck gelten: Dass ein Junge seinen Körper zum Rangeln einsetzt ist zum Beispiel viel akzeptierter als bei Mädchen. Wie ein Junge oder Mann läuft, sitzt und sich bewegt, erkennt man oft schon von weitem – auch ohne schon genau erkennen zu können, dass es sich tatsächlich um einen Jungen handelt. In der Fachliteratur heißt eine solche soziale Repräsentanz des Körpers auch inkorporierte („einverleibte) und habituelle Geschlechterrepräsentanz (allg. Helfferich 1989). Der Körper wird damit ein für den Alltag zuverlässiger „Wissens- und Erfahrungsspeicher“ (Villa 2001, S. 51), wie man sich als Junge zu zeigen hat.

Insbesondere in der Jugendphase mit all ihren Unsicherheiten sind die jeweiligen Körperbilder eng verbunden mit dem Bewusstsein der eigenen Identität als Junge oder junger Mann (vgl. allg. Kolip 1997). Wie Jungen nun aber mit ihrem Körper umgehen – mit welchen „Repräsentanzen" sie ihn belegen – ist sehr unterschiedlich. Für alle Jungen gilt aber, dass sich der Körper etwa ab dem 10. Lebensjahr rasant verändert: Dieser pubertäre Wachstumsschub macht es notwendig, sich ein Körperbild zu entwerfen: Was für ein Junge bin ich, was ist das Besondere an meinem Körper, wie sehe ich mich selber, wo sind meine Stärken und Schwächen? Diese Bewertungen des eigenen Körpers nennt man auch „body images". Diese body images sind häufig durchsetzt mit Idealvorstellungen und dem starken Wunsch danach, solchen „Idealbildern" (z. B. Verdrängung von Schmerz, s. u.) nachzueifern.

Gesundheit und Krankheit

Einerseits gilt vielen Jungen ihr Körper als unverletzlich, als potent und stark. Innerhalb dieses Stereotyps vom „starken Geschlecht" existiert die Möglichkeit von Verletzlichkeit des männlichen Körpers kaum (Weikert 1999) – auch in der öffentlichen Wahrnehmung: „Indianer kennt keinen Schmerz" heißt es oft, oder: „Stell dich nicht so an, du bist doch ein Junge". Der Körper und seine Tauglichkeit werden somit zum Modell des eigenen Selbstbewusstseins. Jungen sehen in der Werbung, in Spielfilmen, bei Spielwaren- und PC-Produkten usw. immer wieder Rollenvorbilder, die als unverletzlich, stark, makellos und unabhängig von anderen und eigenen Gefühlen erscheinen. Jungen sehnen sich mitunter nach solchen (unrealistischen) Körperbildern, weil diese eine eindeutige und offenbar hoch geschätzte Form des Mannseins beinhalten.

Andererseits stehen dieser Selbsteinschätzung mittlerweile zahlreiche empirische Studien zur Jungen- und Männergesundheit entgegen, die eher auf das Gegenteil hinweisen:[1] Weil sich Jungen entsprechend dem Körperideal auch wild und stark verhalten, passieren mehr Unfälle. Weil Schmerzen verdrängt

1 Vgl. zum Folgenden v. a.: Schnack/Neutzling (1990, S. 101 ff.); Goldschmidt 1996; Mabuse 2000; BMFSFJ 2002, v. a. S. 356 f.; Altgeld 2003; Paritätisches Bildungswerk 2004.

(„Indianer kennen keinen Schmerz“) und Krankheiten erst spät behandelt werden, sind Jungen in fast allen Krankheits- und Unfallstatistiken überrepräsentiert.

Ein Blick in die Sterbestatistik von Kindern und Jugendlichen kann dies exemplarisch verdeutlichen: Auf ein Mädchen sterben 1,2 Jungen durch infektiöse Krankheiten, 1,5 Jungen durch Erkrankung der Atemorgane, 2,7 Jungen durch Verletzungen und 3,8 Jungen durch Suizid. Insgesamt starben etwa 1999 in Deutschland 4.479 Jungen zwischen fünf und 25 Jahren – gegenüber 1.824 Mädchen (Puchert/Höyng 2004, S. 107). „Als Fazit der Mortalitätsraten kann man (...) behaupten, dass Männer [und Jungen, M.B.] weitaus riskanter und gefährlicher leben als Frauen“ (Goldschmidt 1996, S. 71).[2]

Die Ergebnisse der empirischen Studien zeigen also, so folgern Hofstadler/Buchinger (2001, S. 254), „welch immenser Druck mit der Aufrechterhaltung des Konstrukts Männlichkeit – individuell wie kollektiv – verbunden ist“.

Trotz dieser Krankheitsdaten *sinkt* ab etwa dem siebten Lebensjahr die Arztbesuchsquote bei den männlichen Jugendlichen und jungen Erwachsenen im Vergleich zum anderen Geschlecht zunehmend (Kolip 1997). Nach Kolip stellt dies eine Folge von Konkurrenzdenken dar und bildet den Ausdruck eines befürchteten Ansehensverlustes in der Öffentlichkeit sowie einer Infragestellung der eigenen Männlichkeit: Krankheit bedeutet das Eingeständnis, dass der männliche Körper eben nicht unverletzlich ist. So gesellt sich zur Krankheitsanfälligkeit noch die fehlende Prävention. Dies zusammen führt schließlich zur geringeren Lebenserwartung sowie zu vermehrten gesundheitlichen Risiken.

Risikoverhalten

Eine besonders für die Hilfen zur Erziehung relevante Verhaltensweise des Körperumgangs bildet das Risikoverhalten: Dadurch werden Jungen zur Gefahr zu andere und bringen sich selber in Gefahr. Das Stereotyp der körperlichen Unverletzlichkeit wird an seinen Grenzen ausgetestet.

2 Unterrepräsentiert bei den Krankheitsdaten sind Jungen hingegen bei Essstörungen und (anderen) auto-aggressiven Verhaltensweisen.

Durch das Risiko- oder Thrill-Verhalten soll aber zumeist nicht Männlichkeit unter Beweis gestellt (wie häufig angenommen), sondern interessanterweise ein Konzept von Männlichkeit erst *hergestellt* werden: Mit diesen Grenzerfahrungen nämlich kann das Ideal des Männlichen (etwa Mut oder Leistung) produziert und erprobt werden. Jungen bringen sich dazu absichtlich in Gefahr – etwa durch das „S-Bahn-Surfen“, durch riskante Kletterspiele, durch das Springen von großen Höhen, das Spielen auf Eisflächen oder in Gewässern, durch riskante Sportarten.

Ästhetisierung

Risikoverhalten und die geringe Beachtung von körperlichen Krankheiten ist jedoch nur die eine Seite des Umgangs von Jungen mit ihrem Körper. Neben den damit verbundenen, traditionellen Körperbildern (klassisch etwa bei Figuren wie „HeMan“ oder der „Marlboro-Werbung“) wird seit einigen Jahren der männliche Körper auch als Ausweis von Ästhetik, Pflege und Gesundheit entdeckt: In der Werbung (Körperpflegemittel) oder bestimmten Magazinen („Men’s Health“) wird ein Körperbild gezeigt, das den Jungen (Normalisierungs-)Druck macht: Männliche Köper sind hier die perfekte Mischung aus Athletik, Stärke, aber auch Zartheit und Schönheit. Die letztgenannten Attribute sind auch durch die so genannten Boygroups in den 90er Jahren populär geworden: Dabei wurden von Seiten der Musikindustrie Jungen(körper)bilder entworfen, die durch Schlankheit und Eleganz, bisweilen auch durch Androgynität und angedeuteter Homosexualität gekennzeichnet waren (und sind). Aber auch dieses Körperbild, das gleichermaßen von Mädchen und Jungen bewundert wird, ist für die meisten Jungen nicht erreichbar.

Immer mehr Jungen versuchen dennoch diese Vorbilder zu erreichen und betreiben eine Ästhetisierung ihres Körpers. Das Stylen vor dem Disco-Besuch, der Einsatz von Schlankheitsmitteln und Appetitzüglern, die Auswahl der „richtigen“ Kleidung, des richtigen Parfüms oder die perfekte Frisur sind längst nicht mehr allein die Domäne von jungen Frauen. Das Stereotyp der Vernachlässigung von Aussehen und Körperhygiene gilt bei Jungen schon lange nicht mehr. Dies hat zur Folge, dass auch vormals „typisch weibliche“ Folgen einer *krankhaften*

Körperinszenierung längst auch Jungen und junge Männer erreicht haben; Küllmer (1993) weist dies etwa am Thema der Essstörungen nach.

Behinderung

Das Thema Behinderung (Jantz 2003, S. 83) wird innerhalb der Jungenarbeit noch kaum thematisiert. Weil eine Behinderung allerdings das traditionelle Konzept der Männlichkeit in Frage stellt, löst dieses Thema Ängste vor Begrenzung des Männlichen aus und wird deshalb häufig abgewertet. Vor allem in den Jungengruppen haben behinderte Jungen oft Anerkennungsprobleme. Da es aber gerade die Erziehungshilfe auch mit integrativen Gruppen oder mit „Lernbehinderungen" zu tun hat, wäre das Thema der Behinderung zukünftig verstärkt aufzugreifen.

11.3 Sexualität

Sexualität und männliche Identität

Fragt man Fachkräfte der Erziehungshilfe nach ihren Erfahrungen und Assoziationen zum Thema „Jungensexualität", so sind die Antworten zwar durchaus geprägt durch das Bemühen, Jungensexualität zu verstehen, doch zugleich wissen die meisten vor allem von Problemen zu berichten (Winter/Neubauer 1998, S. 68 ff.): Dominanzausübung, Abwertungen, Normalitäts- und Cliquendruck oder provozierende Sprache gelten als die sichtbar problematischen Seiten des Umgangs von Jungen mit sexuellen Themen. Gleichwohl drückt sich darin aus Sicht der Jungen das Schwanken der Gefühle zwischen Allmacht und Ohnmacht aus, weil Themen der sexuellen Identität ein hohes Potenzial an Verunsicherung in sich bergen. Dies liegt darin begründet, dass die männliche Identität sich noch immer stark über die Sexualität definiert.

Sexualität ist als wichtige Form der Selbstbestätigung außerdem mit einem starken Konkurrenz- und Leistungsdruck in den Jungencliquen und gegenüber Mädchen verbunden. Ängste und Zweifel zu thematisieren fällt deshalb vielen Jungen schwer und wird hinter Imponiergehabe und Abwertung versteckt. Durch die Abwertung des Weiblichen oder des Homosexuellen wird also der gesellschaftliche Normalisierungsdruck über „das

Männliche“ ebenso zu bewältigen versucht wie die Verunsicherung bezüglich der eigenen körperlich-sexuellen Entwicklung.

Jene Abwertungstendenzen dem Weiblichen oder dem Homoerotischen gegenüber bringen Jungen oft in eine schwierige Situation: Sie erhalten auf Dauer wenig positive Rückmeldung und Anerkennung, was ihre Unsicherheit noch steigert. Daraus können weitere Abwertungstendenzen als Möglichkeit der Identitätsherstellung folgen. Dies bedeutet für die Jungen einen Kreislauf, aus dem sich nicht mehr herauskommen (Winter/ Neubauer 1998, S. 357): Die Abwertung von anderen wird zum Muss für die eigene Identitätssicherung.

Insbesondere für *marginalisierte und benachteiligte Jungen* kann die sexuelle Selbstinszenierung enorm wichtig werden: Innerhalb der Schulkarriere, dem beruflichen Status oder der sozialen Kompetenz haben Jungen aus dem Adressatenkreis der Erziehungshilfe meist viele Niederlagen erlitten oder erleben sich als benachteiligt. Dies kann das Thema Sexualität in den Vordergrund rücken lassen: Über die Sexualität wird dann ein sozialer Status (innerhalb der Jungengruppe sowie Mädchen gegenüber) oder eine Selbstbestätigung zu erreichen versucht, den benachteiligte Jungen in anderen Bereichen kaum erreichen können. So ist es kaum verwunderlich, dass die Inszenierung der Sexualität dann bei diesen Jungen oft „übertrieben“ und dominant ausfällt.

Allerdings: Weil immer allzu schnell auf die problematischen Verhaltensweisen von Jungen geschaut wird, werden viele stille Jungen mit ihrem Erleben von Sexualität übersehen. Etliche Jungen reagieren auf die beschriebenen Herauforderungen an eine Identitätsbildung nämlich nicht dominant oder abwertend, sondern mit Rückzugsstrategien: Sie trauen sich nicht, ihre Sexualität in irgendeiner Form auszudrücken und sind gehemmt von der Angst, ausgelacht zu werden oder den imaginären Bildern von Aktivität und Potenz nicht genügen zu können.

Geringes Wissen der Jungen

Die geschilderte Problematik korrespondiert mit dem geringen Wissen der Jungen (und bisweilen der Fachkräfte) über die sexuelle Entwicklung. Man muss insgesamt (Winter/Neubauer

1998) von einer geringen aktiven Aufklärung ausgehen. Darüber hinaus nennen nur 30 % ihren Vater als Vertrauensperson, mit dem man über sexuelle Themen sprechen könne (bei Mädchen und ihren Müttern sind es fast 70 %), während 21 % der Jungen (Mädchen: 13 %) über gar keine Ansprechperson bezüglich sexueller Themen verfügen (vgl. ebd.). Dieses Problem dürfte sich für viele Adressaten der Erziehungshilfe noch verschärfen, weil diese überdurchschnittlich häufig aus Ein-Eltern-Familien oder neu zusammengesetzten Familien stammen.

Eklatant sind die Wissenslücken vor allem bei den medizinischen Aspekten von Jungensexualität (Sexualstörungen, Erektionsstörungen, Geschlechtskrankheiten, Penis- und Hodenerkrankungen wie Phimose, Nebenhodenentzündung etc.). Gerade die Krankheiten männlicher Sexualität scheinen einer weitreichenden Tabuisierung zu unterliegen und werden allein als medizinisches Spezialthema behandelt.

Entsprechend wird auch in den Erziehungshilfen das Wissen um Jungensexualität und das sexualpädagogische Handeln eher als Spezialistenthema angesehen und auf andere Instanzen verwiesen (Medizin, Jugendbildung). Demgegenüber sind Grundlagen der Sexualpädagogik als Thema der Erziehungshilfen unerlässlich, will man Jungen in ihrer Identitätsentwicklung verstehen.

Homosexualität

Verlässliche Zahlen über homosexuelle Jungen gibt es nicht. Doch man kann davon ausgehen, dass homoerotische Erfahrungen im Jugendalter durchaus verbreitet sind und viele Jungen betreffen – ohne dass diese dann dauerhaft homosexuell leben würden.

Der Umgang mit Homosexualität ist von einer tiefen Widersprüchlichkeit gekennzeichnet: Öffentlich und in einigen sozialen Milieus gilt Homosexualität als „chic“ und toleriert; in den Medien ist es ein häufig gewähltes Thema. Für viele Jungen (und Männer) ist Homosexualität aber nach wie vor ein starker Normverstoß; dies gilt vor allem für Jungen in der Pubertät, die nach einer normkonformen Orientierung zur Stabilisierung ihrer Identität suchen. Daher wird Homosexualität von vielen Jungen abgewertet – es vergeht kaum ein Tag in einer Jungenclique, an dem nicht irgendein Junge als „schwule Sau“ tituliert wird. Vor allem homosexuelle Jungen stehen deshalb unter großem Druck, aber auch intensive und emotional enge Jungenfreundschaften geraten in den Verdacht des Homoerotischen – eine Akzeptanz wie bei Mädchenfreundschaften („Busenfreundinnen“) ist bei Jungenfreundschaften kaum möglich. Jungen erleben hier Abwertung und Diskriminierung.

In den Erziehungshilfen fristet das Thema Homosexualität eher ein Randdasein, es wird nur vereinzelt aufgegriffen, aber nicht konzeptionell. Zudem wollen MitarbeiterInnen Jungen nicht bloßstellen oder isolieren (allen ist klar, was es heißt, wenn Jungen in Verdacht geraten, schwul zu sein) und sprechen das Thema deshalb nicht an. Sicher spielen auch eigene Unsicherheiten eine Rolle. Darüber hinaus wollen sich auch die meisten homosexuellen *Mitarbeiter* nicht outen aus Angst vor den Reaktionen der Jungen (Akzeptanzverlust) oder vielleicht sogar, weil sie fürchten, ihnen könnten sexuelle Interessen unterstellt werden.

All diese Gründe machen es schwer, Homosexualität als Thema der Erziehungshilfen zu etablieren und schwulen Jungen (bzw. Jungen, die homoerotische Erfahrungen machen) eine Gesprächs- und Reflexionsmöglichkeit anzubieten. Daher kann es nur darum gehen, Räume zu schaffen, um mit den Jungen vorsichtig (und eher in Einzelgesprächen) über sexuelle Erfahrungen und Orientierungen zu reden. Es geht darum, Offenheit zu signalisieren für diese Themen, ohne die Jungen zu bedrängen und sie damit in schwierige Situationen in der Gruppe zu bringen.

Für die Hilfen zur Erziehung: Herausforderungen und Themenvorschläge

Bezüglich des Themas Sexualität stehen die Fachkräfte in der Jungenarbeit vor großen Herausforderungen: Das mitunter schwierige Verhalten der Jungen gilt es zu verstehen und zu dechiffrieren mit der Frage: Was verbirgt sich dahinter, was wollen uns die Jungen mit diesem Verhalten von sich sagen? Darüber hinaus geht es um die notwendige Offenheit sexuellen

Themen gegenüber, was besonders beim Themenkreis „Homosexualität" schwierig ist.

Im Folgenden sollen einige Themen zur Jungensexualität, die in unterschiedlichen Praxisberichten immer wieder als für Jungen besonders interessant angesehen werden, stichwortartig benannt werden.

- Wissensfragen: Diese beziehen sich vor allem auf verschiedene sexuelle Praktiken und die Frage danach, was „normal" ist.
- Phantasien: Jungen haben oft ein Bedürfnis danach, Phantasiegeschichten zu entwickeln, Stories und Abenteuer gedanklich zu entwerfen (Winter/Neubauer 1998, S. 242 ff.). Diese können pädagogisch aufgenommen und bearbeitet werden (als mögliches Material vgl. BZgA 2003).
- Die ersten Erfahrungen: Hier steht die damit verbundene Unsicherheit und die Fragen „wie das eigentlich geht" bzw. wie man es „eigentlich richtig macht" im Vordergrund.
- Der Umgang mit Sexualität in Medien und Öffentlichkeit, die diversen Formen der öffentlichen Inszenierung und was diese Inszenierungen für die Jungen bedeuten.
- Die Frage, wie man über Sexualität redet: Jungen befinden sich hier zwischen ihrer eigenen Sprache, öffentlichen Redeweisen über Sexualität, Anmache und Abwertung. Sie sind auf der Suche nach den richtigen Worten um ihre Gefühle auszudrücken.
- Durch die Funktion der Abwertung des Homosexuellen kann dieses Thema zumeist erst nach längerer pädagogischer Arbeit mit den Jungen aufgegriffen werden.

11.4 Krisen und Krisenbewältigung

Wer in den Arbeitsfeldern der Erziehungshilfen tätig ist, hat es nicht selten mit Jugendlichen zu tun, die sich in schwierigen, ja sogar krisenhaften Phasen befinden. Dass diese Krisen eben auch aus geschlechterreflektierender Perspektive zu betrachten sind, ist bereits begründet worden – das Bewältigungsverhalten von Krisen ist explizit männlich bzw. weiblich (mit-)strukturiert. Mit Blick auf die Jungensozialisation macht es nun Sinn, zwischen den *auffälligen* sowie den *unauffälligen* Krisen zu unterscheiden. Diese Unterscheidung ist deshalb wichtig, weil in der Regel allein die auffälligen, nach außen gerichteten

Verhaltensweisen von Jungen zur Sprache kommen – die dann wiederum als „die typischen“ Verhaltensweisen von allen Jungen gleichgesetzt zu werden drohen.

Gewalterfahrung, Konflikt und Delinquenz – die auffälligen Krisen

Die nach außen gerichteten (und damit auffälligen) Krisen gelten bis heute als die zentralen Impulse für Jungenarbeit (allg. Bieringer/Buchacher/Forster 2000; Möller 2004): Gewalt und Delinquenz sind sozialpädagogisch zu bearbeitende Problemlagen, die vornehmlich von Jungen verursacht werden. Knapp 90 % aller Jugendlichen, die nach dem Jugendstrafrecht verurteilt werden, sind männlich (u.a. Scherr 2002, S. 300 f.; Puchert/Höyng 2004, S. 107). Männliche Jugendliche und Männer stellen 95 % der Inhaftierten in Justizvollzugsanstalten (Scherr 2002, S. 301; Scheffler 2005, S. 54). Dabei ist die Zahl der männlichen Straftäter seit 1980 angeblich um 300 % gestiegen und die der weiblichen um 1,4 % gesunken (Schmidt 2006). Die häufigsten Delikte von jungen Männern sind Diebstahl, Sachbeschädigung, Rauschgiftdelikte und Betrug (Scheffler 2005, S. 53). Scheffler kommt in ihrer Arbeit zu dem Schluss, dass der Normalisierungsdruck, ein „richtiger Mann“ zu werden, mit der deutlich erhöhten Kriminalitätsrate bei jungen Männern zusammenhängt: „Männlichkeitsdemonstrationen bergen aufgrund der Kombination mit Gewalthandeln oder anderen Delikten für männliche Jugendliche die Gefahr der strafrechtlichen Verfolgung und Stigmatisierung“ (Scheffler 2005, S. 54).

Aufgrund dieser deutlichen Überrepräsentanz entstanden im Zuge der Etablierung von Jungenarbeit schon früh etliche Beratungs- und Präventionsangebote, die sich mit dem Thema „männliche Gewalt“ befasst haben (u. a. Oelemann/Lempert 1997, aktuell: Drägestein/Grote 2004)). Dies stand unter anderem im Kontext des Rechtsradikalismus-Problems, wobei Rechtsradikalismus als „männliches Problem“ erkannt wurde: Die Hierarchie unter bestimmten Gruppen von Männern sowie die damit verbundene Abwertung von angeblicher Minderwertigkeit bilde, so die Theorie, einen Hintergrund des Rechtsradikalismus (Auinger 2002, S. 79 ff.).

Sind Jungen eindeutig auf der Täterseite von Gewalt und Delinquenz überrepräsentiert, so gilt dies in abgeschwächter Deutlichkeit auch für die Opferseite (u. a. Jantz 2003, S. 80; Drägestein/Grote 2004, S. 6). Jungen und Männer stellen etwa zwei Drittel der Opfer von Mord, Mordversuch und Körperverletzung (Scherr 2002, S. 301), aber auch etwa 80 % der Täter.

Allerdings ist die berechtigte Angst vor Gewalt und das Gefühl der Bedrohung[3] für Jungen nur schwer mitzuteilen, weil dies den Idealen traditioneller Männlichkeit widerspricht. Aus diesem Grunde scheint auch in der gesellschaftlichen Wahrnehmung das Leid und die Angst von Jungen noch nicht ausreichend wahrgenommen zu werden. Dazu zwei, vielleicht zu profane Beispiele: Bei Geiselnahmen etwa wird gefordert, zuerst die Frauen freizulassen (hier wird also, vielleicht ungewollt, die Botschaft mitgeliefert, Männer seien leidensfähiger und könnten Leid und Angst besser wegstecken). Ein zweites Beispiel: Die Bundesregierung zeigt im Jahr 2001 auf einer Plakatserie gegen Gewalt einen geschlagenen Jungen mit der Unterschrift: „Wer geschlagen wird, schlägt zurück“: Es scheint nicht leicht zu sein, Jungen als Gewaltopfer auch tatsächlich *nur als Opfer* zu sehen – und nicht gleich die Täterkarriere zu projizieren.

Auto-Aggression und psychisches Leiden – die unauffälligen Krisen

Viele Jungen reagieren auf ihre Krisen mit „leisen“ Verarbeitungsweisen. Ihnen ergeht es dann ähnlich wie vielen Mädchen, deren Krisen nur unzureichend oder erst sehr spät wahrgenommen werden – sowohl durch ihre Familien als auch durch die Jugendhilfe.

Daher ist es wichtig, diese Jungen mit ihren Verarbeitungsweisen in den Hilfen zur Erziehung nicht aus dem Blick zu verlieren. Zumal Jungen sich seltener als Mädchen von sich aus, etwa in Beratungsstellen melden und ihre Nöte schildern.[4] Darüber

3 Dieses Bedrohungsgefühl ist übrigens neben der Ästhetisierung ein zentraler Grund für den Besuch von Fitnessstudios.

4 Beispielhaft für den Umgang mit Leid und Verzweiflung kann die geschlechterspezifische Deutung jugendlicher Suizidalität genannt werden: Mädchen unternehmen mehr Selbstmordversuche, doch bei den vollendeten Suiziden ist die Jungenpopulation stark überrepräsentiert:

hinaus liegen zu psychosomatischen und auto-aggressiven Verhaltensweisen (Nägelkauen, Haare ausreißen, Essstörungen) aus jungenspezifischer Sicht kaum Forschungsergebnisse vor.

Fasst man diese Gründe zusammen, so wird deutlich, wie leicht die „still leidenden“ Jungen aus dem Fokus der Erziehungshilfe geraten können: Sie melden sich nicht, man weiß wenig über ihre spezifischen Verhaltensweisen und traut ihnen sowieso eher das Laute und Aggressive zu.

Eine Krise, die zumeist unauffällige Verarbeitungsweisen hervorbringt, ist die Erfahrung sexueller Gewalt (Bange/Enders 1997; Aktion Jugendschutz 2000; Ottemeier-Glücks 2003): Die spezifische Verdrängung des sexuellen Missbrauchs hängt mit der Scham der Jungen ebenso zusammen wie mit der Tatsache, dass Leid und Schmerz nicht wahrgenommen werden „dürfen“ (s. 11.2) und wenig Ansprech- und Vertrauenspersonen zur Verfügung stehen (s. 11.3). Zahlen zum sexuellen Missbrauch an Jungen sind aufgrund der Dunkelziffer kaum zu benennen. Nach einer Rechnung von Boehme (1997, S. 219) erleben acht bis 10 % der Jungen sexuellen Missbrauch, Nötigung und/oder sexuelle Gewalt (vgl. auch Drägestein/Grote (2004, S. 6). Aber bei Jungen, die „in Heimen und in Sonderschulen, Rehabilitationseinrichtungen usw. [leben, M.B.] können wir von wesentlich mehr betroffenen Jungen“ (Boehme 1997, S. 220) ausgehen. Deshalb gilt insbesondere für die Erziehungshilfen, das Tabu sexueller Missbrauch noch weiter zu durchbrechen. Dazu gehören:

- Verdachtsmomente müssen benannt und dürfen nicht aus Angst oder Verdrängung verschwiegen werden
- Die geschlechterspezifischen Verhaltensweisen und unterschiedlichen Verarbeitungsformen bei Mädchen und Jungen müssen einbezogen werden

---

Für Mädchen kann der Suizidversuch eine Möglichkeit des Hilferufs darstellen, für Jungen bedeutet er ungleich häufiger das (nicht durch Hilferufe thematisierte oder nicht wahrgenommene) Ende einer Not- und Leidenszeit, aus der sie keinen anderen Ausweg sehen als den Selbstmord.

Sucht

Suchtverhalten bildet eine weitere Krisensituation von Jungen; diese kann sich als auffällige, aber auch als unauffällige Krise äußern: Bei den Substanzabhängigkeiten und Suchterkrankungen sind Jungen im Vergleich zu den Mädchen insgesamt überrepräsentiert. Dies gilt vor allem für den Konsum von Alkohol und den damit verbundenen Rauscherfahrungen. Nach Winter/Neubauer (1998; vgl. auch Wieland 1998; Raithel 2004) lassen sich zwei Funktionen des Alkoholgebrauchs unterscheiden: Die *sozialregulative Funktion* zur Errichtung und Erhaltung eines Bildes von Männlichkeit lässt sich in vielen von Männern dominierten Gruppen (vom Schützenverein bis zu den Hobbyfußballern) beobachten. Alkohol hat hier die Funktion einer Stärkung des Zusammenhalts, des gemeinsamen Erlebens von Spaß und Gemeinschaft, sogar der Initiation und des Statusübergangs in bestimmte Gruppen und Formen von Männlichkeit: Wer in einer Männergemeinschaft wie dem Schützenverein oder der Fußballabteilung zum ersten Mal Bier trinken darf, ist dadurch aufgenommen in den Kreis der „Großen".

Zudem können durch die sozialregulative Funktion des Alkohols jene Erfahrungen, die dem Bild von Männlichkeit *widersprechen*, durch einen alternativen Männlichkeitsbeweis (Alkohol) zu bewältigen versucht werden: Das gemeinsame Trinken nach einer sportlichen Niederlage oder nach persönlichen Enttäuschungen und Zurückweisungen lassen sich hier als Beispiele nennen.

Die zweite Funktion des Alkoholgebrauchs dient dazu, den eigenen Körper durch extreme Erfahrung zu erleben, um Probleme zu bewältigen oder Ängste zu überwinden. Der Spruch vom „Mut antrinken" weist auf diesen Zusammenhang hin und bezieht sich zumeist auf Unsicherheiten in der Kontaktaufnahme zu Mädchen und Frauen.

Bezüglich illegaler Drogen lässt sich feststellen, dass bei deren Gebrauch Jungen überrepräsentiert sind, allerdings können die vorliegenden Zahlen nicht deutlich machen, wie stark diese Überrepräsentanz ausgeprägt ist (Vogel 2003, S. 35). Insgesamt ist sie sicher geringer als etwa beim Alkoholkonsum. Eine Studie der BZgA (zit. n. Vogel 2003, S. 36) kommt zu dem Ergebnis, dass in der Altersgruppe der 12- bis 25-Jährigen 23 % der Jungen und 12 % der Mädchen schon einmal illegale Drogen konsumiert haben. Überwiegend handelte es sich bei der Droge um Haschisch. Allerdings scheint es beim Gebrauch illegaler Drogen einen altergruppenbedingten Unterschied zu geben scheint: In den jüngeren Altersgruppen sind Mädchen noch vergleichsweise stark vertreten, mit zunehmendem Alter nimmt jedoch der Anteil der Jungen zu. Geschlechterdifferenzierende Konzeptionen der Suchtprävention mit Jungen liegen allerdings erst vereinzelt vor (vgl. aber Weil/Steier-Bertz 1994; Franzkowiak/Helfferich/Weise 1998; Vogel 2003).

Bei nicht-stoffgebundenen Süchten (Kaufsucht, Beziehungsabhängigkeit oder selbstverletzendes Verhalten) sind Mädchen überrepräsentiert. Damit sind auch bezüglich des Suchtverhaltens die männlichen bzw. die weiblichen Bewältigungsmuster ablesbar: Jungen zeigen eher „lautes“, nach außen auffälliges Verhalten (vgl. allg. Sprotte 2003). Sie testen stärker als Mädchen ihre Grenzen im öffentlichen Raum aus – weil das öffentliche Austesten von Grenzen den Jungen zugestanden, ja vielleicht sogar von ihnen erwartet wird.

Eine ausgesprochene Männerdomäne bei den Süchten sind die Glücksspiele. Etwa 80 bis 90 % der Süchtigen sind Männer: Risikoverhalten, Kontrolle, Machtverhalten und die Unverbindlichkeit/Distanz gelten dabei als jene männlichen Zuschreibungen, die durch das Glücksspiel von den Jungen und Männern zu erreichen versucht werden (Vogel 2003, S. 37).

Die Handelnden innerhalb der Praxis der Erziehungshilfen sollten bezüglich des Themas „Sucht“ Folgendes beachten:

- Die geschlechterspezifischen Funktionen von Süchten: Suchtverhalten hängt zusammen mit den als typisch geltenden Zuschreibung von Männlichkeit: Betrunkene Mädchen gelten eher als abstoßend, betrunkene Jungen als „normal“.
- Damit verbunden ist immer die Frage: Welche Probleme (in der Identitätsfindung von Jungen) sollen durch das Suchtverhalten zu bewältigen versucht werden? Bei Jungen ist unter anderem auf den Leistungs- und Konkurrenzdruck (in Verbindung mit der Schwierigkeit, über Probleme sprechen zu können) zu verweisen. Ein Suchtverhalten kann als Bewältigungsstrategie verstanden werden, welches immer verschiedene Ursachen hat. In den Er-

ziehungshilfen müssen diese Ursachen erkannt und ggf. mit einer Suchtberatungsstelle kooperiert werden. Fachkräfte müssen hier also genau entscheiden, bis wieweit ihre spezifische Professionalität reicht und wann andere Hilfen eingeleitet werden müssen.
- Fachkräfte müssen den Mut haben, Anzeichen eines Suchtverhaltens zu thematisieren, auch wenn man sich damit zunächst Unverständnis einhandeln kann: Dass „ein bisschen Saufen bei Jungs einfach dazu gehört" lässt die Grenze zwischen normalem Alkoholkonsum und einem beginnenden Suchtverhalten verschwimmen.

11.5 Schule, Arbeit, Lebensplanung

Hilfen zur Erziehung haben den Anspruch, nicht nur problematisches Verhalten zu korrigieren; sie wollen Perspektiven entwickeln helfen für Kinder und Jugendliche. Es wird versucht, Lebens- und Bildungschancen zu eröffnen, Potenziale zu wecken und Alternativen zu bisherigen Lebensentwürfen als lohnend und möglich erscheinen zu lassen: Dies bezieht sich auch auf das Thema Schule, Ausbildung und den Übergang in den Beruf.

Bezogen auf den beruflichen Weg scheint für viele männliche Jugendliche aus dem Adressatenkreis der Erziehungshilfe die Integration in die Arbeitswelt und damit verbunden die Frage nach einer beruflich-sozialen Perspektive immer schwieriger zu werden. Doch gerade weil die meisten Jugendlichen in ihrer Schulkarriere schon etliche Rückschläge erlitten haben und weil davon ausgehend zunächst wenig Potenzial für Anknüpfung an Ressourcen besteht, wird das Thema der Berufsplanung von besonderer Wichtigkeit für die Erziehungshilfen. Die Jungen sollen darin unterstützt werden, den Übergang von der Schule in das Berufsleben überhaupt bewältigen zu können (allg. Cremers/Drogand-Strud 2005).

Einige empirische Daten zeigen, wie schwer dieser Übergang vielen Jungen fällt (u. a. Schmidt 2006): Jungen sind mit 45 % der Abiturientenjahrgänge leicht unterrepräsentiert und mit 65 % derer, die ohne Hauptschulabschluss bleiben (Gause 2004), deutlich überrepräsentiert. Auch an Sonderschulen (etwa 65 %) und an Hauptschulen (etwa 55 %) sind Jungen häufiger vertreten als Mädchen (Enggruber 2001, S. 91). Jungen erzielen die schlechteren Schulergebnisse und gelten, zuletzt ist dies im

Kontext der Pisa-Studien diskutiert worden, als Verlierer der Schulausbildung (Schmauch/Rose 2005). Bereits Ende der 80er Jahre war die Arbeitslosigkeit junger Männer erstmals höher als die junger Frauen und sie ist es bis heute geblieben.

Innerhalb der Berufstätigkeit führen Männer ungleich häufiger die dreckigen und gefährlichen Jobs aus, die den eigenen Körper gefährden. Diese Ergebnisse führten zuletzt etwa zur Gründung einer bundesweit agierenden Koordinationsstelle zur Förderung der Berufs- und Lebensplanung für Jungen (vgl. Kap. 13.6).

Neu allerdings sind diese empirischen Erkenntnisse – auch wenn im Kontext der Pisa-Studien dieser Eindruck erweckt wird – nicht. Schon 1984 schreibt Monika Barz (1984, S. 60): „Jungen müssen also – gemäß gesellschaftlicher Erwartung – besser sein als Mädchen. Sie sind es aber nicht – und hier liegt das Problem für die Jungen! Mädchen sind den Jungen im schulischen Kontext überlegen. Zahlreiche Untersuchungen belegen, dass Mädchen häufig die besseren und erfolgreicheren sind, während die Jungen eher diejenigen sind, die nicht so gut klar kommen."

Bei den genannten Befunden muss allerdings differenziert werden: Schon bei der Zahl der Studienabschlüsse überwiegen nämlich junge Männer und bei den abgeschlossenen Promotionsverfahren steigt diese Überrepräsentanz noch. Auch in Leitungsfunktionen befinden sich mehr Männer als Frauen – da bildet übrigens die Sozialpädagogik, obwohl sie einen Anteil von etwa 70 % weiblichen Studierenden aufweist, keine Ausnahme. Insgesamt sind Männer mit etwa 90 % bei den am höchsten dotierten Professorenstellen (C4 bzw. W4) vertreten.[5]

Was kann man also ausgehend von diesen Befunden festhalten? Zunächst einmal, dass gut ausgebildete junge Männer auf dem Arbeitsmarkt einen strukturellen Vorteil gegenüber gleich qualifizierten Frauen besitzen, während es sich bei jenen jungen Leuten, die überhaupt keinen Einstieg finden und die am untersten

---

5 Aus Sicht der Frauenforschung ist daher von Picot (2003, S. 477) treffend festgehalten worden: „Lola rennt … aber sie kommt nicht als erste an".

Ende der Schul- und Ausbildungssituation stehen, ebenfalls häufiger um Jungen handelt.

Deren Situation verschärft sich noch dadurch, dass nach wie vor ein hoher biografischer Druck bezüglich einer männlichen Erwerbsbiografie herrscht, der kaum Alternativen zulässt: „Dann werde ich Ernährer … oder?“ gilt für viele Jungen als einzig denkbare Erfüllung einer überstarken Normalitätserwartung (Drogand-Strud 2003). Dies spiegelt sich auch bei den Indikationen innerhalb der Erziehungshilfe wider: Mangelnde Leistungsbereitschaft, Schulversagen und Schulverweigerung werden hier häufiger thematisiert als bei Mädchen. „Bei den Jungen stehen dagegen auch heute noch in erster Linie Schul- und Leistungsprobleme […] im Vordergrund. Sie werden also weiterhin entsprechend der traditionellen Männerrolle an ihrem Leistungsvermögen gemessen“ (Bange 2004; vgl. Kap. 10.1). Während jungen Frauen – freilich ist dies problematisch genug – der „Ausweg“ in die Familiengründung und Kinderbetreuung bleibt, ist Jungen dieser Weg aus gesellschaftlichen Reputationsgründen quasi verbaut. Sie können ein schulisches und berufliches Scheitern kaum durch Alternativen ersetzen.

Hinzu kommt noch, und das macht für einige Jungen die Situation vollends aussichtslos, eine immer stärkere Entwertung der traditionellen männlichen Erwerbsbiografie (Stecklina 2002, S. 329) – an der sich einige Jungen immerhin noch festhalten konnten: Doch diese Selbstverständlichkeiten des Ernährermodells (so eingeschränkt diese schon waren) werden nun auch noch *brüchig*, weil schlicht nicht genügend Ausbildungs- und Arbeitsplätze zur Verfügung stehen.

Weiter verstärkt wird diese Problematik schließlich noch durch den Konkurrenzdruck unter Jungen und Männern sowie durch den Druck, seine eigene Tätigkeit als autonom auszuweisen, also „sein eigener Herr zu sein“. Daher vermuten viele Jungen, der Berufsalltag ihrer Väter (von dem sie de facto meist wenig wissen) sei vergleichsweise selbstbestimmt und autonom – auch wenn dies mitnichten der Fall ist (Auinger 2002, S. 29). Der Konkurrenzdruck wiederum ergibt sich maßgeblich aus der geschilderten Alternativlosigkeit zur männlichen Normalberufsbiografie.

Als Fazit kann festgestellt werden: Viele Jungen aus dem Adressatenkreis der Erziehungshilfen halten einerseits an Konzepten von Leistung, der hohen Bedeutung von Erwerbsarbeit und bisweilen an unrealistischen Phantasien bezüglich der eigenen Berufstätigkeit fest. Andererseits werden diese Konzepte durch die Realität einer problematischen Schul- und Ausbildungssituation in Frage gestellt. Für die betroffenen Jungen bedeutet dies oft eine Bedrohung ihres Selbstkonzepts, welche sie nur schwer aushalten und wiederum zu kompensieren suchen, um jene bedrohte Männlichkeit zu sichern.

Den Erziehungshilfen fällt in diesem Zusammenhang die Aufgabe zu, an der Perspektiventwicklung von Jungen mitzuwirken: Berufsrollen und die Vorstellung männlicher Berufsbiografie sollten mit den Jungen unter geschlechterreflektierender Sicht thematisiert werden.

11.6 Migration und Interkulturalität

Jungen mit Migrationshintergrund

Das Thema Migration ist für die Jungenarbeit in den Erziehungshilfen von besonderer Bedeutung (allgemein Handschuck 2000): Mit einem Anteil von etwa 10 % ausländischer Jugendlicher und noch weiteren mit interkulturellen Erfahrungen in ihrer Biografie werden Fachkräfte der Erziehungshilfe häufig mit Migrationserfahrungen konfrontiert. Der Anteil von Kindern und Jugendlichen mit Migrationserfahrung schwankt dabei je nach Handlungsfeld zwischen 7 % im Bereich der institutionellen Beratung und etwa 30 % bei den Inobhutnahmen (vgl. Blandow 2001). Insgesamt liegt die Zahl der Jugendlichen mit Migrationshintergrund bei etwa 20 % (Baur u. a. 1998, S. 391).

Auch die Adressatengruppe ist in sich sehr heterogen: So macht es einen großen Unterschied, ob man mit Spätaussiedlern (vgl. ausführlich: Rabe 2006), mit in Deutschland geborenen Jugendlichen nicht-deutscher Eltern oder einer anderen sozialen Gruppe pädagogisch arbeitet. „Jungen mit Migrationshintergrund" – das kann unter anderem heißen: Jungen mit eigener Migrationserfahrung, Migrationserfahrung der Eltern, Aussiedler oder Flüchtlinge. In den Hilfen zur Erziehung sind allerdings Aussiedler und Flüchtlinge deutlich geringer repräsentiert als Jungen (und Mädchen) aus der zweiten Migrantengeneration.

Je nach kulturellem Hintergrund unterscheiden sich Normen, Herkunftskulturen, Wünsche, Probleme sowie die migrationsspezifische Lebensbewältigung der Jungen ganz gewaltig. Kulturelle Unterschiede und daraus resultierende Unterschiede im Selbstverständnis von Migrantenfamilien wirken sich auf Erziehungsstile, Lösungsstrategien und Familienkonzepte aus.

Gemeinsam ist Familien mit Migrationsgeschichte gleichwohl die Zuschreibung des „Andersseins" in einer „deutschen" Mehrheitsgesellschaft. Auf die unterschiedlichen Migrationserfahrungen sowie die Erfahrung des „Andersseins" müssen sich Fachkräfte der Erziehungshilfen einstellen und eine interkulturelle Kompetenz erwerben (Deniz 2001). Diese müsste insbesondere Folgendes umfassen – zumal die Sozialpädagoginnen in der Regel deutscher Herkunft sind:

Selbstreflexion über kulturelle Identitäten

Die Arbeit mit Migrantenjugendlichen setzt die Fähigkeit zur (Selbst-)Reflexion über die eigene kulturelle Identität sowie über fremde kulturelle Identitäten voraus. Dazu gehört vor allem:

- Die Reflexion der eigenen kulturellen Standards: Die Fähigkeit, Unterschiede zu erkennen und zu würdigen, wird zur Voraussetzung dafür, andere kulturelle Identitäten würdigen zu können.
- Eine Balance von verstehender Nähe und einer respektvollen Distanz hilft dabei, die Unterschiede zwischen den verschiedenen Kulturen (und damit die Identitäten) nicht einfach zu übergehen.
- Eine weitere Herausforderung besteht darin, die Verbindungen zu verstehen zwischen den kulturellen Identitäten einerseits und den darin eingelassenen Geschlechtsrollenmustern andererseits.
- Schließlich muss überlegt werden, wie es mit der Bereitschaft aussieht, das Zusammenleben verschiedener Kulturen einzuüben (etwa in der Heimgruppe).

Stärkung von Kompetenzen durch den Respekt vor kulturellen Gebräuchen

Jugendliche mit Migrationsgeschichte bringen viele Kompetenzen und Stärken ein. Diese werden aber nur sichtbar, wenn die kulturellen Gebräuche der Jugendlichen respektiert werden. Warum sollte nicht mal für einen halben Tag in der Heimgruppe die Familiensprache der Migrantenjugendlichen ausprobiert und zumindest in Begrüßungen eingeübt werden? Damit würde sichtbar, dass die Mehrsprachigkeit als Entwicklungschance zu verstehen ist.

Zum Respekt von kulturellen Gebräuchen zählen auch die Bedeutung von Familien sowie die spezifischen Familienstrukturen von Jugendlichen: Deshalb muss darauf geachtet werden, dass die Herkunftskultur nicht als minderwertig dargestellt wird. Ein Satz wie „Du bist zu Hause ein Pascha, aber wir sind hier in einer deutschen Einrichtung, hier geht das nicht", verbaut den Weg zu dem jeweiligen Jugendlichen. Durch die Elternarbeit bietet sich demgegenüber die Möglichkeit, über die kulturellen Selbstverständlichkeiten der Jungen mehr zu erfahren. Allerdings ist es häufig schwierig, zu den Familien Vertrauen aufzubauen; diese haben oft wenig Kontakt und wenig Erfahrung mit Einrichtungen der Sozialen Arbeit und befürchten zudem einen Eingriff in ihre Familie. Migrantenfamilien haben oftmals einen ganz anderen Blick auf die Institutionen der Erziehungshilfen und den darin angebotenen Lösungsstrategien. Hier braucht es viel Flexibilität von Seiten der Fachkräfte, sich auch mal auf ungewohnte Lösungswege einzulassen. Zudem kann es wichtig sein, genau zu überlegen, ob ein Mann oder eine Frau mit der jeweiligen Familie bzw. dem jeweiligen Jungen pädagogisch arbeitet.

Sensibel gegenüber Diskriminierung

Migrantenjugendliche sind mit vielfältigen Formen von Diskriminierung, Abwertung und Vorurteilen konfrontiert – auch innerhalb der Einrichtungen der Erziehungshilfe. Eine Sensibilität gegenüber den Formen der Diskriminierung ist Voraussetzung, um die Lebenslage der Jungen zu verstehen.

Religion

Vor allem für viele moslemische Jugendliche spielt die Religion eine große Rolle. Dies gilt es einerseits zu verstehen (auch wenn man es von deutschen Jugendlichen in der Regel nicht gewöhnt ist) und andererseits aufzugreifen: Wie geht eine Einrichtung der Erziehungshilfe mit der Religiosität des Jungen um?

Wie geht die Heimerziehung mit dem Fastenmonat um? Wissen die MitarbeiterInnen darüber Bescheid, was dies für moslemische Jugendliche bedeutet? Und wie feiern die jeweiligen Jugendlichen ihre kulturellen und religiösen Feste? Gibt es dafür Ansätze in den Einrichtungen der Erziehungshilfen?

Teamkultur

Der Umgang mit dem Thema Migration beginnt bei der Teamzusammensetzung: Notwendig wäre eine größere Zahl an MitarbeiterInnen, die ebenfalls über Migrationserfahrung verfügen. Bei der Teamkultur stellt sich die Frage, wie Teams mit ausländischen MitarbeiterInnen umgehen: Gibt es Vorbehalte und/oder sind diese MitarbeiterInnen für bestimmte migrationsspezifische „Spezialgebiete" zuständig? Aus Sicht der Jungen kann gefragt werden, wie viele andere Jungen und Mädchen mit Migrationshintergrund in der Einrichtung sind.

Ein erweiterter Begriff von interkultureller Arbeit

Interkulturelle Jungenarbeit ist also ein wichtiger Aspekt der Qualität von Erziehungshilfen Aber: Sie kann auch in der Gefahr stehen, Stereotype zu verfestigen und vor allem darauf zu fokussieren, wie schwierig „die ausländischen" Jugendlichen sind (Jantz 2003). Schnell gilt dann die Rede von der „Macho-Kultur" und es entsteht das Bild des „gewalttätigen problematischen Jungmachos mit Migrationshintergrund", mahnen Bentheim u. a. (2004, S. 129): Migrantenjugendliche erscheinen dann plötzlich als „problematische Spezialgruppe" der Erziehungshilfen. Gleichwohl wollen die Jugendlichen nicht reduziert werden auf ihre Migrationsgeschichte, sie haben ein Recht darauf, dass Probleme, Konflikte und Wünsche nicht allein mit dem Thema Migration überzogen werden. Werden Konflikte immer nur auf die Migration bezogen, dann nimmt man die vielfältigen Lebenswelten der Jungen nicht ernst.

Jugendliche mit Migrationserfahrung wollen hingegen als ganz normale Jugendliche angesehen werden. Sie wünschen sich „kein defizitäres Stehen zwischen den Kulturen, sondern die produktive Entwicklung von neuen Handlungsweisen“ (Bentheim u. a. 2004, S. 130).

An der Formulierung von Bentheim u. a. soll im Folgenden weitergedacht werden: Um das Thema Migration/Interkulturalität als Thema der Jungenarbeit in den Erziehungshilfen über die interkulturelle Arbeit im eigentlichen Sinne *hinaus* aufzunehmen, wird das Thema inhaltlich weiter gefasst. Das heißt: Es kann davon ausgegangen werden, dass nahezu jeder Junge Erfahrungen gemacht hat mit Interkulturalität – sei es aufgrund eigener biografischer Erfahrung, sei es aufgrund des Kontakts zu Jugendlichen mit Migrationsgeschichte. Mehr noch: Jeder Junge hat Erfahrungen mit dem Fremdsein; fremd in einer neuen Gruppe, fremd im Urlaub, fremd nach einem Umzug in neuer Umgebung etc. Jeder Junge hat also Erfahrungen mit (anderen) kulturellen Einstellungen und Lebenspraxen.

Als Thema für die Jungenarbeit in den Erziehungshilfen bietet es sich also an, den Umgang mit Fremdheitsgefühlen bei sich selbst und mit dem anderen zu thematisieren. Das klingt freilich hochtrabend, doch pädagogisch heruntergebrochen auf die alltägliche Arbeit lässt sich hier an vielfältige Projekte denken, die das Thema Fremdheit und Interkulturalität zum Thema der Jungenarbeit machen (Hoffmann, J. 1992; Jantz 2003; allg. Jugert/Kabak/Notz 2005). Ziel ist dabei die Frage, wie Erfahrungen von Fremdheit/Interkulturalität als Teil der Lebenslage in Zusammenhang stehen mit der Aufgabe, eine männliche Identität zu entwickeln. Dazu gehören auch die unterschiedlichen religiösen Orientierungen und die Frage, was diese für ein Konzept von kulturell geronnener Männlichkeit bedeuten. In diesem Sinne ist Jungenarbeit auch mit migrationserfahrenen Jungen ganz *normale* Jungenarbeit.

11.7 Generation: Autonomie und Identifikation auf dem Weg zum Erwachsenwerden

Jungenarbeit hängt immer zusammen mit der Differenz von Jung und Alt, genauer: Jungenarbeit findet in der Regel statt zwischen einem erwachsenen Pädagogen und heranwachsenden Jungen und jungen Männern. Generationenverhältnisse bilden deshalb einen wichtigen Aspekt der Lebenslagen von Jungen.

Für das Handeln in den Hilfen zur Erziehung sind dabei zwei Aspekte von besonderer Bedeutung: Zunächst einmal werden die biografischen Erfahrungen der familiären Erziehung als bewusste oder unbewusste Erlebnisse in die Erziehungshilfen „mitgenommen": Das Verhältnis zum eigenen Vater, zur Mutter, die Frage, wie viel Bindung und Nähe ein Junge erhalten hat etc. werden in die Erziehungshilfen eingebracht: „Stellvertretend" werden die Erzieherinnen und Erzieher zur Elternfigur, an denen dann unerfüllte Sehnsüchte nach Nähe oder Ängste „abgearbeitet" werden. Auch die „Vater-Suche" bzw. die Suche nach erlebbaren männlichen Rollenbildern ließe sich hier nennen.

Darüber hinaus ist auch die pädagogische Arbeit in den Erziehungshilfen als Generationenverhältnis zwischen erwachsenen Pädagogen und Jungen angelegt.[6]

Dieses Generationenverhältnis kann innerhalb der Jungenarbeit zu einer wichtigen Ressource werden, weil die männlichen Pädagogen konkrete und erlebbare Formen des Mannseins zur Auseinandersetzung anbieten (vgl. auch Kap. 12.1.1). Daher sollten auch in der Jungenarbeit die Generationengrenzen nicht allzu leicht übersprungen werden. Auch deshalb nicht, um eine „Wir Männer sitzen alle in einem Boot"-Pädagogik zu unterbinden. Jungen sind (noch) keine Männer, wodurch ihnen das Recht zufällt, generationales Lernen und eine sich erst aufbauende Verantwortung für sich in Anspruch zu nehmen.

6 Auf die Tradition der Erziehungshilfen als familienergänzende resp. familienersetzende Hilfe ist bereits hingewiesen worden (vgl. Kap. 10.3).

11.8 Freundschaft und Liebe: Zwischen Anerkennung und Abgrenzung

Gleichaltrigengruppen

Die männliche Clique gilt bisweilen als verdächtig, Normalitäts- und Gruppendruck zu erzeugen und somit traditionelle Männlichkeitsformen zu reproduzieren: Beispielsweise wird von vielen Fachkräften angemerkt, dass die Jungen im Einzelkontakt zwar umgänglich seien, in der Gleichaltrigengruppe mit ihren Ritualen aber problematisches Dominanzgehabe und cooles Fassadenverhalten zeigten. Entsprechend schimmert durch etliche Konzeptionen der Jungenarbeit (vor allem im Bereich der Erziehungshilfen) die Hoffnung, im Kontakt mit dem *Einzelnen* mehr pädagogischen Einfluss zu gewinnen statt sich der Dynamik von Jungengruppen auszusetzen.

Gleichwohl würde es lohnen, die Gruppenbezüge stärker in die pädagogische Arbeit der Erziehungshilfen einzubeziehen: Cliquen (u. a. Böhnisch 2004, S. 158 ff.) bieten unterstützende und identitätsstiftende Möglichkeiten für Jungen und männliche Jugendliche und schaffen damit ein Zusammengehörigkeitsgefühl für die Entwicklung der eigenen geschlechtlichen Identität.

Die Gruppe eröffnet zudem eine Vielfalt von Kontakten zu anderen Jungen und Mädchen. Sie dient damit als wichtige Ressource im Hinblick auf die kulturelle und soziale Distanz zur Herkunftsfamilie und als Raum der Entwicklung von eigenen Verhaltens-, Sprach- und Ausdruckskulturen. Für Jungen besteht hier die Möglichkeit, direkte und exklusive Beziehungen mit anderen Jungen zu erproben.

Im pädagogischen Alltag der Erziehungshilfen könnten etwa Angebote für die ganze Clique gemacht bzw. diese stärker einbezogen werden. Dabei besteht die pädagogische Herausforderung darin, die Individualität des Einzelnen innerhalb der Gruppe zu stärken, ohne einen zu starken Einfluss auf die Gruppenprozesse gewinnen zu wollen: Die Jungen könnten sich ansonsten in ihren autonomen Cliquenbezügen bedroht fühlen und die Gruppe entwickelt gemeinsame Abwehrstrategien gegen die pädagogischen Bemühungen. Diese werden dann als Einmischung und Bevormundung gegen die Jungencliquen empfunden.

Freundschaften

Neben den Cliquen bewegen sich Jungen zunehmend auch in engeren Freundschaftsstrukturen[7]: Die Bedeutung *persönlicher Freundschaften* hat zugenommen. Allerdings ist die Bedeutung von Jungenfreundschaften bisher und aufgrund der Unterstellung „kommunikativer Mängel" bei Jungen noch viel zu wenig wahrgenommen worden. Noch immer wird Jungen eine „echte", intensive Freundschaft kaum zugetraut.[8] Jungenfreundschaften sind möglicherweise auch deshalb unterschätzt, weil sie allein am Maßstab der differenzierten Erwachsenenfreundschaften gemessen und deshalb in ihrer jugendlich-eigenkulturellen Bedeutung verkannt werden. Vielleicht sind Jungenfreundschaften nicht so differenziert, intim und dauerhaft wie Erwachsenenfreundschaften – aber sie sind häufig genauso *wichtig*.

Was bedeuten Freundschaften nun für Jungen? Jungen, die über viele und gleich gute Freunde berichten (Winter/Neubauer 1998, S. 287), betonen die Solidarität untereinander und weniger die Bedeutung intensiver (Vertrauens-)Beziehungen. Eine zweite Gruppe von Jungen, die einen besten Freund benennen können, betonen hingegen jene Intensität. Hier finden Jungen Verbindlichkeit und Nähe, die sich in der Gruppe nicht in dem Maße herstellen lassen (Winter/Neubauer, ebd.). Für beide Gruppen gelten aber auch gleiche Beschreibung für eine gute Freundschaft: gemeinsame Aktivität, Verlässlichkeit, Unterstützung und Ratschläge. Die Themen Partnerschaft und Sexualität scheinen hingegen *nicht* zu den zentralen Indikatoren für eine Jungenfreundschaft zu zählen: Diese Themen werden eher mit Mädchen, vor allem mit der Freundin besprochen. Offenbar behindert die Angst, von den anderen Jungen ausgelacht zu werden oder die Eifersucht bzw. die Konkurrenz, dass über Liebe und Sexualität gesprochen werden kann.

Trotz der gestiegenen Bedeutung von Jungenfreundschaften muss allerdings nach wie vor von einem beachtlichen Maß an

---

7 Zumal die Kontinuität, Kohärenz und die soziokulturelle Aussagekraft von Cliquen zu sinken scheint. Heute bewegen sich Jugendliche eher in verschiedenen, dafür weniger festen Gruppen mit wechselnden Zugehörigkeiten und vielfältigen Interessen.

8 Vgl. dazu auch das Problem, dass Freundschaften oft in den „Verdacht" des Homosexuellen geraten (vgl. Kap. 10.3).

Einsamkeitsgefühlen und Marginalisierungserfahrungen ausgegangen werden. Bisweilen äußern Jungen, sie hätten „viele, aber nicht so gute Freunde“, wobei sich hinter einer solchen Aussage eben auch verbergen kann: Ein richtig guter Freund fehlt mir. Auch die häufige Betonung des Wunsches nach Solidarität und danach, nicht im Stich gelassen zu werden, weist darauf hin, wie fragil Jungen ihre Freundschaften erleben und „wie sehr Jungen in ihrer Selbstwahrnehmung unter Druck stehen und Absicherung durch soziale Bezüge brauchen“ (Winter/Neubauer 1998, S. 294).

Innerhalb der Praxis der Erziehungshilfen müsste es also darum gehen, die Freundschaftserfahrungen von Jungen als Teil ihrer Suche nach geschlechtlicher Identität stärker zu beachten. Der Wunsch nach Unterstützung muss begleitet und die Freundschaften als wichtiger Aspekt auf dem Weg zu einer eigenständigen männlichen Identitätsentwicklung gefördert werden. Ein Beispiel: Obwohl dies rechtlich möglich ist, werden Freunde oder Freundinnen kaum in Hilfeplangesprächen beteiligt bzw. dürfen diese den Jugendlichen nicht zu solchen Gesprächen begleiten.

Das Verhältnis zu Mädchen: Zwischen Abgrenzung, Freundschaft und Liebe

Das Verhältnis von Jungen und Mädchen ist entwicklungspsychologisch und damit altersspezifisch bedingt sehr unterschiedlich ausgestaltet. Abgrenzung, freundschaftliche Nähe und sexuelle, intime Beziehungen bilden dabei die Folie für ein Gemisch aus Konflikt, Vermeidung, Idealisierung und Normalität. Sehr verallgemeinernd kann man sagen, dass für jüngere, präpubertierende Jungen Abwertung und Abgrenzung noch deutlich im Vordergrund stehen, während für ältere Jugendliche freundschaftliche und intime Beziehungen zu Mädchen einen höheren Stellenwert gewinnen.

Zimmermann (1998) weist in seiner empirischen Studie nach, dass Jungen bei der *Beziehungsaufnahme* zu Mädchen häufig unter dem Druck stehen, sich als kompetent und erfahren zu präsentieren, außerdem als witzig, cool oder stark: Sie sollen außerdem den ersten Schritt machen. Dieser Zwang zur Präsentation steht im Zusammenhang mit einer Ideologie männlicher Aktivität (Winter/Neubauer 1998, S. 304).

Jene Erwartung aktiver und „idealer“ Männlichkeit bringt mitunter zwei Gruppen von Jungen mit sehr unterschiedlichen Verhaltensweisen hervor: Einige Jungen experimentieren viel und folgen damit, obwohl sie dies bisweilen überfordert, der Normalitätserwartung. Zwar wünschen sich diese Jungen eine Ausgeglichenheit der Rollen, doch fügen sie sich in die auferlegte Erwartungshaltung – zumal aktive Mädchen bei ihnen auch wiederum zur Verunsicherung führen, weil sie das Selbstkonzept des aktiven, handelnden Jungen in Frage stellen.

Bei anderen Jungen wiederum führt die Normalitätserwartung insofern zu einer Überforderung, als dass sie sich zurückziehen und starke Ängste vor Trennung, Konkurrenz sowie vor Zurückweisung entwickeln. Sie vermeiden eine Beziehung zunächst. „Die Jungen bewegen sich so zwischen der Sehnsucht nach Beziehung und Nähe einerseits und einer fast demonstrativen Stärke darin, das Alleinsein gut auszuhalten und durchzustehen“ (Winter/Neubauer 1998, S. 303).

In Bezug auf *sexuelle Erfahrungen und Einstellungen* existieren einerseits sehr viel Unsicherheiten – die Jungen wissen oft nicht gut Bescheid (vgl. Kap. 10.3) – und andererseits stereotype Vorstellungen über die „Verwendung“ des eigenen wie des weiblichen Körpers. Gleichwohl wissen Jungen, dass Druck, Egoismus und bestimmte Gepflogenheiten (Macho-Gehabe, starker Alkoholkonsum) bei Mädchen nicht gut ankommen. Sie wissen, dass neben dem Äußeren auch die Fähigkeit zum Miteinander-Reden, das nett sein, Zeit lassen etc. offenbar Werte darstellen, denen es zu folgen gilt – doch geraten sie immer auch in Konflikt mit tradierten und stereotypen Bildern, denen sie folgen wollen.

Zusammenfassung

In einer Skizzierung relevanter Jungenthemen ist versucht worden, die unterschiedlichen Erfahrungsräume der Jungen darzustellen und einen Überblick zu ermöglichen über die Entwicklungslinien von Jungenidentitäten. Die Themen und die dahinter liegenden Lebenslagen sind vielfältig: Zwar gibt es große Gemeinsamkeiten bei den Jungen (z. B. Sexualität, Freundschaften, Generation), aber eben auch sehr unterschiedliche Lebenslagen und Bewältigungsmuster (z. B. Migration, Umgang mit Krisen). Diese richten sich nach Herkunft, den sozialen und beruflichen Chancen sowie dem Umfang an Belastungen und Krisen. Deshalb ist es wichtig, in der täglichen Arbeit immer neu herauszufinden und zu verhandeln, welche Themenbereiche für welchen Jungen relevant und aktiv werden.

Anhand der Themen zeigt sich aber auch, wie und an welchen Stellen die Erziehungshilfen sich weiter qualifizieren müssen, um dem Anspruch einer reflektierten Jungenarbeit gerecht zu werden. Diese fachliche Weiterentwicklung scheint sich insbesondere auf die Themen „Migration“, „Schule, Arbeit, Lebensplanung“ und „Sexualität“ zu beziehen. Die Herausforderung an die Fachkräfte der Erziehungshilfen ist dabei auch deshalb so groß, weil sich das Gender-Thema immer aufs Neue verbindet mit anderen Themen der Jungen. So muss immer genau überlegt sein, was „Jungenarbeit und Migration“ heißen kann oder wie sich Jungenarbeit bezüglich von „Schule und Lebensplanung“ umsetzen lässt.

12. Arbeitskonzepte und Qualifizierung: Herausforderungen an eine Praxis der Jungenarbeit

12.1 Arbeitskonzepte

In diesem Kapitel werden Arbeitskonzepte vorgestellt und diskutiert. Die Arbeitskonzepte geben Anregungen, wie Jungenarbeit in den Erziehungshilfen umgesetzt werden kann. Es geht im Folgenden also um die Frage, *wie* mit Jungen in den Erziehungshilfen pädagogisch gearbeitet werden kann.

12.1.1 Die Rolle des Pädagogen oder: Handeln zwischen „Vaterfigur" und professioneller Distanz

Die Bedeutung von Beziehungspädagogik

Die Person des Jungenarbeiters gilt in der Konzeptentwicklung der Jungenarbeit oft als zentraler Bezugspunkt: „So sind", schreiben Sturzenhecker/Winter (2002b, S. 69), „alle Konzipierungen von Jungenarbeit einig, dass die Selbstreflexivität, das Bewusstsein der eigenen Männlichkeit, zu den zentralen Kompetenzen des Jungenarbeiters gehört". Jungenarbeit, so ergänzen Drägestein/Grote (2004, S. 13) „ist Beziehungsarbeit".

Das heißt also, dass die Selbstreflexion des Sozialpädagogen, dessen persönliche, selbstbezogene Haltung und Repräsentation des Mannseins einen wichtigen Indikator des pädagogischen Erfolgs bilden: Der Kontakt zur eigenen Männlichkeit wird zum Schlüssel für den Kontakt zu den Jungen. Weil die Fachkräfte also „weniger in der Rolle als Jugendarbeiter, sondern als Mann gesehen" (Auinger u. a. 2002, S. 23) würden, „hängen Erfolg und Qualität der Jungenarbeit entscheidend davon ab, welche Bereitschaft der Jungenarbeiter zeigt, zum einen seine eigene Person, seine Facetten von Männlichkeit und zum anderen seine Beziehung zu den Jungen zu reflektieren" (Reuter

2002, S. 97; ähnlich Jantz/Grote 2003, S. 93). Jungenarbeit sei daher „sehr eng an persönliche Vorbilder geknüpft“ (Puchert/Höyng 2004, S. 109). Stimmt diese Vermutung, so sollte Jungenarbeit dazu beitragen, den Jungen durch die intensive Nähe zu den männlichen Fachkräften Anerkennung, Verlässlichkeit und Sicherheit zu bieten. Dies gilt insbesondere für Jugendliche in Erziehungshilfen, die diese Erfahrungen oft vermissen mussten.

Eine weitere Begründung findet die Beziehungspädagogik in der Unterrepräsentanz von männlichen Fachkräften in den Erziehungshilfen bei der gleichzeitigen Annahme, den Jungen fehlten in ihrem Alltag real erlebbare Väter-Kontakte und sie litten unter „Vater-Hunger“ (Haindorff 1997).[1]

Diesen zu bearbeiten und sich als real erlebbare männliche Objekte zur Verfügung zu stellen, sei demnach die Aufgabe einer beziehungsintensiven Jungenarbeit in den Erziehungshilfen. Vor allem „jüngere Jungen haben Sehnsüchte danach, mit erwachsenen Männern in ‚anerkennenden' Kontakt zu kommen […]. Ältere Jungen brauchen die Anerkennung von erwachsenen Männern, um Räume für das Austragen von Generationskonflikten zu bekommen“ (Winter 2001, S. 913).

Die Rolle des Pädagogen: Worauf geachtet werden muss

Auch wenn der persönliche Kontakt und die gemeinsame Reflexion wichtig sind, so darf die Person des Jungenarbeiters nicht zu stark in den Mittelpunkt eines pädagogischen Konzepts gestellt werden. Ansonsten könnte der Jungenarbeiter überfordert werden und Jungenarbeit bliebe schließlich erfolglos. Daher sollen im Folgenden einige Punkte genannt werden, die es für die „Rolle des Pädagogen“ zu beachten gilt (vgl. auch: Behnisch 2004 a):

---

1 Allerdings ist die Vermutung über die abwesenden und fehlenden Väter mittlerweile schon zu einem mythologisierten Selbstläufer geworden. Dabei wird dann übersehen, dass die meisten Jungen ihre Väter gar nicht als abwesend erleben (Winter/Neubauer 1998; Kindler 2002). Die Einschätzungen über die Nähe zu dem eigenen Väter sind demnach sehr unterschiedlich, doch keineswegs lässt sich der unterstellte „Vaterhunger“ hier als durchgängiges oder als zentrales Motiv explizieren, ohne dies näher zu untersuchen.

Überforderungen vermeiden

Bei einer zu starken Betonung des Beziehungsaspekts wird die Beweislast für gelungene Jungenarbeit allein der Person des Pädagogen, seiner Fähigkeit zur Selbstreflexion und seiner authentischen Männlichkeit zugewiesen (Bosse 2000, S. 59). Dies muss Jungenarbeiter überfordern. Diese Überforderung kann dazu führen, dass der Pädagoge sich erst gar nicht auf Jungenarbeit einlässt: Diese erscheint als so exklusiv, so schwierig und als so persönlich, dass Reaktionen wie „das kann ich nicht" oder „das will ich nicht" verständlich werden. Dass viele Pädagogen „vor den Beziehungswünschen der Jungen" (Sturzenhecker 2002, S. 54) zurück schrecken, ist also nicht deren „persönliches Problem", sondern der Ausdruck einer Überforderung durch ein unreflektiertes Beziehungsparadigma.

Überheblichkeit und Bevormundung nicht zulassen

Ein weiteres Problem der Überbetonung des Beziehungsaspekts liegt in der Verführung zu folgender Auffassung: Jetzt habe ich schon so viel über mich als Mann reflektiert und gelernt, jetzt muss ich das auch gut rüberbringen, jetzt darf ich keine Fehler machen etc. Dies kann dann zu einer Mischung aus Überheblichkeit (als „reflektierter, neuer Mann"), Druck („ich muss die damit verbundenen hohen Erwartungen erfüllen") und Bevormundung („werde so ein reflektierter, neuer Mann wie ich") im Kontakt mit Jungen und Kollegen führen.

Bedingungen des Handelns beachten

Parallel zur intensiven Beziehung zu den Jungen darf das Nachdenken über die Strukturen des Handelns in den Erziehungshilfen nicht vernachlässigt werden: MitarbeiterInnen in den Erziehungshilfen haben oft mit vielen Jungen gleichzeitig zu tun (etwa in der SPFH, der Erziehungsbeistandschaft o. Ä.), die pädagogischen Settings sind darüber hinaus zunehmend auf einen kürzeren Zeitraum angelegt. Um jene Merkmale wissend und um die Jungen nicht zu enttäuschen, grenzen sich Jungenarbeiter (mitunter begleitet von einem schlechten Gewissen) tatsächlich von der intensiven Beziehungsarbeit ab. Sie distanzieren sich, ohne dies offen anzusprechen und transparent zu machen, weil sie den Frust und die Enttäuschung der Jungen fürchten. So reproduziert sich ein vermutlich bekanntes Verhalten für die Jungen: Sie kommen nicht so richtig ran an die Männer und „Ersatz-Väter“.

Einbindung in methodische Ansätze

Der Beziehungsaspekt muss in methodische Ansätze eingebunden sein. Weil diese methodische Handlungsvielfalt oft fehlt, hat die Praxis der Jungenarbeit schon früh zur Selbsthilfe gegriffen (Winter/Willems 1992, S. 8) und hat sich jeder Jungenarbeiter, salopp formuliert, seine eigene Theorie zurechtgelegt und sich ansonsten auf sein Gespür, die Erfahrungen im Kontext der eigenen Sozialisation sowie auf seine persönlichen Eigenschaften verlassen müssen.

Um diese Probleme zu umgehen, wäre es möglich, das Beziehungshandeln zu verbinden mit „Verträgen“, etwa durch Formen des *contracting* (Müller, B. 1991; 1994). Zu Beginn eines pädagogischen Kontakts wird mit dem (oder den) jeweiligen Jungen festgelegt, wie oft man sich trifft, wie lange und mit welchen Zielen. Dabei kann der Jungenarbeiter deutlich machen, mit welcher Intensität er zur Verfügung steht – und was er eben nicht leisten und übernehmen kann. So können Jungen davor geschützt werden, dass Erwartungen aufgebaut werden, die doch nur enttäuscht werden müssen. Zudem ermöglicht ein solcher Vertrag jenen Jungen, die sich sehr eng an den Pädagogen binden, auch wieder aus der Beziehung „auszusteigen“ – eine pädagogisch notwendige Entwicklung für die Selbständigkeit der Jungen.

Keine Verwechslung mit therapeutischen Beziehungen

Pädagogische Beziehungen[2] sind keine therapeutischen Beziehungen. Wenn Jungenarbeiter jedoch versuchen, die Therapeutenrolle einzunehmen, überfordern sie sich und verhalten sich nicht verantwortlich den Jungen gegenüber. Denn: Während die Therapie eine Beziehungsarbeit einerseits *ermöglicht*, so *kontrolliert* sie diese gleichzeitig methodisch. Der Therapie stehen viele Möglichkeiten zur Verfügung, (Gegen-)Übertragungen

2 Allg. zu pädagogischen Beziehungen in der Jugendhilfe vgl. u. a. Lemfeld 1997; Behnisch 2005.

o. Ä. zu bearbeiten. Dies ist in den Arbeitsfeldern der Erziehungshilfe weder möglich noch überhaupt beabsichtigt. Deshalb wird ein pseudotherapeutisches Handeln zur Überforderung für alle Beteiligten. In diesem Sinne sollte in der Praxis der Erziehungshilfe, selbst wenn der Beziehungspädagogik ein hoher Stellenwert eingeräumt wird, nicht an quasi-therapeutischen Beziehungsstrukturen herumprobiert werden.

Generationenverhältnis statt „Kumpel-Rolle"

Pädagogische Beziehungen in der Jungenarbeit können sich nicht an der „Kumpel-Perspektive" orientieren, sondern sind zu verstehen als Teil eines professionellen Generationenverhältnisses (vgl. Kap. 11.7). Kumpel haben die Jungen meist genug, zumal der Jungenarbeiter nun mal auf der „bösen Seite der Erwachsenen" steht (Sturzenhecker/Winter 2002b, S. 73) – und dort auch hingehört. Der Jungenarbeiter in den Erziehungshilfen muss also ein Angebot der erwachsenen Differenz unterbreiten, um nicht „zum kumpeligen Fußballtrainer, zum Häuptling ihres Stammes, zum sich anbiedernden Mitmacher bei Frauenabwertung (…), zum Obertechniker" (Sturzenhecker 2002, S. 55) zu werden und damit alle pädagogischen Chancen zu vergeben.

Differenzen und Gemeinsamkeiten zwischen Jungen und Jungenarbeitern

Die Biografien der männlichen Pädagogen und die der Jungen umfassen „große Gemeinsamkeiten" aber auch „feine Unterschiede". Die Gemeinsamkeiten meinen hier die sozialisatorischen Erfahrungen des Jungeseins und die Tatsache einer geschlechtlichen Identität als Junge/Mann in einer spezifischen kulturellen und gesellschaftlichen Situation. Zugleich jedoch unterscheiden sich die Biografien entlang sozialer und sozialkultureller Merkmale und Positionen: Dazu zählen die gesellschaftliche Stellung, Lebensstile, bestimmte soziokulturelle Auffassungen oder unterschiedliche Stärken der Selbstrepräsentation: Jungen zeigen gerne ihre körperlich-ästhetischen Stärken, Jungenarbeiter (typischerweise aus dem Mittelschichtmilieu) setzen auf soziale und verbale Kompetenzen. Konkret: Die Pädagogen im Heim, die in einem Fürsorgeberuf arbeiten und dabei sorgende Aufgaben übernehmen, erscheinen den meisten Jungen zunächst einmal reichlich gewöhnungsbedürftig: „Als

Orientierung für ein Berufsleben sind sie zu exotisch" (Wieland 2005, S. 148). Für die männlichen Pädagogen wiederum wirken die Biografien und das Verhalten der Jungen einerseits oft bedrohlich in der Verherrlichung traditioneller Männlichkeit mit den irrationalen und dysfunktionalen Bewältigungsstrategien; sie wirken andererseits faszinierend, weil darin eigene, nicht gelebte Bedürfnisse verborgen liegen. In dieser Konstellation von Gemeinsamkeit und Differenz liegen die Grundlagen der pädagogischen Beziehung in der Jungenarbeit der Erziehungshilfen: Die unterschiedlichen Rollenzuschreibungen, das Projizieren auf Vaterrollen, das Zusammenspiel aus Ablehnung, Sehnsucht, Nähe und Distanz wirken vor dem Hintergrund jener „großen Gemeinsamkeiten und feiner Unterschiede". Im alltäglichen Handeln muss es darum gehen, diesen Zwiespalt zu erkennen und auszubalancieren.

Doch wie lässt sich dies umsetzen? Dazu einige Beispiele:

- Jungen haben sich „Identitätskrücken" aufgebaut, um ihr Jungesein darzustellen: Diese Krücken sind manchmal problematisch (z. B. Dominanzverhalten, Alkoholmissbrauch). Wenn der Jungenarbeiter aber um die Unterschiede in der Darstellung von Männlichkeit zwischen ihm und den Jungen weiß, wird er diese Krücken nicht einfach wegschlagen. Er wird stattdessen versuchen, die Unterschiede wahrnehmen, zu respektieren und mit den Jungen gemeinsam überlegen, ob und inwieweit diese hilfreich für den Jungen selber sind.
- Auch der Jungenarbeiter muss bereit sein, sich irritieren zu lassen: Nicht er vertritt das „richtige" Mannsein und der Junge das falsche. Gegenseitige Kritik und Auseinandersetzung zwischen zwei oft unterschiedlichen Formen des Mannseins kann sehr produktiv sein und lässt sich pädagogisch nutzen. Wie verhalte ich mich Mädchen und Frauen gegenüber, wie zeige ich meine Wut und meine Aggression – dies etwa sind Fragen, bei denen Jungen und Pädagogen durchaus *voneinander* lernen können.
- Es gibt nicht das Konzept „der Männlichkeit", das es irgendwie zu erreichen gelte. Jungen sollen stattdessen sensibilisiert werden für die Möglichkeit, begrenzende Normalitätszwänge probeweise zu verlassen, eigene Potenziale wahrzunehmen und selbstbewusst verteidigen zu können. So kann man mit Jungen Alternativen ausprobieren: Ist es möglich, einen lustigen Abend mit den Kumpels zu verbringen, ohne sich „vollzusaufen"? Wäre es möglich, anderen über meine gesundheitlichen Probleme und Ängste zu berichten oder zum Arzt zu gehen?

12.1.2 Räume und Orte als Arbeitsprinzipien der Jungenarbeit

Jungenarbeit in den Erziehungshilfen findet immer an bestimmten Orten und in bestimmten Räumen statt: Die Heimgruppe mit der Anordnung der Zimmer ist so ein Ort, ebenso wie die Tagesgruppe mit ihrer farblichen Raumgestaltung oder das Beraterzimmer im Jugendhilfezentrum.

Dieser Ort ist immer auch ein Spiegel von Geschlechterrepräsentationen. Das heißt: In der Anordnung und Gestaltung von Räumen zeigen sich gesellschaftliche und institutionentypische Einstellungen zu den Geschlechtern: Da gibt es „typische“ jungenspezifische Ecken (z. B. der Kicker im abgedunkelten Teil des Freizeitraums), die es Mädchen schwer machen, Zugang zu finden. Da gibt es aber auch eine von weiblichen Fachkräften eingerichtete, „gemütliche“ Heimgruppe, in der sich viele Jungen vielleicht unwohl fühlen. Die infrastrukturelle Perspektive beginnt für die Jungenarbeit in den Erziehungshilfen deshalb bereits *vor* der pädagogischen Arbeit mit den Jungen.[3]

Zur Wichtigkeit der Gestaltung von Räumen

Jungenarbeit in den Erziehungshilfen beinhaltet Situations- und Bedarfsanalyse bezüglich der Räume und Orte. Fragen, die sich Einrichtungen stellen müssen, sind zum Beispiel: Wie sollen pädagogische Räume gestaltet und angelegt sein, damit sie für Jungen attraktiv sind und gleichzeitig die Möglichkeit für pädagogisches Handeln bieten? Wie sind die Räume eingerichtet und angeordnet, wie geschmückt und beleuchtet? Wo sind welche Territorien für Mädchen und Jungen, wer könnte also welche Räume nutzen? Gibt es die Möglichkeit, sowohl „typische“ Jungeninteressen (sich austoben, aktive Spiele etc.) als auch Alternativen dazu anzubieten? Haben die Jungen die Möglichkeit, ihre Räume selbst einzurichten und zu gestalten? Werden sie – und werden auch die Mitarbeiter/innen der Erziehungshilfen – beteiligt, wenn es um die Gestaltung der Räume geht?

---

3 Löw (2001) hat in ihrer Arbeit zur „Raumsoziologie“ solche Phänomene untersucht und gezeigt, dass Räume durch das soziale Handeln der Akteure entstehen, gestaltet und dominiert werden. Vgl. dazu auch die Debatte um Heimerziehung und therapeutisches Milieu.

Was können Räume pädagogisch bewirken?

Pädagogische Räume können Alternativen bilden zu bestehenden Lebenswelten: Beispiele sind der Jungenraum, der selber eingerichtet und gepflegt wird. Hier lernen Jungen, sich selbst um „ihren Raum" zu kümmern und Verantwortung zu übernehmen. Pädagogisch gestaltete Räume können damit zum Übungsraum von Verhaltensweisen werden oder zum Erlebnisraum, in dem man mit anderen Jungen zusammen sein kann (Jantz/Grote 2003, S. 95).

Die Gestaltung pädagogischer Räume durch Jungen ist auch deshalb wichtig, weil Jungen in ihrer alltäglichen Lebenswelt oft auf vorgefertigte Räume treffen: Öffentlich schwinden Abenteuerräume („wilde Ecken") immer weiter und die Abenteuerspielplätze sind mittlerweile architektonisch und funktional so durchdacht und vorgefertigt wie eine Zahnarztpraxis. Auf vielen Grün- und Parkanlagen prangt das Schild „Betreten verboten" und sobald es nach Abenteuer riecht, warnt ein Hinweisschild, dass beim möglichen Betreten die Eltern für ihre Kinder haften. In den Familien der Jungen wiederum sind es häufig die Frauen, die für die Gestaltung und für die Gemütlichkeit der Räume zuständig sind. Diese Erfahrungen der Jungen machen also pädagogische Räume, die man sich selbst erobern und gestalten kann, so wertvoll.

Um diesen Effekt für die Jungen aber erreichen zu können, braucht es den Mut, einige Räume auch zu überlassen und nicht nach funktionalen oder pädagogisch gewollten Aspekten einzurichten. Es braucht das Vertrauen in die Jungen, mit „ihrem Raum" umgehen zu können. Diese Forderung lässt sich gleichwohl nur in einer Institution umsetzen, wenn die Leitungsebene das Gender-Thema fördert und bereit ist, spezifische Themen von Jungen und Mädchen gezielt anzugehen, um die Situation von Mädchen und Jungen unter geschlechterreflektierendem Fokus zu erkennen und zu verbessern (vgl. auch Kap. 12.2.2).

Auch auf dieser Ebene – der Ebene des „institutionellen Ortes" – muss über Gender-Themen und Jungenarbeit diskutiert werden, will man die Gestaltung von pädagogischen Orten nach geschlechterreflektierenden Gesichtspunkten auch umsetzen können. Aus Sicht der einzelnen Mitarbeiter/innen besteht die

Möglichkeit, jenen „institutionellen Ort“ zu prüfen und zu überlegen, ob er die eigene, geschlechterreflektierende Arbeit behindert oder fördert. In einem zweiten Schritt könnte darauf hingewirkt werden, dass sich der Träger oder der Verband solchen Fragestellungen weiter öffnet.

12.1.3 Die Identitätsfindung der Jungen unterstützen und fördern

Jungen auf der Identitätssuche zwischen traditionellen und alternativen Rollen

Die Suche nach einer stabilen geschlechtlichen Identität ist für viele Jungen von einem Widerspruch geprägt: Jungen spüren *einerseits*, dass die starren Rollenmuster darüber, wie „der Junge“ zu sein hat, so nicht mehr gelten: Die Individualität ist größer geworden. Daher haben Jungen durchaus den Wunsch, eine möglichst selbstbestimmte Form des Mannseins zu entwickeln und Alternativen jenseits der traditionellen Inszenierungsformen zu finden.

Doch *andererseits* spüren die Jungen auch, dass es noch ganz genaue, tradierte Vorstellungen darüber gibt, wie man sich als „der Junge“ zu verhalten hat. Jungen sehen sich der Erwartung gegenüber, ihre Geschlechtlichkeit in bestimmter, typischer Weise zu leben, weil sie annehmen, eine eindeutige Identität als Junge nur so erreichen zu können. Denn: „Wer kennt nicht die massive Irritation, wenn wir Menschen gegenüberstehen, deren Geschlecht wir nicht sofort erkennen?“ (Rose 2000, S. 243). Mädchen und Jungen „müssen sich in die vorherrschende Struktur der Zweigeschlechtlichkeit einfinden und deshalb ist es für sie wichtig, sich eindeutig als Mädchen oder Junge zuordnen zu können bzw. erkannt zu werden – *gerade dann*, wenn die Geschlechterbilder offener werden“ (Bitzan 2004, S. 468 f.; Hervorh. M. B.).

Der genannte Zwiespalt verwirrt viele Jungen. Sie haben Probleme, ihre Geschlechteridentität zwischen der alternativen Rollenvielfalt einerseits und der traditionellen Rollenzuschreibung andererseits zu finden.

Im Folgenden soll überlegt werden, wie man in der Praxis der Erziehungshilfen die individuelle Entwicklung einer Jungenidentität fördern kann – ohne den Einfluss gesellschaftlicher Rollenmuster dabei zu unterschlagen.

Jungenarbeit zwischen Individualität und einer Kategorie über „die Jungen"

Zunächst ein etwas abstrakter Punkt: Jungenarbeit muss sich darüber im Klaren sein, dass sie zwar Jungen in ihrer *Einzigartigkeit* wahrnehmen möchte, doch benötigt sie zugleich auch eine gewisse Vereinheitlichung ihrer Zielgruppe.[4] Das heißt, man muss von *den* Jungen sprechen, um überhaupt Jungenarbeit begründen zu können. Biographische Vielfältigkeiten werden vereinheitlicht, um zwei Gruppen (Mädchen und Jungen) zu unterscheiden, mit denen dann je spezifisch gearbeitet wird. Eine solche Vereinheitlichung wird unterstützt durch Statistiken, Massenmedien oder die Wissenschaft: In diesen Bereichen hört man immer wieder Sätze wie „Jungen sind..." oder „Mehr Jungen als Mädchen sind...". Dadurch entstehen die gemeinten Vereinheitlichungen über *die* Jungen.

Eine solche kategoriale Trennung in eine Zweigeschlechtlichkeit hat den Vorteil, dass Benachteiligungen überhaupt thematisiert und kritisiert werden können. Zum Beispiel lässt sich dadurch sagen: *Die* Mädchen erhalten später als *die* Jungen eine Hilfe zur Erziehung; *die* Jungen sind in den meisten Krankheitsstatistiken überrepräsentiert usw. Es hat den Nachteil, dass bestimmte Stereotype festgeschrieben werden können: *Die* Jungen können schlechter ihre Gefühle zeigen usw. So führt also auch die Jungen- und Mädchenarbeit zur Festschreibung von als typisch geltenden Verhaltensweisen (Enggruber 2001, S. 45 f.). Die „Geschlechterreflexion schützt nicht unbedingt vor dieser Wirkung" (Winter 2004, S. 353). Der Mädchen- und Jungenarbeit könnte man vorwerfen, dass sie die Differenzen zwischen den Geschlechtern herausstellt, sie verstärkt und zur eigenen Legitimation nutzt (allg. Rose 2000, S. 244).

Jungenarbeit muss also immer zweierlei beachten: Einerseits muss sie ein Deutungsraster über die Gruppe „der Jungen" als

4 Die folgenden Aussagen gelten analog auch für die Mädchenarbeit.

gesellschaftliche Gruppe anbieten. Andererseits heißt es zurecht „bei mir war das aber anders“ oder „in dieser Familie finde ich das gar nicht wieder“. Tatsächlich hat man oft das Gefühl, so etwas wie das typische Verhalten von Jungen und Mädchen gebe es gar nicht. Geschlecht als kategoriale Bezugsgröße ist somit präsent und doch nicht präsent.

Um also in dem Spannungsfeld zwischen „Tradierung und Alternative“ einen guten Weg zu finden, muss Jungenarbeit zunächst das „widersprüchliche Nebeneinander von Geschlechterinszenierung und -demontierung“ (Rose 2003, S. 85) bei den Jungen beachten und respektieren. Ansonsten würde man Jungen überfordern, denn „es macht wenig Sinn, sie in ein Dilemma zu bringen, anders sein zu sollen als sie derzeit sind und als es in dieser Gesellschaft für Jungen in weiten Bereichen noch angezeigt“ (Vogel 2004, S. 29) ist.

Bescheidenheit der eigenen Deutungsperspektive

Dass Jungen durchaus ihre sehr eigene, individuelle Geschlechteridentität finden, weist auf die Bescheidenheit gegenüber den eigenen Deutungskategorien hin. Konkret heißt dies: Für Jungen kann die Inszenierung ihres sozialen Geschlechts mal wichtig und mal weniger wichtig sein. Geschlechtlichkeit ist also nicht für jeden Jungen *das* durchgängig zentrale, trennende Biografiemoment, wie dies in der Jungenarbeit oftmals behauptet wird. Man muss und darf demnach nicht jede Verhaltensweise durch die „Jungenbrille“ sehen und nicht stillschweigend erwarten, dass die Jungen „bereit sind, sich ebenso zuallererst über ihr Geschlecht zu definieren“ (Rose 2000, S. 248). So ändert sich die Bedeutung von Geschlechtlichkeit entlang der einzelnen Altersphasen von Kindern und Jugendlichen (Puchert/Höyng 2004, S. 98) und Genderthemen werden insbesondere in den Erziehungshilfen oft überlagert von Missbrauchs- oder Vernachlässigungserfahrungen oder von zerbrechenden Familienstrukturen. Auch bezüglich der schlechteren Schulleistungen von Jungen (Kap. 11.5) muss beachtet werden, dass der Zusammenhang von Geschlecht und Schulerfolg überlagert wird von den Merkmalen „Migration“ und „Armut“. Diese beiden Aspekte sind entscheidender für die Schulkarriere als die Frage nach dem Geschlecht. Jungenarbeit muss also einbeziehen, dass ein bestimmtes Verhalten oder eine bestimmte biografische Entwicklung mit der Geschlechtlichkeit nur sekundär zusammenhängt und vielmehr ein Verhalten ist, das beide Geschlechter ohne weitreichende Geschlechterspezifik betrifft.

Diese Warnung vor der „Jungenbrille" bietet zwei Vorteile: Nur durch eine solche Perspektive kann man – erstens – tatsächliche Geschlechterspezifik von einer Pseudodeutung unterscheiden. Dazu ein Beispiel: Wenn ein Junge im Kontext einer qualitativen Befragung angibt, niemand kümmere sich um ihn, wenn er auf dem Schulhof geschlagen werde, so kann man dies freilich geschlechterspezifisch deuten. Frei nach dem Motto: Um Jungen kümmert man sich wenig, weil hier eine Ideologie des „Sich-selber-wehrens" besteht oder unterstellt wird, ein bisschen raufen gehört halt bei Jungen dazu. Das Problem einer solchen Deutung: Man übersieht vielleicht, dass es sich bei dem Problem um ein allgemeines soziales Phänomen handelt (Gewalt an der Schule) und überformt dieses mit der Geschlechterperspektive. Mädchen hätten bei der gleichen Frage vielleicht die gleiche Einschätzung formuliert (sie sind halt nur nicht gefragt worden).

Der zweite Vorteil: Durch die Vorsicht beim Umgang mit der „Jungenbrille" kann man Jungen erst verstehen und respektieren. Die individuelle Sicht der Jungen wird stärker beachtet und ihr Verhalten nicht durch die Kategorie „Jungentypisches Verhalten" kategorisiert. Der Pädagoge entgeht damit dem eigenen, festgelegten Blick über das Verhalten *der* Jungen und kann den einzelnen Jungen in seiner Vielfältigkeit erkennen.

Ethnographische Perspektive

Methodisch kann ein solcher, nicht schon festgelegter Blick, vor allem durch ethnographische Ansätze umgesetzt werden.

Die ethnographische Methode (allg. Lindner 2000) meint den Anspruch, das Fremde verstehen zu wollen statt das scheinbar Gewisse und die scheinbaren Selbstverständlichkeiten zu tradieren. Fremdheit zwischen Pädagogen und Jungen ist durchaus „erlaubt" (Müller 2000) – und wendet sich gegen das Wunschbild von persönlichen Übereinstimmungen, etwa nach dem Motto: „Ich war ja auch mal ein Junge, ich kann dich völlig verstehen."

Methodisch kann man sich dieser (ethnographischen) Perspektive nähern, indem man in Offenheit fragt, was die Jungen wollen und womit sie sich beschäftigen: Welche Musik hören sie, welche PC-Spiele werden gespielt? Davon ausgehend kann gefragt werden: Welche Formen der Geschlechterinszenierung sind damit verbunden, die wir vielleicht noch gar nicht kennen und die eben nicht in das Raster des „typischen Jungenverhaltens" passen? Der ethnographische Blick beinhaltet also die Suche nach den Ausnahmen (Winter 1996) statt der Fixierung auf stereotype und zumeist als negativ definierte Verhaltensweisen. Bilanzierend kann man sagen, dass ein ethnographisch orientiertes Vorgehen das Wissen erweitert, weil es statt ideologischer Ansätze und grobschnittiger Vorannahmen den gezielten Blick aus der kulturellen Nähe der Jungen heraus wagt.

Die genaue und offene Frage danach, was Jungen wirklich wollen, wird vor allem für die Erziehungshilfen wichtig: In deren Handlungsfeldern kann das freiwillige Wollen der Jungen nämlich nicht einfach vorausgesetzt werden (vgl. Kap. 10.1, 10.2). Gerade hier gilt es also, das fremde Jungesein zunächst einmal zu verstehen und herauszuarbeiten, was die Jungen in den Einrichtungen der Erziehungshilfe bezüglich der Entwicklung ihres Jungeseins eigentlich wollen.

12.1.4 Die Perspektive des Gelingens: Handeln in Anerkennung und jenseits des Defizitansatzes

Einleitung: Die Notwendigkeit von Positiv-Zielen

Jungenarbeit wird zum Teil noch immer geprägt von einer Defizit-Sicht auf die Jungen. In diesem Unterkapitel sollen einige Hinweise gegeben werden, wie eine positiv ausgerichtete Handlungsperspektive mit Blick auf die Jungen erreicht werden kann. Zunächst aber einige Gründe dafür, warum sich eine Defizit-Sicht „eingeschlichen" hat in die Konzepte der Jungenarbeit.

Mädchenarbeit fand als soziale Bewegung schnell positiv formulierte Ziele, etwa in der Schaffung von Geschlechtergerechtigkeit und dem Aufdecken von Benachteiligungen (vgl. Kap. 1). Während also die Aktivistinnen der Mädchenarbeit durchaus attraktive und motivierende Ziele verfolgen konnten, müssen sich Jungenarbeiter immer auch mit den problematischen Formen der Männlichkeit beschäftigen. Vor allem die Anfänge der Jungenarbeit fanden hier ihren Bezugspunkt (vgl. Kap. 9; Lloyd 1986; Adloff 1988; Schenk 1992): Die Arbeit an den *Problemen*, die Jungen haben und machen, stand im Vordergrund. Dabei lassen sich vor allem die Themenkreise Gewalt und Sexismus nennen.

Jungenarbeit war also von Beginn an wenig kämpferisch und positiv-normativ ausgerichtet, sondern eher geprägt von der unsicheren Suche nach Alternativen und dem selbstkritischen Blick auf das eigene (Geschlechter-)Verhalten (Rose 2003, S. 61). Innerhalb der pädagogischen Absichten hat dies immer auch zu einigen Paradoxien und Ambivalenzen geführt: Jungen sollen sich verändern, doch es bleibt unklar, in welche Richtung diese Veränderungen zeigen könnten und wie viel vom „alten Verhalten" behalten werden soll und darf. Kurzum: Jungenarbeit fehlte von Beginn an ein eigenes, durch eine positive Zielformulierung getragenes Selbstverständnis, vielleicht auch eine kämpferische Lust; sie war nicht verwurzelt in einer Emanzipationsbewegung im Sinne einer positiv getragenen sozialen Bewegung.

Jene Tradition der Jungen- und Männerarbeit hat nicht selten zu einer Defizitsicht auf die eigene Adressatengruppe geführt: Es fällt auf, dass das Set an Analysekategorien über Jungensozialisation „überwiegend auf Defizite hinweist und auf diese hin orientiert ist. Nur ganz selten wird darauf verwiesen, dass Jungenarbeit notwendig ist, weil sie z. B. den Jungen in einer bestimmten Lebensphase (…) ein starkes Bedürfnis sein könnte, weil sie eine besondere Gesellungsform bietet. Es wird nicht erwähnt, dass Jungenarbeit sie anregt, begleitet, weiterbringt (…). Das Scheitern der Sozialisation wird als pädagogischer Normalfall einkalkuliert und primärpräventiv umgesetzt – eine höchst schwierige Ausgangslage für Pädagogik" (Winter 2001, S. 905). In der Jungenarbeit, so ergänzt Maria Bitzan (2004, S. 472), „überwiegen Problemsichtweisen, die nicht hinreichend Potentiale und aktive Lösungsanteile erkennen" lassen.

Das Problem einer unterschwelligen Defizitorientierung betrifft vor allem die Handlungsfelder der Erziehungshilfen. Weil in diesen mit zumeist marginalisierten Jungen gearbeitet wird, liegt der Blick auf Kompensation und Defizit nahe. So meinen Winter/Neubauer (2001, S. 66) im Hinblick auf die Erziehungshilfen, dass „Jungenarbeit nach wie vor eher am Problempol angelegt ist“: In den Erziehungshilfen wird der Ruf nach Jungenarbeit immer dann laut, wenn die Probleme mit den Jungen überhand nehmen (v. a. Gewalt, Delinquenz, Schulprobleme).

Im Folgenden sollen einige Handlungsperspektiven vorgestellt werden, die helfen, jene Defizit-Sicht zu überwinden. Dies sind „Entdramatisierung“, „Anerkennung“, die „Kunst des Umdeutens“, „Spaß“ und, gewissermaßen als Fazit, die „Perspektive des Gelingens“.

Entdramatisierung

Die Forderung nach Entdramatisierung (vgl. auch Kap. 12.1.3) bildet die unmittelbare Reaktion auf den Defizitansatz. Dieser reproduziert sich nämlich auch dadurch, dass im Kontext der Geschlechtlichkeit als zentraler Analysekategorie besondere Bewältigungsprobleme unterstellt werden. Daraufhin wird zugleich ein relevantes pädagogisches Programm vorgeschlagen – die Jungenarbeit. Die schon vorhandene problematische Sicht auf Jungen droht wiederholt und normalisiert zu werden für alle Jungen. Eine besondere Schwierigkeit für die Erziehungshilfen liegt darin begründet, dass sich die Problematisierung des sozialen Geschlechts immer stark verwebt mit einer problematischen Lebenslage und es zu „Verwechslungen“ kommen kann: Indem das Geschlechterrollenverhalten dramatisiert wird, kann nicht erkannt werden, dass die problematischen Verhaltensweisen primär anderen Lebensumständen geschuldet sind. So weist der Elfte Kinder- und Jugendbericht darauf hin, „dass mit der geschlechtstypischen Brille Dramatisierungen vorgenommen werden“ (BMFSFJ 2002, S. 108 f.) und fordert eine Entdramatisierung von Geschlecht, „ohne faktische Ungleichheiten zwischen den Geschlechtern leugnen zu können und zu wollen“ (ebd., S. 108).

Die Forderung nach Entdramatisierung bedeutet also ein Umdenken innerhalb der Jungenarbeit, welches sich gleichwohl nach und nach durchsetzt: Jungenarbeit wird neuerdings eher verstanden als eine Leistung der sozialen Infrastruktur, die zur Aneignung männlicher Geschlechtsidentität zur Verfügung steht. Sie überwindet damit ihre Selbstdefinition als eine (wenngleich emphatische) Form der sekundären Prävention.[5] Entdramatisierung führt dazu, dass Jungenarbeit mehr sein kann als die Reaktion auf gescheiterte Sozialisationsverläufe und dabei stets „mit sozialer und kultureller Stigmatisierung in Verbindung gebracht" (Winter 2001, S. 905) wird: Jungenarbeit will mehr sein als eine Sicht auf Männlichkeit als problematischem Normalfall. Ein solches Umdenken wird vor allem innerhalb der Erziehungshilfen relevant, weil die „jungenbezogenen" Indikatoren (Gewalt etc.) die Abkehr von einer Defizitsicht erschweren (Winter 2001, S. 908 f.).

Anerkennung der souveränen Wünsche der Jungen

Der Defizitansatz führt bisweilen dazu, dass Jungen „an einem ideal-erwachsenen Zustand gemessen und bewertet [werden, M. B.]. Maßstab ist das Fertige, nicht das sich Entwickelnde" (Winter/Neubauer 1998, S. 363). Würde sich diese Tendenz verfestigen, fehlte der Jungenarbeit eine eigentlich pädagogische Perspektive, die das eigene Handeln als Prozess denkt und nicht primär als Weg zur Zielerreichung.

Um diesem Problem entgegenzuwirken, wird eine stärkere Anerkennung der Souveränität von Jungen notwendig. Dies korrespondiert mit den Wünschen der Jungen, die verständlicherweise eine defizitäre Zuschreibung („ihr seid sexistisch und laut") ablehnen *oder* sich in dieser Zuschreibung (aufgrund fehlenden Leidensdrucks) vielleicht sogar noch bestätigt fühlen. Den Jungen geht es im Gegenteil „darum, sich als fit, kompetent und normal darzustellen. Die professionelle Reduktion auf das defizitäre, problematische Jungesein widerspricht nicht nur den Selbstbildern der meisten Jungen, sondern ebenso ihrer Normalität und ihren durchschnittlichen Bewältigungsstärken" (Winter 2001, S. 911). Dies gilt vielleicht noch besonders für Jungen in Einrichtungen der Erziehungshilfen, die schon vergleichsweise häufig Abwertungserfahrungen erlebt haben (Schulversagen, Verhaltensauffälligkeiten, Zurückweisung durch Erwachsene

---

5 Gemeint ist eine Form der Prävention, die immer dann einsetzt, wenn schon etwas Problematisches passiert ist. Ein Beispiel wäre die Drogenprävention in einem Stadtteil oder an einer Schule, in der/dem es viele Jugendliche mit Drogenproblemen gibt.

etc.). Jungenarbeit darf sich also nicht in Widerspruch setzen zu diesen Wünschen nach geschlechtlicher Souveränität. Ansonsten würde unbeabsichtigt und immanent das entwertet, was Jungen an kulturellen Erfahrungen einbringen.

Wünsche und die Anerkennung von Souveränität beziehen sich vor allem auf die beiden folgenden Aspekte:

Wunsch nach geschlechterbezogener Gruppenidentität

Zu fordern wäre, den Wunsch nach (geschlechtsbezogener) *Gruppenidentität* ernst zu nehmen und jugendkulturelle Zuordnungen als Eigenlogik einer jugendlichen Entwicklung zu achten – auch wenn sich in Jungengruppen bestimmte tradierte Verhaltensweisen noch zu verfestigen scheinen. Jungen brauchen jedoch den Halt der Gruppe für ihre Identitätsentwicklung.

Gleichzeitig muss Jungenarbeit anstreben, Erfahrungen jenseits der bestehenden Normierungen zu schaffen und die Normen gleichzeitig in ihrer identitäts- und lebensstilstiftenden Bedeutung zu achten und anzuerkennen. Deshalb kann, um ein Beispiel zu nennen, die „no problem"-Haltung der Jungen durchaus anerkannt werden, ohne die Jungen mit ihren darin verborgenen Konflikten allein lassen zu müssen (Rose 2000, S. 250). „Hinter den souveränen Geschlechterinszenierungen" (ebd., S. 252) lassen sich Konflikte erkennen und Formen entwickeln, „in denen auch das Verborgene besprechbar und lösbar wird" (ebd.).

Wunsch nach behutsamer Veränderung

Eine Anerkennung der Souveränität von Jungen beinhaltet einen selbstkritischen Blick gegenüber den eigenen, pädagogischen Veränderungswünschen: Warum etwa muss das Ziel von Jungenarbeit quasi zwangsläufig „heißen: Freisetzung aus traditionellen Rollenbildern" (Rose 2003, S. 67)? Zumindest muss in einer solchen Vorgabe die Gefahr gesehen werden, dass damit immer auch eine Entwertung des Bisherigen mitgedacht ist und es muss kritisch gefragt werden, warum sich Jungen unabhängig machen sollen von den traditionellen Vorgaben des Konzepts Männlichkeit: Warum dürfen sie dieses nicht übernehmen? Zumindest aber muss beachtet werden, dass die Veränderungswünsche der Jungen bezüglich ihrer erreichten geschlechtlichen Identität oft geringer ausgeprägt sind, als sich viele Pädagogen dies (insgeheim) wünschen und erhoffen.

Solche selbstkritischen Fragen öffnen den Blick auf eine gesellschaftliche Dimension von Jungenarbeit: Hängt die Jungenarbeit mit ihren Veränderungswünschen nicht nur der Rede von der individuellen Gestaltung des Biografischen nach, wohl wissend, dass diese Ideologie eine persönliche Freiheit vorgaukelt, die gleichwohl immer wieder an die starren Grenzen des gesellschaftlich (oder geschlechtsstereotyp) Erlaubten stößt? Kurz gesagt: Die Jungenarbeit darf nicht Veränderungsmöglichkeiten versprechen und fordern, die gesellschaftlich kaum umzusetzen sind. So bleibt sie stets der Defizit-Sicht verhaftet.

Die Kunst des (Um-)Deutens

Die Überwindung einer Defizit-Sicht beinhaltet auch die Kunst des (Um-)Deutens von Jungenverhalten und damit eine Möglichkeit des Verstehens. Dazu einige Beispiele:

- „Jungen sind Angeber und meinen alles zu können" – Dahinter verbirgt sich die Unsicherheit und die Angst, zu versagen. Jungen suchen nach Bestätigung und stehen unter dem Druck, sich in ihrer gesellschaftlich definierten Männlichkeitsrolle beweisen zu müssen (stark sein, alles zu können etc.).
- „Jungen sind größenwahnsinnig und völlig unrealistisch" – Zu den täglichen Erfahrungen von Jungen gehört das Beschneiden und Kritisieren ihrer Größenphantasien und deren Abwertung durch Erwachsene. Größenphantasien sind gleichwohl eine Form der Lebensbewältigung, eine Möglichkeit, Resonanz zu erhalten „und in Kontakt zu den ideologischen Überhöhungen von Männlichkeit zu bleiben" (Winter 2001, S. 913). Phantasien weisen über die Grenze des Erreichten hinaus, wodurch dieser notwendige Narzissmus einen bedeutsamen Teil des erzieherischen Prozesses bildet. Jungen dürfen aber solche Phantasien überhöhter Männlichkeit „natürlich nicht [sanktionsfrei, M. B.] einlösen. Misserfolge sind unvermeidlich, können aber nur schwer integrierend verarbeitet werden, weil die damit erforderliche Auseinandersetzung mit der Erfahrung von Schwäche und Versagen der Grundorientierung widerspricht und also unterbleibt. So lösen Misserfol-

ge kurzfristig vernichtende Ohnmachtsgefühle aus, die schnellstmöglich vergessen und durch Gefühle eigener Großartigkeit ersetzt werden" (Wieland 2005, S. 146).
- Die Aussage „ohne die Weiber können wir hier endlich über die eigentlich wichtigen Sachen reden" bedeutet eine Verfestigung traditioneller Geschlechterrollen und eine Abwertung von Mädchen und Frauen – Jungen äußern damit die weitreichende Bereitschaft, über sich reden zu wollen und öffnen damit eine Tür für die Jungenarbeit. Nur so kann dann schließlich auch darüber gesprochen werden, *was* es denn so schwierig macht, mit Frauen und Mädchen zu sprechen.
- „Jungen sind aggressiv und wollen immer nur Action" – Allein die körperlichen und seelischen Veränderungen bzw. Herausforderungen der Pubertät bringen oft ein hohes Stress- und Aggressionsniveau mit sich. Zudem fordert das gesellschaftliche Paradigma der Aktivität einen hohen Stresslevel, den Jungen durch Action abzubauen versuchen. Dieses Mehr an Action verstärkt dann aber paradoxerweise wieder den Druck und die getriebene Suche nach Entlastung.

Spaß

Während Jungenarbeit oft sehr ernsthaft und beinahe dramatisierend ihre Perspektive verfolgt, würden die Jungen, so vermutet Rose (2003, S. 115), mit ihrer sozialen Geschlechtlichkeit viel spielerischer und mit mehr Spaß umgehen. In der Jungenarbeit, so ergänzt Winter, sei hingegen diese Einsicht, wonach den Akteuren „Jungenarbeit überdies einfach Spaß machen könnte", noch nicht angekommen (Winter 2001, S. 905).

Daraus ergibt sich die Forderung, dass auch die Inszenierung von „typischen Verhaltensweisen" als lustvoll und vitalisierend anerkannt werden sollte (Rose 2003, S. 67): Körper- und Verhaltensinszenierungen – das Streetball spielen etc. – sollten demnach nicht zuerst unter den Verdacht einer Tradierung von Rollen gestellt, sondern einfach *gewagt* werden. So können die darin liegenden pädagogischen Situationen und Chancen aufgegriffen und genutzt werden.

Eine lust- und spaßvolle Jungenarbeit muss jedoch darauf achten, dass Spaß und Humor nicht als Formen der Abwehr genutzt werden, indem Schwächere lächerlich gemacht und ernste

Themen sofort ins Lächerliche gezogen werden. Spaß würde nämlich ansonsten mit der Angst koalieren, sich selbst zu blamieren.

Fazit: Eine Perspektive des Gelingens

Jungenarbeiter, so das Ergebnis einer Befragung (Winter/Neubauer 1998), haben oftmals keine konkrete Vorstellung darüber, wie ein gelingendes Jungesein, und damit die Stärke und das Positive des Jungeseins, aussehen könnte. Man kann dieses empirische Ergebnis als Folge des Defizitblicks ansehen, weshalb als Fazit eine „Perspektive des Gelingens" zu fordern wäre.

Vor allem innerhalb der Erziehungshilfe reicht es nicht aus, nur sagen zu können „Jungen sollen nicht mehr …", weil allein der Blick auf die Indikationen sowie auf die marginalisierten Lebenszusammenhänge schon tendenziell zum Defizitblick zu neigen droht. Die Aufgabe besteht also darin, ein positives Bild von Jungen und von Jungenarbeit zu finden und sich zu fragen, womit Jungen zu begeistern sind – und weniger, von welchen Verhaltensweisen der Jungen die Umwelt sich gern befreien möchte. Dazu dienen die Anerkennung von souveränen Wünschen, der Spaß, die Kunst des Umdeutens sowie die Entdramatisierung als Ansatzpunkte für ein Konzept von Jungenarbeit in den Erziehungshilfen.

Diese Ansatzpunkte könnten dazu beitragen, Jungen als das zu sehen, was sie sind: Kompetent, authentisch und normal (Winter/Neubauer 1998).

12.2 Qualifizierung

12.2.1 Herausforderungen für die Fachkräfte: Genderkompetenzen und Weiterbildung

Bedingungen fachlicher Qualifizierung

Mittlerweile existieren eine Reihe von Schulungen und Fortbildungen (vgl. Kap 13.6; vgl. auch Paritätisches Bildungswerk 2003). Die Notwendigkeit einer „Qualifizierungsoffensive Jungenarbeit" (Drogand-Strud 2001, S. 30) ist weitgehend anerkannt und wird unter anderem durch die Landesarbeitsgemeinschaften sowie durch Ministerien gefördert (vgl. ebd.). Darüber hinaus liegen auch zahlreiche Materialien vor, die Gender Trainings beschreiben (u.a. Burbach/Schloterau 2001).

Viele Fortbildungen seien jedoch noch, so kritisiert Rose (2003, S. 51), zu stark aufgeladen mit Selbstidentifikationen, Erlebnissen politischer Kämpfe sowie mit Moralisierungen. Ob diese Einschätzung zutrifft oder nicht: Eine weitere fachliche und methodische Qualifizierung der Fachkräfte der Erziehungshilfen scheint allein schon deshalb geboten, weil im Zuge einer Expansion des „Modethemas" Jungenarbeit bisweilen auch *nicht-geschlechterbezogene* Arbeit mit Jungen kurzerhand in Jungenarbeit umbenannt – und entsprechend vermarktet – wird.

Kurzum: Durch ihre Popularität könnte sich die Jungenarbeit ein Problem der mangelnden Qualifizierung ihres Personals einhandeln – zumal noch immer die Tatsache, dass sich ein Mitarbeiter für die spezifischen Problemlagen von Jungen interessiert, dankbar aufgenommen wird und bisweilen schon als ausreichende Qualifikation gilt, um das Thema Jungenarbeit innerhalb der Institution (weg-)delegieren zu können. Demgegenüber muss darauf hingewiesen werden, dass allein die persönliche Motivation nicht ausreichend sein kann: Jungenarbeit würde sich hingegen „dann entwickeln, wenn individuelle Motivation und Professionalisierung zusammengebracht werden könnten" (Winter/Neubauer 2001, S. 29).

Im Folgenden sollen einige *Bedingungen* einer stärkeren fachlichen Qualifizierung genannt werden.

- MitarbeiterInnen müssen motiviert und fachlich von Jungenarbeit überzeugt werden. Dazu könnten etwa Gender-Trainings oder Fortbildungen eingesetzt werden. Andernfalls (also bei einer „Verordnung" von geschlechterreflektierenden Arbeitsansätzen) würde Jungenarbeit möglicherweise als „Störung" innerhalb der bisherigen Arbeitsweise aufgefasst werden – solche strukturellen Änderungen in Institutionen werden zumeist skeptisch betrachtet, weil Routinen verloren gehen.
- Bei der Begründung eines ethnographischen Blicks für die Jungenarbeit (vgl. Kap. 12.1.3) ist bereits deutlich geworden, dass ein Denken in Mehrdeutigkeiten angestrebt werden muss. Der professionelle Blick richtet sich in diesem Kontext auf die Frage, wie Geschlechtergrenzen in Bewegung kommen und wie sich Identitäten vervielfältigen lassen: Die Bandbreite des Junge-Seins

soll den Jugendlichen deutlich werden, so dass sich ihnen Optionen bieten. Dabei ist jedoch der primäre Blick auf die Wünsche der Jungen unabdingbar (vgl. Kap. 12.1.4). Um diesen Blick methodisch einzunehmen, bietet sich das Fallverstehen als allgemeine sozialpädagogische Kompetenz an. Darin müssen dann geschlechterspezifische Deutungsmuster Eingang finden.

- Methodische Ansätze sind nur denkbar unter der Prämisse der Selbstreflexivität[6]. Ein Mindestmaß über das Wissen um den eigenen Umgang mit Themen des Mann-Seins ist damit grundlegend für die Jungenarbeit. Erst dadurch wird es möglich, die Jungen in ihrer Entwicklung zu verstehen und in pädagogischen Situationen qualifiziert zu reagieren und zu agieren.
- Zur Selbstreflexivität gehören darüber hinaus auch Kenntnisse über Marginalisierung, Hegemoniestrukturen des Mannseins, Migration, Sexualität und die eigene Rolle in diesem Positionsgefüge, so wie es unter anderem durch die gesellschaftliche Funktion und die damit verbundene Institutionalisierung der Hilfen zur Erziehung angelegt ist.
- Geschlechterreflektierendes Arbeiten benötigt darüber hinaus spezifische Sachkompetenzen: Zu diesen gehört etwa das Wissen über unterschiedliche Theorien zum Thema Geschlecht (Deutungsperspektiven von Männlichkeit), über Prozesse und Dynamiken männlicher Gruppen, über Theorien zur kindlichen Sozialisation (Elternbeziehungen), über männliche Jugendkulturen im Wandel sowie über Themen und Lebenslagen der Jungen (allg. Kap. 11).
- Erforderlich wird zudem die Fähigkeit, Jungen dabei zu unterstützen, sich auf verschiedenen Ebenen zu bewegen. Wie ein Lotse im Hintergrund unterstützt der Pädagoge den Jungen, der seine Geschlechtlichkeit auf verschiedenen Ebenen (Familie, Jugendhilfe, Schule etc.) immer neu darstellen muss. Zur spezifischen Fachlichkeit gehört also „die Stärkung von Selbstwert und die Befähigung der Jungen […], die Spannungen zwischen der eigenen männlichen Geschlechtsidentität, den sozialen Erwartungen an Männlichkeit und männlich-hegemonialen Strukturen in Institutionen auszuhalten. [Dies] ist eine der zentralen Aufgaben, die an die Mitarbeiter der Jugendhilfe gestellt wird“ (Stecklina 2002, S. 330 f.).

6 Auch wenn die „reine Beziehungsarbeit“ nicht hinreichend sein kann (vgl. Kap. 12.1.1).

Kompetenzen: Ein Fragenkatalog und einige Ideen zum Profil von Jungenarbeitern

Die bisherigen Überlegungen ließen sich verdichten zu einer Frageliste über „Kompetenzen für die Jungenarbeit". Dazu könnten etwa folgende Aspekte gehören:

- Biographie-Aspekt: Welche Erinnerungen sind mir aus meiner eigenen Jungen-Zeit noch präsent? Wie würde ich heute den „inneren Jungen in mir" beschreiben? Welche Erfahrungen habe ich bisher mit der Jungenarbeit gemacht und welche Gefühle waren damit verbunden? Wie kann ich mit Entwürfen von Männlichkeit und Phantasien/ Verhaltensweisen umgehen, die ich persönlich nicht akzeptieren kann?
- Rollen-Aspekt: Welche Rolle nehme ich in der Jungenarbeit und für die Jungen ein, welche möchte ich anbieten? Was wollen und erwarten die Jungen von mir? Wo stehe ich in Konkurrenz zu den Jungen, wo können wir solidarisch miteinander umgehen?
- Anforderungs-Aspekt: Welche Anforderungen werden von Seiten der Institution, des Trägers an mich gestellt? Welche Anforderungen beinhaltet eine qualifizierte Jungenarbeit? Was gelingt mir in der Arbeit mit Jungen, wo liegen meine Stärken/Schwächen?
- Ressourcen-Aspekt: Was brauche ich (noch) zur Durchführung der Jungenarbeit an Unterstützung? Welche institutionellen Ressourcen und welche persönlichen Ressourcen müssten davon ausgehend noch aktiviert werden? Was kann ich von KollegInnen lernen, wo besteht Konkurrenz?
- Ziel-Aspekt: Mit welchen Zielen und Ansprüchen beginne ich Jungenarbeit? Welche Ansprüche habe ich an die Jungen, mit denen ich arbeite, wie viel Veränderung und welche Veränderungen erwarte ich von ihnen? Wie vereinbaren sich die Ziele meiner Jungenarbeit mit denen des institutionellen Auftrags, mitunter auch der jeweiligen Indikation der Erziehungshilfe? Wie viel Offenheit braucht Jungenarbeit, das heißt, wie direkt darf ich die Jungen konfrontieren und wo liegen demgegenüber auch die Grenzen der pädagogischen Begleitung?

Aus dem Fragenkatalog ergeben sich im Grunde bereits wichtige Hinweise auf die Fähigkeiten, die ein Jungenarbeiter mitbringen und entwickeln sollte. Diese lassen sich wie folgt zusammenfassen (vgl. auch Vogel 2004, S. 30):

- Klärung des Beziehungsangebots und der Rolle, mit denen man den Jungen begegnen möchte
- Auseinandersetzung mit dem Einfluss und der Macht, die man qua Institution und professionellem Auftrag über die Jungen hat
- Fähigkeit, die eigene Rolle und Geschichte als Mann zu reflektieren
- Wissen über die relevanten Themen, die Jungen betreffen
- Neugier, um Jungen zuzuhören und andererseits die Bereitschaft, auch über sich selbst zu berichten
- Wissen über die typischen Probleme der Jungenarbeit: z. B. das Wissen darüber, wie schnell man Jungen in das Dilemma bringen kann, sich verändern zu sollen oder das Dilemma, dass Jungenarbeit oft sehr ernst und wenig lustorientiert ist (vgl. Kap. 12.1)
- Die Fähigkeit, Jungen zu verstehen und auch ihre „Sprache zu sprechen", doch sich gleichzeitig auch abzugrenzen, kritisch zu sein und über die Auseinandersetzung auch Lernmöglichkeiten für die Jungen bereit zu halten

12.2.2 Herausforderungen für die Einrichtungen und Institutionen

Will man Gender-Prozesse reflektieren und die Wahrnehmung dessen schulen, was im eigenen Handeln und durch das eigene Handeln entsteht, so kann dies nicht allein auf individueller Ebene geschehen: Geschlechterbewusstes Arbeiten ist nur denkbar im Kontext der jeweiligen Institution, zumal die Arbeitsfelder der Erziehungshilfen stets auch einen Schauplatz von geschlechterbezogenen Verhaltensweisen bilden (allg. Krannich 1999). Im Folgenden soll zunächst der aktuelle Stand der Vernetzung und Institutionalisierung der Jungenarbeit beschrieben werden. Daran anschließend folgen einige Anregungen zur Etablierung von Jungenarbeit in Institutionen. Abschließend wird ein Raster für eine Situationsanalyse vorgestellt: Darin sind Fragen aufgenommen, die sich Institutionen stellen müssen, wollen sie die Geschlechterperspektive gezielter umsetzen.

Vernetzung und Institutionalisierung: Der aktuelle Stand

In den vergangenen Jahren sind der fachliche Austausch innerhalb der Jungenarbeit sowie die regionale wie überregionale Vernetzung deutlich vorangekommen. In einigen Bundesländern wurden Landesarbeitsgemeinschaften gegründet (1998 in Nordrhein-Westfalen und in Schleswig-Holstein, 2000 in Baden-Württemberg oder 2001 in Niedersachsen) und seit einigen Jahren wird ein Bundestreffen Jungenarbeit durchgeführt. Mit dem Wintersemester 2004 wurde darüber hinaus an der katholischen Fachhochschule Berlin eine Professur für Jungen- und Männerarbeit eingerichtet.

Die Zeitschrift Switchboard zählte im Jahr 2000 etwa 150 Initiativen, Projekte und Arbeitskreise zur Jungenarbeit (Bentheim u. a. 2004, S. 61). Nimmt man jedoch die von den Landesarbeitsgemeinschaften erstellten Dokumentationen zur Grundlage und rechnet diese entsprechend hoch (ebd., S. 62), dürften es weit mehr als jene 150 Initiativen sein: Allein in den Bundesländern mit Landesarbeitsgemeinschaften lassen sich knapp 200 Initiativen und Arbeitskreise zählen. Mittlerweile liegt also eine ganze Reihe von good practice-Beispielen vor, die von Experten in Sachen Jungenarbeit sowie in entsprechenden Netzwerken durchgeführt werden. Größere Träger der Jugendhilfe, wie Pro Familia oder der Kinderschutzbund, haben in ihre Konzeptionen die Jungenarbeit als Regelleistung aufgenommen (Bentheim u. a. 2004, S. 62).

Man kann also von einer vielfältigen und in ihrem Umfang durchaus beachtlichen Szene von Supervisions- und Fachberatungsbüros sowie von projektorientierten Initiativen sprechen. Viele dieser Initiativen sind keinem großen Träger angeschlossen und versuchen durch Modellprojekte und eigene Akquise ihren Fortbestand zu sichern.

Soweit die Haben-Seite. Gleichwohl aber hat sich die Jungenarbeit als sozialpädagogische Querschnittsaufgabe institutionell in den Erziehungshilfen noch nicht in ausreichendem Maße durchgesetzt (vgl. auch Kap. 10.3), so etwa eine Schlussfolgerung des Elften Kinder- und Jugendberichts (Scherr 2002; Sturzenhecker 2002).[7] Die Jungenarbeiter in den Einrichtungen der Erziehungshilfe beklagen deshalb weiterhin zurecht ihren Status als „Einzelkämpfer". In etlichen Einrichtungen gilt Jungenarbeit nach wie vor quasi als persönliches Hobby engagierter Mitarbeiter, welches institutionell wenig abgesichert und in den Konzeptbeschreibungen der Einrichtungen oft nicht dezidiert als Ziel aufgenommen ist. Jungenarbeit bleibt also vom Engagement und dem Willen der Einrichtungen und Träger der Erziehungshilfe jeweils vor Ort abhängig und ist damit oftmals noch nicht als Regelangebot etabliert. Obwohl also die Tätigkeit von Jungenarbeitern durchaus geschätzt wird – erstens gilt die Geschlechterpädagogik mittlerweile als einzulösende Handlungsaufforderung und zweitens ist man froh, dass man jemandem im Team „die Jungs" anvertrauen kann – bleibt sie institutionell schwach verankert: Scheidet der Mitarbeiter aus, gibt es oftmals auch keine konkrete Jungenarbeit in der Einrichtung mehr.

Forderungen zur Etablierung von Jungenarbeit

Da nun gerade sogenannte Querschnittsthemen dazu neigen, sich „in Nebel und Dunst" aufzulösen, sind möglichst konkrete Ansätze einer konzeptionellen Etablierung sowie einer strukturellen Verankerung von Jungenarbeit in den Erziehungshilfen erforderlich. Dazu einige Anregungen:

Finanzielle und infrastrukturelle Ausstattung

Zu fordern ist zunächst eine bessere finanzielle und infrastrukturelle Ausstattung der Jungenarbeit, um zu verhindern, dass – wie jüngst vermehrt geschehen – Projekte und Initiativen beendet werden müssen. Dies hat auch den Bereich der Erziehungshilfen betroffen. Stattdessen müssten vor allem die vorhandenen kleinen Projekte gestützt werden (Bitzan 2004, S. 473), um sie in Kooperation zu nutzen für die Angebote der Erziehungshilfen.

---

7 Im entsprechenden Einzelband befassen sich zudem 13 Beiträge dezidiert mit der Situation von Mädchen und lediglich die letzten beiden mit jener der Jungen. Genauer: Diese beiden Beiträge beschäftigen sich eben nicht mit der Situation der *Jungen*, sondern *beklagen* den aktuellen Stand der Jungenarbeit. Man kann dieses Beispiel durchaus als Hinweis auf die Etablierung lesen und auf den prekären Stand, den die Jungenarbeit nach wie vor inne hat.

Arbeitskreise (§ 78 KJHG)

Wünschenswert sind mehr *Arbeitskreise im Kontext von § 78 KJHG*, um die langfristige Etablierung von Geschlechterpädagogik durchzusetzen und dies vor allem gegenüber den (fach-) politischen Entscheidungsträgern zu vertreten. Diese Arbeitskreise verstehen sich entweder als Jungenarbeitskreise oder als Arbeitskreise zur Jungen- und Mädchenarbeit. Auf lokaler Ebene könnten die Erkenntnisse über die konkreten Lebenslagen der Jungen (in der Einrichtung, in einem Handlungsfeld, einem Stadtteil etc.) in die konzeptionelle und fachliche Weiterentwicklung, in die kollegiale Supervision ebenso wie in die Jugendhilfeplanung einfließen. Weitere Aufgaben solcher Arbeitskreise könnten sein: Organisation von Fachtagen und Fortbildungen, Beratung des Jugendhilfeausschusses, Erhebung von Bedarfslagen, Beratung bei Konzeptionsentwicklungen in Einrichtungen der Erziehungshilfe. Die Notwendigkeit dieser Vernetzung gilt vor allem für die ländlichen Gebiete sowie für die ostdeutschen Bundesländer. Allerdings sind die wenigen Arbeitskreise nach § 78 KJHG von den jeweiligen Jugendämtern bzw. Jugendhilfeausschüssen zumeist nicht anerkannt: Jungenarbeiter erfahren dadurch keine ausreichende Legitimation für ihre Arbeit.

Kontakte und Kooperationen – einrichtungsübergreifend

Einrichtungen der Erziehungshilfe sollten Kontakt aufnehmen und Kooperationen suchen zu jenen Initiativen und Projekten, die Jungenarbeit anbieten. Über kleinere Praxisprojekte ließe sich, gewissermaßen als erster Schritt zur dauerhaften Implementierung von Jungenarbeit, das Wissen über Jungenarbeit in die Einrichtungen holen. Fachbezogene Jungenarbeit lässt sich außerdem umsetzen durch *Facharbeitsgruppen* auf regionaler Ebene. Fachgruppen könnten etwa zu den Themen „Jungen im Heim“ oder „Jungen im Hilfeplangespräch“ arbeiten.

Anzustreben sind auch solche Projekte und Kooperationen, die *einrichtungsübergreifend* angelegt sind. Als Kooperationspartner kommen dabei auch Einrichtungen in Frage, die sich zwar mit den Lebenslagen von Jungen befassen, aber nicht den Erziehungshilfen zuzuordnen sind. Eine solche interprofessionelle

Kooperation erlangt vor allem im Rahmen von sozialräumlichen Handlungsansätzen ihren Sinn.[8]

Jungenpolitik

Fachgruppen und Arbeitskreise (s. o.) können in einer Umsetzung von *Jungenpolitik* münden: Unter Jungenpolitik wird der auf politischer und (fach-)öffentlicher Ebene verortete Einsatz für die Belange von Jungen sowie die Sensibilisierung für deren Lebenslagen verstanden. Konkrete Aufgaben wären etwa: Ressourcen einfordern und bereitstellen, Jungenarbeit in den Ausbildungsordnungen und Lehrplänen der Sozialpädagogen- und Erzieherausbildung aufnehmen sowie die Partizipation von Jungen fördern. Letzteres gilt auch für die Einrichtungen der Erziehungshilfe selbst: Wie können Jungen vor Ort Einfluss nehmen – und zwar auch auf die Jungenarbeit?

Jungen(arbeits)forschung als Möglichkeit der Etablierung

Zur Etablierung von Jungenarbeit trägt auch das Wissen über Jungen und damit die Jungen(arbeits)forschung bei. Diese steht aber vergleichsweise noch am Anfang: Wenig ist bekannt über die Umsetzung von Jungenarbeit in den Erziehungshilfen, im Grunde gar nichts über die Wirksamkeit ihrer Konzepte und kaum etwas darüber, unter welchen Prämissen sie von den Jungen angenommen wird. Vergleiche von Jungenarbeitsangeboten im jeweiligen Sozialraum bzw. mit Institutionen aus anderen Arbeitsfeldern wären ebenso dringend zu erforschen. Auch das Wissen über die konkreten Lebenslagen von Jungen ist noch zu gering entwickelt (vgl. zu den empirischen Defiziten u. a. Winter 2001, S. 909; Rose 2003, S. 77; Voigt-Kehlenbeck 2004, S. 154). Insbesondere ist noch ungeklärt, wie viele Mythen sich hinter diesen angeblich „typischen" Lebenslagen und Bewältigungsmustern verbergen.

Die Beobachter sind sich einig, dass „insbesondere die empirischen Erkenntnisse im Hinblick auf die Wirksamkeit geschlechtsbewusster Arbeit (…) unzureichend" (BMFSFJ 2002, S. 252) sind, weil „statistische Daten und Forschung zur Häu-

8 Die Jungenarbeit könnte sich dadurch zudem stärker dem sozialräumlichen Denken öffnen ebenso wie die Sozialraumanalysen den Gender-Aspekt deutlicher einbeziehen müssen (Rose 2003, S. 88 ff.).

figkeit und Qualität von Jungenarbeit in der Bundesrepublik fehlen, und selbst das Erfahrungswissen der einzelnen Jungenarbeiter ist begrenzt, da häufig keine Vernetzung von Jungenarbeitern existiert" (Puchert/Höyng 2004, S. 95). Deshalb liege „in vielen Facetten der Jungenarbeit (…) einzig das Erfahrungswissen der Praktiker zugrunde" (ebd., S. 120). Neben der empirischen Bestandsaufnahme steht auch eine „fachöffentlich konsensfähige und dem Stand der internationalen wissenschaftlichen Forschung und Theoriebildung entsprechende Fundierung von Jungenarbeit" (Scherr 2002, S. 302) noch aus.

Neben den genannten Desideraten kommen noch methodologische Probleme der Jungenarbeitsforschung hinzu: Die Gender-Forschung ist nicht davor gefeit, statistische Mittelwerte zu verallgemeinern und auf kleinräumige Kontexte zu übertragen. Ein weiteres Problem der Gender-Forschung liegt darin, dass sie Befunde zur Geschlechterdifferenz und die entsprechenden Deutungen auf Dauer stellen – sie werden dann immer wieder zitiert und geraten zur dauerhaften Wahrheit, ohne auf ihren Gehalt hin neu überprüft zu werden.

Raster für eine Situations- und Bedarfsanalyse

Im Folgenden wird in sieben Schritten dargestellt, entlang welcher Schwerpunkte eine Situationsanalyse aus geschlechterreflektierender Sicht in Einrichtungen der Erziehungshilfe vorgenommen werden kann: Diese Schritte können zu einer Etablierung von Jungenarbeit in den Erziehungshilfen beitragen bzw. deren Umsetzung kritisch reflektieren.

Organisationskultur[9]

Die Analyse beginnt bei der Frage, was sich unter Gendergesichtspunkten über die Organisationskultur sagen lässt: Wie viele Männer und Frauen sind in der Einrichtung beschäftigt? Wer befindet sich in Führungspositionen, wer leitet das Heim und wer leistet die erzieherische Alltagsarbeit? Werden Genderfragen, ausgehend von der Leitungsebene, zum Thema und wenn ja, wie wird mit ihnen umgegangen? Besteht die insti-

9 Einige Hinweise zum Thema „Gender in Organisationen und deren Kulturen" finden sich bei Pasero/Priddat (2004).

tutionelle Möglichkeit, diese Themen anzusprechen oder existiert ein unausgesprochenes Tabu? Zum Aspekt der Organisationskultur gehört aber auch die Frage nach der Kooperation innerhalb der Einrichtung: Könnte Jungenarbeit in einem Klima des Gemeinsamen und Unterstützenden stattfinden? Oder herrschen Konkurrenz („Meine Jungenarbeit ist die Beste"), Abhängigkeitsangst („Ich schaffe das auch alleine") und Neid („Die anderen wollen nur abgucken") vor (vgl. auch Jantz/Grote 2003, S. 91)? Und schließlich: Wie könnten etwaige Tendenzen von Konkurrenz, Neid und Abhängigkeitsangst bearbeitet und stärker in Richtung Kooperation gelenkt werden?

Organisationsentwicklung und Planung

Die Analyse von Organisationskulturen verbindet sich mit einer Leitbildentwicklung sowie einer Organisationsphilosophie, die den Stellenwert der Geschlechterthematik angemessen berücksichtigt. Dies betrifft etwa die Ebenen der Satzung, der Geschäftsordnung oder der Grundsatzbeschlüsse (vgl. Weg 2002, S. 19). Jene Prinzipien gewinnen dann Einfluss auf die Personalbesetzung, die Personalentwicklung sowie die strategische Ausrichtung: Im Kontext von Entgeltvereinbarungen und Leistungsstandards muss gefragt werden, wie sich durch Jungenarbeit das Profil der Einrichtung/des Trägers schärfen lässt und inwieweit sich Jungenarbeit auch finanziell lohnt.

Mit der Organisationsentwicklung ist zugleich der Vorgabe des Gender Mainstreaming – Konzepts Rechnung getragen, ein Top-Down-Prinzip darzustellen.

Teamstrukturen

Neben der Ebene der Organisationskultur und -entwicklung ist die Teamarbeit von besonderer Wichtigkeit. Hier findet die konkrete Jungenarbeit ihren täglichen Rahmen, hier entscheidet sich oftmals, mit welchen Ressourcen und welcher Unterstützung Jungenarbeit rechnen kann – und mit welcher eben nicht. Deshalb, so Voigt-Kehlenbeck (2004, S. 153), müsse auf die fachliche und persönliche Zusammensetzung der Teams besonderer Wert gelegt werden: Innerhalb der Erziehungshilfen erhalte die geschlechterrepräsentierende „Vorbildfunktion der Fachkräfte noch einmal eine ganz andere Bedeutung" (ebd.).

Folgende Fragen stehen dabei im Mittelpunkt: Was bedeutet die jeweilige Zusammensetzung des Teams (Männer und Frauen, aber auch fachliche Hintergründe) für die Umsetzungsmöglichkeit von Jungenarbeit? Darüber hinaus ist die Frage zu stellen, wie die Zusammenarbeit im Team – vor allem im Hinblick auf das Verhältnis von Frauen und Männern – organisiert ist: gleichberechtigt, hierarchisch oder geschlechterstereotyp? Bezüglich der konkreten Umsetzung von Jungenarbeit ist zu eruieren, welche unterschiedlichen Erwartungen innerhalb des Teams bestehen und wie sich eine gute Kooperation zwischen allen organisieren lässt. Zu fragen sein wird auch, welche(r) Mitarbeiter(in) aus geschlechterreflektierender Sicht jeweils die richtige Betreuungsperson darstellt.

Schulewski (2002) hat in ihrer Studie unterschiedliche Teamstrukturen im Hinblick auf doing gender – Effekte untersucht. Die Autorin kommt zu dem Schluss, dass „doing gender-Prozesse und doing gender-Effekte besonders durch die Teamkonstellation beeinflusst werden“ (Schulewski 2002, S. 41). Als ideal erachtet die Autorin ausgeglichen gemischtgeschlechtliche Teams mit mehreren Männern und Frauen sowie mit deutlich formulierten gemeinsamen Arbeitsaufträgen: Solche Teamstrukturen reduzieren unerwünschte Gender-Aspekte (Abwertung aufgrund von Geschlecht, Kontrolle etc.) und fördern eine produktive Zusammenarbeit.

Ist-Analyse: Jungen in der Einrichtung

Eine weitere Kategorie der Situationsanalyse richtet sich auf die Adressatengruppe. Hier muss geklärt werden, wie viele Jungen sich in der Einrichtung befinden und darüber hinaus gefragt werden, warum die Jungen in einer Einrichtung der Erziehungshilfe sind und welche Indikationen und Zuschreibungen vorliegen. Weiterhin ist zu klären, welches die genauen Themen und Lebenslagen der jeweiligen Jungen sind und welche Ressourcen diese mitbringen, an denen angesetzt werden könnte.

Eine Soll-Analyse: Perspektiven aus geschlechterreflektierender Sicht

Der Ist-Analyse schließt sich die Soll-Analyse an. Dabei kann folgende Leitfrage formuliert werden: Welches Potenzial, das die Jungen auf dem Weg zum Mann-Sein schon haben, können sie in der jeweiligen Erziehungshilfe-Einrichtung weiter entwickeln? Welche weiteren Möglichkeiten bietet die jeweilige Hilfe zur Erziehung den Jungen auf dem Weg ihrer Entwicklung als Junge bzw. als männlicher Jugendlicher? Zu diesen Möglichkeiten gehören auch Fragen zur Partizipation von Jungen in den Einrichtungen der Erziehungshilfe: Wie sind Jungen an der Gestaltung von Räumen und Settings beteiligt? Können sie ihre Wünsche bzw. Kompetenzen für ihre weitere Entwicklung als Junge in der Erziehungshilfe einbringen? Zur Perspektiventwicklung gehört darüber hinaus auch die Integration der Jungen in andere soziale Bezüge (Winter/Neubauer 2001, S. 117 f.): Vor allem für die Erziehungshilfen scheint dies geboten, weil die Jungen schließlich nicht in jenen Maßnahmen der erzieherischen Hilfe verharren sollen. Auch aus diesem Grund scheint es angebracht, das Themenfeld „Übergang in Ausbildung und Beruf“ aus geschlechterspezifischer Sicht verstärkt aufzugreifen.

Vorhandene und benötigte Kompetenzen

In einem weiteren Schritt wird – ausgehend von den institutionellen Strukturen sowie der Adressatenanalyse – nach den *Kompetenzen* gefragt, die für Jungenarbeit benötigt werden. Dabei muss zunächst zusammengetragen werden, welche Kompetenzen innerhalb einer Einrichtung der Erziehungshilfe bereits bestehen und genutzt werden. Diese können sich beziehen auf Konzepte und Theorien der Geschlechterkonstruktion, auf die Theorie des Gender Mainstreaming, auf das Wissen um die Lebenslagen von Jungen sowie auf methodische Kenntnisse, die innerhalb der Jungenarbeit zum Einsatz kommen können. Es kann vermutet werden, dass bereits viele Ressourcen innerhalb der Arbeitsfelder der Erziehungshilfe vorhanden, jedoch im Sinne einer qualifizierten Jungenarbeit noch nicht *genutzt* und ausgebaut sind. Vielleicht braucht es daher oft auch einfach nur den Mut, „mal anzufangen“ und sich in die Ressourcen einzuklinken, die bereits existieren. Jungenarbeit kann also anknüpfen an die bestehende Tätigkeit, die es im Sinne einer geschlechterreflektierenden Praxis zu qualifizieren gilt. Jungenarbeit ist damit in der Regel *keine* Neuerfindung, sondern knüpft an gelingende Praxis an.

Darüber hinaus ist in einem zweiten Schritt freilich zu klären, welche weiteren Kompetenzen notwendig und wie diese zu erwerben sind (durch Fortbildungen, Neueinstellungen etc.).

Evaluation und weitere Qualifizierung

Abschließend müsste beobachtet werden, wie die vorhandene Jungenarbeit in den Einrichtungen oder bei den Trägern bewertet und eingeschätzt wird und wie davon ausgehend die weitere Etablierung und Professionalisierung der Jungenarbeit gesichert werden kann. Dazu gehört – erstens – die Frage, wie die Jungenarbeit evaluiert und woran erkannt werden kann, ob gut und wirksam mit den Jungen gearbeitet wurde. Zweitens muss überlegt werden, welche Bereiche und Aufgabenschwerpunkte noch konzeptionell umgesetzt werden sollen: Was müssen wir den Jungen noch anbieten, welche Aufgabenbereiche müssen wir noch berücksichtigen?

An dieser Stelle einer Situationsanalyse kann in kreativer Form (etwa als Ideenwerkstatt) danach gefragt werden, welche zukünftigen Ziele für geschlechterbezogene Arbeit im eigenen Praxisfeld angestrebt werden sollen. Konkret kann überlegt werden, welche Projektideen und neuen methodischen Zugänge genutzt werden können. Zuletzt schließlich geht es um die Frage der Positionierung der Einrichtung im Vergleich zu anderen. Dabei kann überlegt werden, für welchen jungenspezifischen Bedarf sich die eigene Einrichtung besonders qualifiziert hat und wie dieses Qualitätsmerkmal „nach außen" getragen und genutzt werden kann – hier schließt sich dann der Kreis zur Organisationsentwicklung: Die Überlegungen zur Jungenarbeit sind also konzeptionell nie abgeschlossen, sondern verändern sich entlang gesellschaftlicher, paradigmatischer, professionsbezogener oder adressatenbezogener Veränderungen.

Zusammenfassung

Arbeitskonzepte sowie die Qualifizierung von MitarbeiterInnen und Einrichtungen bilden die Kernelemente einer Reflexion über Jungenarbeit in den Erziehungshilfen. Die Arbeitskonzepte – die von verschiedenen Formen der pädagogischen Beziehung über die Orte des Handelns bis hin zu einer „Perspektive des Gelingens" reichen – bilden große Herausforderungen für die

Praxis der Erziehungshilfen. Oft sind widersprüchliche Anforderungen zu vereinen: So soll beispielsweise die Individualität der Jungen geachtet und doch sollen die Lebenslagen *der* Jungen reflektiert werden. Vor allem innerhalb einer „Perspektive des Gelingens“ wurden Vorschläge unterbreitet, wie mit diesem Spagat innerhalb des Handelns umgegangen werden kann. Einen Beitrag zur qualitativ guten Ausgestaltung der Arbeitskonzepte leistet die Qualifizierung der MitarbeiterInnen. Doch sollte bei allen Forderungen nach geschlechterreflektierender Fortbildung beachtet werden, dass Jungenarbeit oft schon „im Kleinen“ beginnen kann: Bestehende, gute Praxis gilt es zu reflektieren und ggf. zu modifizieren im Sinne einer geschlechterbewussten Arbeit. Um dieses Ziel zu erreichen, benötigt es jedoch den institutionellen Hintergrund: Erst wenn sich Träger und Einrichtungen konzeptionell und innerhalb ihrer Organisationskultur auf Jungenarbeit einlassen, hat diese eine Chance, sich zu etablieren – und zwar über das Engagement einzelner, motivierter Mitarbeiter hinaus.

13. Methodenbeispiele und Reflexionshilfen für die praktische Arbeit

Die Frage nach eigenen Methoden der Jungenarbeit wird innerhalb der Jungenarbeit eher selten gestellt, geschweige denn beantwortet. Stattdessen gilt – da sind sich die Kommentatoren nahezu einig – die Übereinkunft, wonach Jungenarbeit keine eigene Methodik beinhalte. Jungenarbeit stelle vielmehr eine Haltung dar und bediene sich, so heißt es weiter, den üblichen Methoden, Konzepten und Handlungsgrundsätzen sozialpädagogischer Arbeit (Bentheim u. a. 2004, S. 117).

Zwar ist diese Einschätzung – zumal die Jungenarbeit das methodische Rad weder neu erfinden kann noch sollte – im Grunde zutreffend. Zugleich besteht aber in der Zurückweisung eines Nachdenkens über besondere methodische Ansätze auch die Gefahr, sich nicht um die Konkretisierung von Methoden auf die spezifischen Herausforderungen der Jungenarbeit in Handlungsfeldern der Erziehungshilfe zu bemühen. Die bisweilen deutliche Ablehnung eines spezifisch methodischen Arbeitens (Jantz/Grote 2003, S. 93) könnte zudem dazu beitragen, dass es bei vereinzelter Praxis bleibt, weil die Fachkräfte mit sich und ihrer Haltung allein bleiben (vgl. Kap. 12.1.1).[1] Hinzu kommt, dass bei den MitarbeiterInnen offenbar ein großes Interesse an Methodenseminaren besteht: Genau solche Seminarreihen scheinen besonders nachgefragt zu sein (Winter/Neubauer 2001, S. 121). Noch ein weiterer Grund spricht dafür, sich über spezifische Zugangsformen Gedanken zu machen (vgl. LWL 1998): Jungen sind für präventive Angebote nur schwer zu erreichen. Selbst die anonyme Online-Beratung, so bilanziert ein Projekt der Bundeskonferenz für Erziehungsberatung, erleichtert den Zugang zu Jungen nicht. Doch was nutzt das beste Wissen um die Jungenarbeit, wenn die Jungen nicht

1 Die Annahme, Jungenarbeit sei vornehmlich eine *Haltung*, könnte außerdem dafür benutzt werden, von empirisch fundierter Arbeit über zielgruppenbezogene Methodiken zu entlasten.

zu motivieren sind und die Jungenarbeit keinen Zugang zu ihnen findet?

In diesem Kapitel sollen also einige Methodenbeispiele als Reflexionshilfen kurz vorgestellt werden. Damit ist dezidiert *keine* Methodendiskussion, nicht einmal die *systematische* Vorstellung von Methoden verbunden – es geht allein um einige Anregungen und Ideen (vgl. auch Burbach/Schloterau 2001; Winter/Neubauer 2001, S. 141 ff.), die für die Jungenarbeit in den Erziehungshilfen nützlich sein können.[2]

13.1 Erlebnispädagogische Ansätze

Erlebnispädagogische Projekte gelten als naheliegender Ansatzpunkt für Jungenarbeit (Germscheid 2003): Jungen lassen sich für Klettern, Kanu und Fußball leicht begeistern und ihren Bedürfnissen und Wünschen wird damit Rechnung getragen. Dennoch werden erlebnisorientierte Projekte in der Jungenarbeit (zumeist) kritisch gesehen: Ihnen wird vorgehalten, den nach außen, auf den Körper orientierten und leistungsfixierten traditionellen Männersport in Form von „Actionpädagogik“ noch zu fördern. Außerdem wird moniert, dass falsche Prioritäten gesetzt würden; schließlich seien Jungen in ihrer Freizeit gut versorgt mit Sport- und Aktivangeboten, aber unterversorgt in der Förderung ihrer persönlichen Entwicklung (Benard/Schlaffer 2000). So gesehen kann die Erlebnispädagogik neue Erfahrungsräume verschließen, indem sie bekannte und klassische Männlichkeitsbilder tradiere.

Diese Einwände sind ernst zu nehmen, sollten aber nicht zur Abkehr von erlebnisorientierten Angeboten für Jungen in Erziehungshilfen führen, sondern als Aufforderung verstanden werden, die entsprechenden Projekte weiter zu qualifizieren und jene genannten Problematiken zu minimieren: In der Jungenarbeit ist es wichtig, die erlebnispädagogischen Aktionen immer auch zu reflektieren und zu fragen, was diese für die Bildung einer geschlechtlichen Identität des jeweiligen Jungen

2 Selbstverständlich muss sich zudem immer „vor Ort“ entscheiden, welche Ansätze hilfreich sind und in welcher Ausprägung diese dann in die Praxis umgesetzt werden können.

bedeuten. Ist diese Reflexion gewährleistet, dann bietet die Erlebnispädagogik einige lohnende Ansätze für die Jungenarbeit:

- Sie fördert die Bewegung und die Körperkoordination.
- Sie schärft die Wahrnehmung eigener Grenzen und die Grenzen anderer, sorgt also für notwendige Grenzerfahrungen in einem pädagogisch abgesicherten Raum (vgl. Kap. 11.2).
- Sie fördert den Teamgeist und das zielgerichtete Handeln der Jungen untereinander, und zwar allein schon deshalb, weil die meisten erlebnispädagogischen Projekte gut geplant sein müssen (vgl. die Bedeutung von Freundschaften, Kap. 11.8).
- Sie fördert das gemeinsame Aushandeln von Regeln und das Zusammenarbeiten im Gruppenprozess.
- Sie schult die Aufmerksamkeit für ungeplante Ereignisse, aber auch für unvorhersehbare Krisen. Die Jungen sind aufgefordert, Lösungen zu finden, aber auch Kritik und Konflikte auszuhalten bei jenen Lösungsvorschlägen, die nicht funktionieren.
- Erlebnispädagogik bietet die Möglichkeit der Anerkennung von Jungen und ihren „typischen“ Interessen. Damit verbunden ist also die Anerkennung ihrer Stärken. Zugleich wird den Jungen signalisiert, dass Jungenarbeit Spaß machen kann und soll (vgl. Kap. 12.1.4).
- In der *Reflexion* von erlebnispädagogischen Projekten kann mit Jungen geschlechterreflektierend diskutiert werden: Wie wichtig war euch die Leistung? Wer will warum der Beste sein? Wer wollte bestimmen? Wie geht man mit Problemen und dem Scheitern um? Wann ist welches Risiko angemessen? Welche positiven Körpererfahrungen habe ich machen können, wo bin ich an meine Grenzen gestoßen?

13.2 Theaterpädagogische Ansätze und Rollenspiele

Bezogen auf spiel- und theaterpädagogische Ansätze besteht ein Nachholbedarf in der Jungenarbeit. In den Hilfen zur Erziehung liegen „jungenpädagogische Zugänge häufig bis überwiegend im sport- und erlebnispädagogischen Bereich“ (Winter/Neubauer 2001, S. 66 f.), demgegenüber spielen theater- und kreativpädagogische Ansätze „eine deutlich zu geringe Rolle“ (ebd.).

Im Folgenden soll unterschieden werden zwischen Ansätzen des Improvisationstheaters einerseits sowie Trainings und Rollenspiele andererseits.

Improvisationstheater

Zunächst zum Improvisationstheater, das bisweilen auch unter dem Begriff des Stegreiftheaters bekannt ist: Improvisationstheater meint das Theaterspiel ohne feste Rollen, also sozusagen spontan, improvisiert und aus dem Stegreif heraus. Für die Jungenarbeit scheint diese theaterpädagogische Methode aus folgenden Gründen besonders relevant zu sein (vgl. auch Blomberg 2002):

- Das Improvisationstheater bietet die Möglichkeit, in spielerischer Form und unter geringerem Realitäts-Druck mit bekannten und alternativen Rollenmustern der eigenen Geschlechtlichkeit zu experimentieren. Das Spiel auf der Bühne, das einmalig bleibt und nicht auf Rollen fixiert ist, erscheint ungefährlich: Hier können auch die „harten Jungs" leichter mal die Rolle eines Mädchens oder die eines schüchternen Jungen übernehmen.
- Weil das Stegreiftheater von der Unvorhersehbarkeit und von der Spontaneität lebt, bietet es ein gutes Erfahrungsfeld für das tatsächliche Erleben der Geschlechterrolle: Diese ist nämlich auch von ambivalenten Anforderungen geprägt und ändert sich häufig.
- Gefühle von Allmacht und Ohnmacht lassen sich auf der Bühne sanktionsfrei bzw. gefahrloser für das eigene Selbstkonzept darstellen: Jungen können hier der Weltenlenker oder der berühmteste Gangsta-Rapper aller Zeit sein, und damit im Kontakt bleiben zu ihren Phantasien allmächtiger Männlichkeit (vgl. Kap. 12.1.4).
- Das Improvisationstheater ist in der Lage, Gegenerfahrungen zur Leistung und zur Konkurrenz unter Jungen und Männern anzubieten. Die Absichts- und Rollenfreiheit widerspricht dem Leistungsdenken und Stehgreifspiel kann nur funktionieren, wenn die Mitspieler aufeinander eingehen – und sich nicht durch Konkurrenz gegenseitig blockieren. Dies ist entscheidend für die Jungenarbeit, denn diese lebt vom Miteinander, ja sogar von der Solidarität der Jungen untereinander.

- Das Stegreiftheater schult den nonverbalen und szenischen Ausdruck und damit die Entwicklung von kommunikativen und kreativen Elementen. Es bietet daher pädagogische Ansatzpunkte bei jenen zumeist sozial benachteiligten Jungen, die sich nicht auf kognitive Verhandlungen und Problematisierungen einlassen wollen oder können. Dies steigert das Selbstbewusstsein der Jungen, weil sie hier eine alternative Ausdrucksmöglichkeit finden.
- Jungen, die als still und introvertiert gelten, werden innerhalb der Jungenarbeit und der Erziehungshilfe häufig nur unzureichend wahrgenommen. Auf der Bühne, so lehrt die Erfahrung, entpuppen sich oft gerade jene Jungen als Ausdruckskünstler und machen damit zugleich auf sich und ihre Wünsche aufmerksam.
- Stegreiftheater macht Spaß, es wird gelacht über die komischen, absurden und ungewöhnlichen Szenen. Damit bietet diese Methode eine weitere Möglichkeit zu verdeutlichen, dass Jungenarbeit Spaß machen kann und muss (vgl. Kap. 5.1.4).

Trainings und Rollenspiele

Trainings- und Rollenspiele: Diese geben im Vergleich zum Improvisationstheater thematische Linien und bisweilen auch genaue Rollen vor. Die Jungen spielen und agieren in diesen Rollen und reflektieren ihre dort gemachten Erfahrungen – entweder nur für sich selbst oder aber im Gespräch mit anderen bzw. dem Sozialpädagogen.

„Flirtschule"

Ein Beispiel für Rollenspiele ist etwa die „Flirtschule". Innerhalb der Flirtschule werden verschiedene Möglichkeiten der Kontaktaufnahme zu Mädchen ausprobiert. Die Jungen agieren dazu in verschiedenen Rollen (der Macho, der Schüchterne etc., aber auch in der Rolle der Mädchen) sowie in verschiedenen Kontexten (in der Disco, im Kaufhaus, der Heimgruppe etc.). Schließlich soll gemeinsam erarbeitet werden, wie ein gelungenes Flirten aussehen kann; etwa wie man dem Mädchen sein Interesse signalisieren kann, die richtigen Worte findet, mit Enttäuschungen umgeht etc.

Selbstbehauptungs- und Konflikttrainings

Zu den Rollenspielen zählen auch Selbstbehauptungs- und Konflikttrainings. Gearbeitet wird hier unter anderem mit den „fairen Kämpfen“ (Kabs 2002), in denen Stopp-Regeln, Fairness sowie die Erfahrung von Verletzlichkeit erlebbar werden. Selbstbehauptungstrainings sind für die Jungen(arbeit) deshalb sinnvoll, weil Jungen häufig unter dem Druck stehen, ihr Leid nicht wahrnehmen zu dürfen und stattdessen zu verdrängen. In Selbstbehauptungskursen können Jungen lernen, dass es nicht normal ist, in Heldenmanier Leid und Gewalt zu erdulden. Es geht also in der pädagogischen Arbeit darum, aggressive Impulse wiederzuentdecken, zu spüren und ihnen Ausdruck zu verleihen – ohne zuzuschlagen. In der Theorie zur männlichen Sozialisation wird unterschieden zwischen Aggression und Gewalt: Aggression gilt demnach als ein wichtiges Gefühl sowie als eine angemessene Form der menschlichen Äußerung. Im Gefühl der Aggression werden Emotionen spürbar und man kann lernen, mit diesen umzugehen, das heißt seiner Aggressivität einen Ausdruck zu verleihen, der dann eben *nicht* in Gewalt mündet. So gesehen stehen sich Aggression und Gewalt fast diametral gegenüber: „Die meisten massiv gewalttätigen Männer sind aggressionsgehemmt“ (Oelemann/Lempert 1997: 278) – daher können Selbstbehauptungstrainings für Jungen durchaus sinnvoll sein.

Körpererfahrungen

In Rollenspiele lassen sich darüber hinaus (und in spielerischer Form) auch Körperübungen, Meditation, Massagen u. Ä. einbringen. Diese Körpererfahrungen jenseits der Actionorientierung setzen allerdings ein gewisses Vertrauen innerhalb der Jungengruppe ebenso voraus wie eine geschützte Atmosphäre. Unter diesen Voraussetzungen aber, so beschreibt Grassert (1996) seine Praxiserfahrungen, sind Meditationen auch mit „harten Jungs“ möglich. Einrichtungen der Erziehungshilfe könnten solche Angebote bereitstellen, um den Druck, unter denen Jungen stehen, abbauen zu helfen.

13.3 Handlungsorientierte Ausdrucksmöglichkeiten

Jungen suchen nach Ausdrucksmöglichkeiten ihrer Themen und ihrer Gefühle – doch können und wollen sie diese oft nicht in eine Sprache fassen, die dem mittelschichtsorientierten Sozialpädagogen als adäquat erscheint (vgl. auch Kap. 13.4). Daher wird es erforderlich, den Jungen *handlungsorientierte* Ausdrucksmöglichkeiten anzubieten. In diesen bildet sich ab, was Jungen tun, sagen und denken. Das eigene Verhalten wird durch handlungsorientierte Ausdrucksmöglichkeiten einerseits sinnlich und greifbar, doch andererseits bleibt das innere Erleben soweit abstrahiert und verdinglicht, dass diese Ausdrucksmöglichkeiten nicht zu *bedrohlich* wirken: Das eigene Verhalten muss dadurch also nicht im berühmten Stuhlkreis und abstrakt problematisiert werden, und kann dennoch (in gestalterisch-abstrakter Form) als Eigenes präsent und sichtbar werden.

Bei Bentheim u. a. (2004, S. 122 f.) findet sich ein gelungenes Beispiel für eine solche handlungsorientierte Ausdrucksmöglichkeit: Dem Mitarbeiter eines Jugendzentrums fällt der große Alkoholkonsum einer Jungengruppe auf. Er bittet die Jungen – ohne einen moralischen Vorwurf – alle Bierdosen vom Wochenende aufzubewahren und mit in das Jugendzentrum zu bringen, um mit diesen Dosen einen „Bierturm“ zu bauen. Die Jungen akzeptieren diese Idee und bringen ihre leeren Bierdosen in das Jugendzentrum. Gemeinsam macht man sich an die Arbeit und bald entsteht ein imposanter Turm. Begleitet wird der Bau von diversen „Saufgeschichten“ und der Angeberei darüber, wer am meisten vertrage. Weil dabei viele Fragen auftauchen (wie viel kann man vertragen? Woran erkennt man eine Alkoholvergiftung?), schlägt der Pädagoge vor, einen Arzt zu einer kurzen Fragerunde ins Jugendhaus einzuladen, was schließlich auch gemacht wird. Die Informationen des Arztes werden neben dem Bierturm an eine Tafel geschrieben und durch die auf Papier nachgezeichneten Körperumrisse der Jungen ergänzt, auf denen die „Durchlaufwege“ des Alkohols eingezeichnet sind. Bereits zuvor, doch vermehrt an dieser Stelle problematisieren einige Jungen das Trinkverhalten, stellen selbstkritische Fragen zur Gefährdung ihrer Gesundheit und bringen den Alkoholkonsum in Verbindung mit dem Druck, unter den sie sich gestellt fühlen: „Wir saufen, weil wir keinen

Mut haben, die Mädchen anzubaggern", so die Jungen. Über eine handlungsorientierte und szenische Darstellung hat es der Jungenarbeiter hier also geschafft, die Jungen zum Nachdenken anzuregen und mit ihnen ins Gespräch darüber zu kommen, welche Funktionen das Alkoholtrinken für sie hat und welche Gefährdungen damit verbunden sind.

13.4 Jungensprache aufgreifen

Jungen reden „eigentlich ständig, nur nicht über sich" – so lautet eine häufig getroffene Aussage über die Kommunikationsstruktur bei Jungen.

Allerdings wird dabei übersehen, dass Jungen durchaus über ihre eigenen Befindlichkeiten reden. Diese Inhalte sind aber häufig hinter einer Jungensprache und sprachlichen Codes verborgen, die entweder als bedrohlich, als abwertend oder als albern bzw. nichtssagend erscheinen. Deshalb wird nicht zu erkennen versucht, was sich hinter der Sprache versteckt: Eine Kunst des Umdeutens (12.1.4) kann hier eingesetzt werden.

Daher muss es ein Ansatzpunkt für die Jungenarbeit sein, die Sprache zunächst einmal zuzulassen, manchmal auch auszuhalten, um sie als Grundlage der pädagogischen Arbeit zu nutzen und als Möglichkeit zu verstehen, etwas über den jeweiligen Jungen zu erfahren (allg. Schenk 1995). Das „Verbot" der Sprache hingegen lässt Jungen das Gefühl bekommen, dass die dahinter liegenden Themen und Probleme ebenfalls nicht ernst genommen werden. Ein „Verbot" äußert sich u. a. dadurch, dass nicht auf die Jungenäußerungen eingegangen wird, dass sie absichtlich überhört oder direkt unterbunden werden.

Die Sprache der Jungen ernst zu nehmen, eröffnet demgegenüber die Möglichkeit, nach Alternativen Ausschau zu halten. Erst wenn der Erlebnisinhalt hinter der Sprache erkannt wird, lassen sich – wiederum über die Sprache – auch das Erleben und die innere Einstellung thematisch aufgreifen. So kann die Sprache etwa der Schlüssel sein, um viel über die Gefühle von Angst und Unterlegenheit bei den Jungen zu erfahren: Wer sich klein und hilflos fühlt, muss wenigstens mit der Sprache diese Zurückgesetztheit zu kompensieren versuchen.

13.5 „Männerwelten“

Als eine Problematik innerhalb der Identitätsentwicklung von Jungen wird immer wieder ausgemacht, dass diese deshalb einem verzerrten Bild von Männlichkeit folgen, weil es an real erlebbaren Modellen des Mann-Seins fehle. Unabhängig von der Reichweite dieser Vermutung ist es ein methodisch sinnvoller Ansatz, männliche Lebensformen in ihrer Vielfalt kennen zu lernen und mit den eigenen Bildern von Männlichkeit zu vergleichen. Dadurch wird es vielleicht möglich, einen eigenen Zugang zum Mann-Sein zu finden. Methodische Ansatzpunkte könnten etwa sein:

- Männer aus unterschiedlichen Arbeits- und Lebensbereichen interviewen
- Männer bei der Arbeit besuchen und einen Tag dort verbringen
- Väter in die pädagogische Arbeit einzubeziehen. Denkbar wäre etwa die gemeinsame Renovierung/ Einrichtung eines Jungenraums, die Reparatur von Spielplatzgeräten als Projekt etc. Ein solches Projekt wäre zudem eine gute Möglichkeit, die Väter in die Elternarbeit einzubinden – damit wäre dann zugleich ein häufig geäußertes Problem produktiv aufgegriffen, nämlich jenes, dass sich vor allem die Väter eher selten in Hilfeplanprozesse und Verläufe von Erziehungshilfen einbringen.

13.6 Weitere Anregungen gesucht? Adressen, Filme, Links, hilfreiche Materialien

Links

Über diverse Internetseiten lassen sich Informationen über Jungenarbeit abrufen:

- www.jungenarbeiter.de
  (LAG Jungenarbeit in Nordrhein-Westfalen)
- www.jungenarbeit-online.de
  (Fachstelle Jungenarbeit in Rheinland-Pfalz/ Saarland)
- www.switchboard-online.de
  (Internetseite der Zeitschrift *switchboard*)

- www.maenner-online.de
  (Internetseite der AG der Männerarbeit der Evangelischen Kirche in Deutschland)
- www.iris-egris.de
  (Projekt Jungenpädagogik bei Iris/ Tübingen)
- www.pfunzkerle.de
  (Initiative Jungen- und Männerarbeit Tübingen)
- www.ak-jungenarbeit.de
  (AK Jungenarbeit bei INPUT München)
- www.MannLinker.de
  (Webside zur Suche von Seiten zur Jungen- und Männerarbeit im Internet)
- www.bzga.de
  (Bundeszentrale für gesundheitliche Aufklärung, zahlreiche, kostenlose Materialien v. a. zur Jungengesundheit und Jungensexualität, aber auch zur Suchtprävention mit Jungen)
- www.neue-wege-fuer-jungs.de
  (Webside des Projekts Neue Wege für Jungs – Angebote für Jungen zur Berufs- und Lebensplanung)

Fortbildungen

Bei folgenden Institutionen lassen sich Informationen über Fortbildungen im Bereich Jungenarbeit einholen:

- Paritätische Bundesakademie Berlin
- Mannigfaltig, Institut für Jungen- und Männerarbeit (Hannover, München)
- Institut for male (Hamburg)
- Heimvolkshochschule Alte Molkerei Frille (Freithof 16, 32469 Petershagen)
- Jugendhof Steinkimmen (Am Jugendhof 35, 27777 Ganderkesee, www.jugendhofsteinkimmen.de)
- Manne e.V., Kiezstrasse 16, 14467 Potsdam (www.mannepotsdam.de)
- Kraftprotz, Bildungsinstitut für Jungen und Männer (Vorderer Mühlenweg 17, 24242 Felde)
- Institut für Sexualpädagogik (Huckarder Weg 12, 44147 Dortmund)

Romane und Filme

- Nick Hornby: About a boy. Roman.
- Reiner Neutzling: Herzkasper. Eine Geschichte über Liebe und Sexualität. Roman.
- Boys don't cry. Film (ab 16 Jahre).
- Billy Elliot: I will dance. Film (ab 12 Jahre).
- Junge, Junge … Über Lust und Frust, ein Junge zu sein (Bezug über Bundeszentrale für gesundheitliche Aufklärung)

Ausblick: Weiterentwicklungen und Kooperationen innerhalb der Mädchen- und Jungenarbeit

In der Geschlechterpädagogik werden bis heute zwei Voraussetzungen als „idealtypisch“ angesehen. Die erste lautet: „Jungenarbeit muss von männlichen Fachkräften gemacht werden“ (Reuter 2003, S. 13) – analog gilt dies auch für die Mädchenarbeit. Die zweite Annahme besagt, dass Mädchen- und Jungenarbeit in geschlechterhomogenen Gruppen stattfinden sollte, also in reinen Jungen- oder Mädchengruppen. Zwar werden mittlerweile, vor allem in der Mädchenarbeit, auch andere Modelle diskutiert, doch gelten diese beiden Annahmen nach wie vor als die besten Voraussetzungen für gelingende Geschlechterpädagogik.

Dennoch sprechen auch viele Gründe dafür, diese Annahmen zu relativieren und die Mädchen- und Jungenarbeit dadurch weiter zu entwickeln. Eine solche Weiterentwicklung ist die konzeptionelle Öffnung hin zu koedukativen Ansätzen. Gemeint ist damit das *geschlechterreflektierende* Arbeiten mit Jungen und Mädchen in einer *gemeinsamen* Gruppe.

Im Folgenden sollen die jeweiligen Vorteile von geschlechterhomogenen sowie von geschlechterheterogenen Settings benannt werden. Daraus leitet sich dann die Forderung ab, beide Ansätze im Sinne einer Weiterentwicklung von Mädchen- und Jungenarbeit auszubauen.

Geschlechterhomogene Ansätze erhalten – viele Gründe sprechen dafür

In reinen Jungen- und Mädchengruppen kann ohne die Bewertung durch die jeweils andere Gruppe, ohne Inszenierungsdruck oder Dominanzgehabe gearbeitet werden. Diese vergleichsweise „geschützte Situation“ ermöglicht es, auch problembelastete Themen anzusprechen, ohne sich bewertet zu fühlen oder sich gegenüber der anderen Gruppe präsentieren und/oder schämen zu müssen (vgl. Rose/Scherr 2000; Rose 2003; Bentheim u. a. 2004, S. 118 f., 120 f.).

In geschlechterhomogenen Gruppen bietet sich außerdem die Möglichkeit zur Erprobung von Rollen und Verhaltensweisen, die ansonsten zumeist an das andere Geschlecht delegiert oder von diesem besetzt werden: Eine Jungengruppe kann bestimmte Verhaltensanforderungen (z. B. Emotionen aussprechen, Gemütlichkeit herstellen, das soziale Miteinander fördern, Haushaltsaufgaben) nicht einfach an die Mädchen zu delegieren versuchen. Umgekehrt können in Mädchengruppen beispielsweise Rollen bzw. Verhaltensweisen ausgetestet werden, die ansonsten eher Jungen zugeschrieben sind (z. B. Tischkickern, Schlägern). „Die Gruppe kann damit zu einem Ort werden, an dem vorherrschende Entwürfe von Männlichkeit [bzw. Weiblichkeit, d. Verf.] hinterfragt und Alternativen erprobt und eingeübt werden können. Die geschlechtshomogene Gruppe ist Herausforderung und Schutz zugleich“ (Reuter 2002, S. 101).

Jungen- und Mädchengruppen ermöglichen darüber hinaus einen solidarischen Umgang miteinander. Im idealen Falle wird das gemeinsame Thema – die Entwicklung als Junge bzw. als Mädchen – nicht zur Abgrenzung genutzt oder als Möglichkeit, sich vor anderen „groß zu machen“, sondern um miteinander eine andere, eben solidarische Form des Zugangs zueinander zu erproben (Kabs 2002, S. 154 f.).

Auch ein empirisches Argument spricht für die Beibehaltung bzw. für den Ausbau geschlechterhomogener Arbeitsansätze: Diese sind nämlich überhaupt noch nicht ausreichend erprobt, um sie begründet wieder abschaffen zu können. Im Handlungsfeld der Jugendsozialarbeit etwa richten sich von 2.681 Maßnahmen (Stichtag der Erhebung im Januar 1998) rund 87 % koedukativ aus, knapp 10 % richten sich an Mädchen und knapp 3 % an Jungen (Werthmanns-Reppekus 2001, S. 552). Zwar wird der Anteil der geschlechterhomogenen Angebote in den vergangenen Jahren gestiegen sein, aber dennoch muss davon ausgegangen werden, dass solche Angebote nach wie vor rar sind.

Darüber hinaus könnte ein vorschneller Verzicht auf geschlechterhomogene Angebote dazu führen, dass es zu einer undefinierten Mixtur aus koedukativen Ansätzen kommt, die dann aber qualitativ keine Geschlechterpädagogik mehr darstellt. Denn „ein allzu schneller Einsatz reflexiver Koedukation (…) lässt (…) eine Verflachung und geringere Qualität befürchten" (Puchert/Höyng 2004, S. 103). Pointiert gesagt: Der Abbau geschlechterhomogener Angebote bietet eine willkommene Gelegenheit, die Geschlechterpädagogik insgesamt zu schwächen, die errungenen Erfolge und institutionellen Qualifizierungen zu verwässern und zurückzufallen in Formen von geschlechterunreflektierter Koedukation, die man mühsam überwunden hatte. Ohne einen großen Anteil an geschlechterhomogenen Angeboten ist Mädchen- und Jungenarbeit nicht denkbar.

Koedukative Angebote als Weiterentwicklung von Mädchen- und Jungenarbeit

Auch wenn die geschlechterhomogenen Ansätze also nach wie vor ihre Berechtigung haben, so muss sich Mädchen- und Jungenarbeit doch über diese hinaus weiter entwickeln. Dazu sollte vor allem „die geschlechtsspezifische bzw. geschlechtsdifferenzierende Qualifizierung der Koedukation vorangetrieben werden" (Bothmer 2001, S. 462). Zwar lässt eine solche „konsequente geschlechtsbewusste Reflexion und Weiterentwicklung der koedukativen erzieherischen Hilfen (…) nach wie vor auf sich warten" (Bitzan 2004, S. 469) bzw. sind geschlechterreflektierende Formen der Koedukation „für die Pädagogik der Erziehungshilfen weitgehend ein Fremdwort geblieben" (Hartwig 2001, S. 60) – doch hätte die *Qualifizierung koedukativer Angebote* große Vorteile für eine Weiterentwicklung der Mädchen- und Jungenarbeit:

- In entsprechendem Setting können Jungen und Mädchen in geschlechtsgemischten Gruppen ihre Verhaltensweisen der jeweils anderen Gruppe gegenüber unmittelbar reflektieren. Der Pädagoge/die Pädagogin wiederum wird zu einem Modell, welches die Jungen und Mädchen mit dem eigenen Verhalten vergleichen können. Daher sollte die geschlechterheterogene Gruppe von einem männlichen und einer weiblichen MitarbeiterIn geleitet werden.
- Mit reflektierten, heterogenen Gruppenangeboten lässt sich eine zentrale Herausforderung der Geschlechterpädagogik

leichter umsetzen: Jungen- und Mädchenarbeit sollte weniger ein exklusives Angebot für besondere pädagogische Territorien (wie die Jungengruppe) sein, sondern muss qualifiziert werden als Teil des pädagogischen und institutionellen *Alltags*. Geschlechterpädagogik muss qualifiziert werden als durchgängige Haltung in Einrichtungen der Erziehungshilfe, weil sich Mädchen- und Jungenarbeit eben in profanen, unstrukturierten Alltagssituationen bewähren muss. Sie kann sich nicht primär auf die Exklusivität der homogenen Gruppe zurückziehen. Mädchen- und Jungenarbeit muss also, vor allem in den Erziehungshilfen, stärker situationsbezogene Inhalte setzen, statt sich auf die stillschweigende Vereinbarung zu verlassen, dass sich Mädchen und Jungen primär über ihr Geschlecht definieren und davon ausgehend einigermaßen homogene Interessen und Erfahrungen einbringen.

- Die Öffnung der engen Definition von Mädchen- und Jungenarbeit macht zudem darauf aufmerksam, dass auch solche heterogenen Angebote, die sich gar nicht *explizit* auf das Geschlechterrollenverhalten beziehen, wichtige Hilfestellungen für Jungen und Mädchen auf deren Weg zu einer geschlechtlichen Identität beinhalten.
- Die Lebenswelten von Mädchen und Jungen nähern sich immer weiter an. Es gibt viele gemeinsam geteilte Erfahrungen, die zunächst genauso wichtig erscheinen wie die geschlechtliche Identität (z. B.: Migrationshintergrund, Familiensituation, Wohngegend). Deshalb entsprechen gemischte Gruppen durchaus den Interessen und Bedürfnissen von Jungen und Mädchen.
- Geschlechterheterogene Gruppen machen die Mädchen- und Jungenarbeit für solche Pädagogen/Pädagoginnen attraktiv, die sich vorher nicht auf Geschlechterpädagogik eingelassen haben. Sie haben sich unter anderem auch durch den Geruch von Exklusivität und Spezialistentum abschrecken lassen. Geschlechtsgemischte Angebote und Handlungsansätze, die viel tiefer in den pädagogischen Alltag reichen, machen Geschlechterpädagogik demgegenüber attraktiv: Mädchen- und Jungenarbeit ist alltägliche pädagogische Arbeit, die von „ganz normalen Sozialpädagogen/innen“ durchgeführt werden kann: Exklusive Angebote durch „exklusive Personen“ sind nicht der einzige Weg.

- Mit dem bisher Gesagten ist deutlich geworden, dass auch Frauen Jungenarbeit und Männer Mädchenarbeit anbieten können. Vielleicht könnte man dabei unterscheiden zwischen „Mädchen- und Jungenarbeit“ (für homogene Angebote) und „geschlechterreflektierender Arbeit mit Mädchen und Jungen“ (für heterogene Angebote).

Eine Öffnung von Mädchen- und Jungenarbeit hin zu einer geschlechterreflektierenden Qualifizierung koedukativer Angebote ist insbesondere für die Arbeitsfelder der Erziehungshilfen relevant. In den Erziehungshilfen befinden sich die Fachkräfte (nicht nur in den stationären Wohngruppen) mitten im Alltag der Jugendlichen. Für separate Seminarsituationen (wie in der Jugendarbeit) sind außerdem auch kaum Ressourcen verfügbar und Aufträge vorhanden. Die Etablierung der Mädchen- und Jungenarbeit in den Erziehungshilfen wird sich folglich nicht durch homogene Seminarsituationen durchsetzen lassen, sondern muss sich in Alltagssituationen beweisen.

Geschlechtsbewusste Koedukation bedeutet nicht „das Ende der geschlechtshomogenen Arbeit“ (Bothmer 2001, S. 462), sondern eine Ergänzung derselben. Notwendig wäre also ein Nebeneinander von geschlechterheterogenen und -homogenen Angeboten, wobei letztere schon allein deshalb nicht reduziert werden dürfen, weil sie quantitativ nur randständig umgesetzt werden. Außerdem bieten sie die Möglichkeit, einige „heikle Themen“ leichter anzusprechen: Das Thema Sexualität etwa dürfte in geschlechterhomogenen Jungengruppen mit weniger Selbstdarstellungsdruck zu behandeln sein als in gemischten Gruppen. Ängste und Selbstzweifel können leichter formuliert werden. In geschlechtshomogenen Mädchengruppen kann es beispielsweise einfacher sein, Ängste vor sexuellen Übergriffen zu thematisieren oder etwa über Figurprobleme zu reden.

Abschließend einige Anregungen, wie eine Mischung aus qualifizierter Koedukation und geschlechterhomogenen Angeboten aussehen könnte: Denkbar wäre eine Quotierung (vgl. Enggruber 2001, S. 81) von heterogenen und homogenen Ansätzen innerhalb einer Einrichtung oder eines Verbandes. Möglich ist auch eine Mischung der Ansätze: Aus einer heterogenen Gruppe heraus kann mit Jungen oder Mädchen im Einzelkontakt oder in Kleingruppen weitergearbeitet werden. Denkbar wäre auch eine Über-Kreuz-Strategie: Zuerst wird in geschlechterhomogenen Gruppen gearbeitet, die sich dann jedoch mit der anderen Gruppe über die Ergebnisse der Gruppenarbeit austauscht. Dies ist vor allem in Schulprojekten unter dem Stichwort der Mädchen- und Jungenkonferenzen erprobt worden (vgl. Biermann/Boldt 1999).

Kooperation von Mädchenarbeit und Jungenarbeit

Die Kooperation und Vernetzung von Jungenarbeit und Mädchenarbeit bildet einen weiteren wichtigen Faktor, der zur Weiterentwicklung und Etablierung der Geschlechterpädagogik in den Erziehungshilfen beitragen kann.

Allerdings stehen solche Formen der intergeschlechtlichen Dialogfähigkeit noch eher am Anfang. Scheu, Vorsicht (Rose 2003, S. 42) sowie Skepsis bestimmen häufig das Verhältnis zueinander, während eine offene, produktive Streitkultur über bestehende Konflikte dem nachgeordnet scheint (kritisch dazu: Winter/Neubauer 2001, S. 83). Hinzu kommen, vor allem innerhalb der Erziehungshilfen, knappe Ressourcen an Zeit und Geld sowie fehlende Fachkräfte vor allem in der Jungenarbeit: Insgesamt muss daher von einem „wohlwollenden Neben- statt Miteinander“ (Drogand-Strud 2001, S. 31) gesprochen werden. Möglicherweise hat auch der Vorrang der geschlechterhomogenen Angebote dazu beigetragen, Jungenarbeit und Mädchenarbeit als separate Themen zu betrachten, die nur in einem „entweder oder“ zu denken seien: Entweder man macht Mädchenarbeit *oder* Jungenarbeit.

Die Notwendigkeit einer Geschlechterpädagogik als gemeinsames Projekt, „an dem Männer *und* Frauen mitwirken“ (Forster 2004: 487), lässt sich indes wie folgt begründen:

- Beide Geschlechter haben in der widersprüchlichen Aufgabe zur Erlangung einer Geschlechteridentität ihre je spezifischen Spannungen zu bewältigen. Dabei sind Jungen- und Mädchenwelten eng miteinander verknüpft und Konflikte des einen Geschlechts haben Auswirkungen auf das andere. Ein Beispiel: Die Vereinbarkeit von Familie und Beruf sowie die Arbeitsteilung ist nicht allein ein Mädchen- und Frauenthema (Hollstein 1992), sondern betrifft ebenso Männer und

lässt sich als Ziel einer heterosexuellen Beziehung nur gemeinsam erreichen.
- Die Kooperation von Jungenarbeit und Mädchenarbeit löst bestehende Blockaden und kann zu einer wirksameren politischen Vertretung der Geschlechterpädagogik beitragen. Dazu wird ein Dialog „über die gegenseitige Einschätzung der Entwicklung und über zukünftige Perspektiven der Geschlechterthematik“ (Blomberg 2003, S. 10) notwendig.

Mit diesem Buch ist versucht worden, einen kleinen Schritt in Richtung Kooperation zu gehen, um die Geschlechterpädagogik in den Erziehungshilfen zu festigen: Es wurde einerseits auf die *unterschiedlichen* Hintergründe von Mädchen- und Jungenarbeit eingegangen – doch andererseits sind auch die gemeinsamen Herausforderungen und Themenfelder benannt worden. Im Grundsatz könnte das der Weg sein, die Mädchenarbeit wie auch die Jungenarbeit in den Erziehungshilfen zu etablieren. Und bis dahin bleibt noch einiges zu tun.

Literatur

Ackermann, S. ([2]2004): Selbstverletzung als Bewältigungshandeln junger Frauen. Frankfurt.

Adloff, P. (1988): Jungenspezifische Bildungsarbeit – Fragen, einige Antworten, keine Rezepte. In: Außerschulische Bildung, Heft 4, S. 374–378.

Aktion Jugendschutz (2000): Jungen als Opfer und Täter sexueller Gewalt. Hrsg. Aktion Jugendschutz, Landesarbeitsstelle Bayern. München.

Altgeld, T. (2003) (Hrsg.): Männergesundheit. Weinheim, München.

Aly, G. (1977): Wofür wirst du eigentlich bezahlt? Berlin.

Augustin, N./Gscheidel, K. (1998): Bewegung in Widersprüchen – Widersprüche in Bewegung bringen. Vorschläge für eine bewegungspädagogische Arbeit mit Mädchen. Pfaffenweiler.

Auinger, H. u. a. (2002): Männliche Sozialisation und geschlechtsspezifische

Arbeit mit Burschen – zwischen Theorie und Praxis. Wissenschaftliche Reihe des Vereins Wiener Jugendzentren, Bd. 3. Wien.

BAG (2002) (Hrsg.): Gender Mainstreaming in der Jugendsozialarbeit. Hrsg. von der Bundesarbeitsgemeinschaft Jugendsozialarbeit. Tagungsdokumentation. Bonn.

Bange, D. (2000): Alles, was hilft. Notwendige Rahmenbedingungen für gelungene Interventionen bei Verdacht auf sexuellen Missbrauch. In: Sozialmagazin, 25. Jg., S. 17–23.

Bange, D. (2001): Sind die gängigen Konzepte der Mädchen- und Jungenarbeit noch zeitgemäß? In: Forum für Kinder- und Jugendarbeit, 17. Jg., S. 29–35.

Bange, D. (2002): Handwörterbuch sexueller Missbrauch. Göttingen.

Bange, D. (2004):Geschlechterpädagogik in den erzieherischen Hilfen. In: Forum Erziehungshilfen, 10. Jg./Heft 4, S. 234–241.

Bange, D./David, K.-P. (2002): Kriterien für die Rückführung sexuelle missbrauchter Kinder in ihre Ursprungsfamilie. In: Forum Erziehungshilfen, 8. Jg./Heft 1, S. 52–56.

Bange, D./Enders, U. (1997): Auch Indianer kennen Schmerz. Handbuch gegen sexuelle Gewalt an Jungen. Köln.

Barz, M. (1984): Körperliche Gewalt gegen Mädchen. In: Arbeitsgruppe Elternarbeit (Hrsg.): Die Schule lebt – Frauen bewegen die Schule. DJI-Reihe Materialien für die Elternarbeit, Bd. 12. München.

Barz, M. (2005): Wie eignen sich Frauen Bildung an? In: Barz, M./ Weth, H-U. (Hrsg.): Potenziale Sozialer Arbeit. Stuttgart, S. 182–203.
Bass, E./Kaufman, K. (1999): Wir lieben wen wir wollen. Selbsthilfe für lesbische, schwule und bisexuelle Jugendliche. Berlin.
Baur, D./Finkel, M./Hamberger, M./Kühn, A. D. (1998): Leistungen und Grenzen von Heimerziehung. Ergebnisse einer Evaluationsstudie stationärer und teilstationärer Erziehungshilfen (Hrsg. als Band 170 der Schriftenreihe des Bundesministeriums für Familie, Senioren, Frauen und Jungend). Stuttgart.
Becker-Schmidt, R./Knapp, G.-A. (1987): Geschlechtertrennung – Geschlechterdifferenz. Suchbewegungen sozialen Lernens. Bonn.
Beck-Gernsheim, E. (1976): Der geschlechtsspezifische Arbeitsmarkt – zur Ideologie und Realität von Frauenberufen. Frankfurt/M.
Beck-Gernsheim, E. (1980): Das halbierte Leben. Männerwelt Beruf, Frauenwelt Familie. Frankfurt/M.
Behnisch, M. (2003): Mehr als statistische Daten – Ansätze und Perspektiven von Jungenarbeit in Erziehungsberatungsstellen. In: Rundbrief der Landesarbeitsgemeinschaft Jungenarbeit. Nr. 2, Dortmund, S. 14–18.
Behnisch, M. (2004 a): Die Koalition aus Theoriedefizit und „fehlendem Selbstbezug“. Überlegungen zur pädagogischen Beziehung am Beispiel der Jungenarbeit. In: Zeitschrift für Sozialpädagogik, 2.Jg./ Heft 2, S. 161–179.
Behnisch, M. (2004 b): Wo bleibt die Jungenarbeit in der Heimerziehung? Problemskizze über eine vernachlässigte Perspektive. In: Forum Erziehungshilfen, 10. Jg./Heft 3, S. 132–141.
Behnisch, M. (2005): Pädagogische Beziehung. Zur Funktion und Verwendungslogik eines Topos der Jugendhilfe. Würzburg.
Beinzger, D./Kallert, H./Kolmer, C. (1995): „Ich meine, man muß kämpfen können. Gerade als Ausländerin. Ausländische Mädchen und junge Frauen in Heimen und Wohngruppen. Frankfurt.
beiträge zur feministischen theorie und praxis (1993): Femins-muß. Heft 35. Köln.
Benard, C./Schlaffer, E. (2002): Einsame Cowboys. Jungen in der Pubertät. München.
Bentheim, A. u. a. (2004): Gender Mainstreaming und Jungenarbeit. Weinheim, München.
Bieringer, I./Buchacher, W./Forster, E. (2000): Männlichkeit und Gewalt. Konzepte für die Jungenarbeit. Opladen.
Biermann, C./Boldt, U. (1999): „Die Jungen packen eben eher bei Männern aus“. Ein Praxisbericht über Jungenkonferenzen. In: Pädagogik, Heft 5, S. 16–21.

Bilden, H. (1991): Geschlechtsspezifische Sozialisation. In: Hurrelmann, U. (Hrsg.): Neues Handbuch der Sozialisationsforschung. Weinheim, S. 777–812.
Birtsch, V. (1991): Doppelt benachteiligt: Sozialisation von Mädchen in Familie und Heim. In: dies./Hartwig/R. (Hg): Mädchenwelten-Mädchenpädagogik. Perspektiven zur Mädchenarbeit in der Jugendhilfe. Frankfurt/M., S. 15–34.
Birtsch, V./Münstermann, K./Trede, W. (Hg)(2001): Handbuch Erziehungshilfen. Leitfaden für Ausbildung, Praxis und Forschung. Münster.
Bischof-Köhler, D. (2002): Von Natur aus anders. Die Psychologie der Geschlechtsunterschiede. Stuttgart.
Bitzan, M. (2000): Konflikt und Eigensinn. Die Lebensweltorientierung repolitisieren. In: neue praxis, 30. Jg./Heft 4. Neuwied, S. 335–346.
Bitzan, M. (2004): Gender in der Kinder- und Jugendhilfe. In: Glaser, E./Klika, D./Prengel, A. (Hrsg.): a.a.O., S. 461–476.
Bitzan, M./Daigler, C. (2001): Eigensinn und Einmischung. Einführung in Grundlagen und Perspektiven parteilicher Mädchenarbeit. Weinheim/München.
Bitzan, M./Klöck, T. (1993): „Wer streitet denn mit Aschenputtel?" Konfliktorientierung und Geschlechterdifferenz. München.
BKE (2003): Gender Mainstreaming und Erziehungsberatung. In: Informationen für Erziehungsberatungsstellen. Hrsg. von der Bundeskonferenz für Erziehungsberatung. Heft 1, S. 3–8.
Blandow, J. (2001): Zielgruppen und Zugangswege für Hilfen zur Erziehung. In: Birtsch, V./Münstermann, K./Trede, W. (Hrsg.), S. 103–127.
Blandow, J. u. a. (1986): Erzieherische Hilfen. Untersuchungen zu Geschlechtsrollentypisierungen in Einrichtungen und Diensten der Jugendhilfe. In: Sachverständigenkommission 6. Jugendbericht (Hrsg.): Alltag und Biographie von Mädchen. Band 15. Opladen, S. 133–228.
Blomberg, C. (2002): Spielräume schaffen. Überlegungen zum sozialpädagogischen Arbeitsfeld Jungenarbeit im Anschluß an den Begriff der Selbsterschaffung von Richard Rorty. Würzburg.
Blomberg, C. (2003): Eine kleine Geschichte der Jungenarbeit. In: Rundbrief der LAG Jungenarbeit in Nordrhein-Westfalen. Dortmund, S. 2–13.
Bly, R. (1990): Eisenhans. Ein Buch über Männer. München.
BMFSFJ (2002) (Hrsg.): Elfter Kinder- und Jugendbericht. Berlin.
Böhnisch, L. (1997): Möglichkeitsräume des Mannseins. Zur sozialisationstheoretischen und historischen Begründung der Jungen- und Männerarbeit. In: Möller, K. (Hrsg.): Nur Macher und Macho? Ge-

schlechtsreflektierende Jungen- und Männerarbeit. Weinheim, München, S. 61–90.
Böhnisch, L. (2004): Männliche Sozialisation. Bewältigungsprobleme männlicher Geschlechtsidentität im Lebenslauf. Weinheim.
Böhnisch, L./Winter, R. (1993): Männliche Sozialisation. Bewältigungsprobleme männlicher Geschlechtsidentität im Lebenslauf. Weinheim, München.
Böhnisch, L./Funk, H. (2002): Soziale Arbeit und Geschlecht. Theoretische und praktische Orientierungen. Weinheim und München.
Bothmer, H. (2001): Handlungsfelder und Zielgruppen. In: Fülbier, P./ Münchmeier, R. (Hrsg.): Handbuch Jugendsozialarbeit, Bd. 1. Münster, S. 443–468.
Brandes, H. (1998): „Problemfall“ Mann. Plädoyer für einen männerorientierten Ansatz in der Sozialarbeit. In: Ders./ Roemheld, Regine (Hrsg.): Männernormen und Frauenrollen. Geschlechterverhältnisse in der Sozialen Arbeit. Leipzig, S. 99–124.
Brown, L./Gilligan, C. (1994): Die verlorene Stimme. Frankfurt/M. und New York.
Bruch, H. (⁹2004): Essstörungen: zur Psychologie und Therapie von Übergewicht und Magersucht. Frankfurt/M.
Brückner, M. (2001): Gewalt gegen Kinder, Frauen und in Familien. In: Otto, H.-U./Thiersch, H. (Hrsg.), S. 723–729.
Brückner, M. (2002): Wege aus der Gewalt gegen Frauen und Mädchen. Frankfurt.
Brunke, M. (1981): Zur geschlechtsspezifischen Arbeit mit Jungen – Bericht über die Jungenarbeit im Wannseeheim für Jugendarbeit Berlin. In: Neuer Rundbrief. Heft 2/3. Berlin.
Bühler-Niederberger, D. (1999): Familien-Ideologie und Konstruktion von Lebensgemeinschaften in der Heimerziehung. In: Colla, H. u. a. (Hrsg.): a.a.O., S. 333–339.
Bürger, U. (2001): Heimerziehung. In: Birtsch, V. u. a. (Hrsg.): Handbuch Erziehungshilfen. Münster, S. 632–663.
Bürger, U. (2002): Praxis der Hilfegewährung im Leistungskanon der erzieherischen Hilfen – Disparitäten in altersklassen- und geschlechtsspezifischer Analyse. In: Forum Erziehungshilfen, 6. Jg./ Heft 1, S. 23–48.
Bundeszentrale für gesundheitliche Aufklärung (BzgA) (2003): In unserer Straße – Jungsgeschichten. Köln.
Bundeszentrale für gesundheitliche Aufklärung (BzgA) (2001): „Meine Sache“ – Mädchen gehen ihren Weg. Dokumentation der Fachtagung zur Sexualpädagogischen Mädchenarbeit. Dortmund.
Bundeszentrale für gesundheitliche Aufklärung (BzgA) (1998): Geschlechtsbezogene Suchtprävention. Praxisansätze, Theorieentwicklung, Definitionen. Köln.

Burbach, C./Schloterau, H. (2001): Abenteuer Fairness. Ein Arbeitsbuch zum Gendertraining.

Christiansen, A./Linde, K./Wendel, H. (1991): Mädchen Los! Mädchen macht! 100 und 1 Idee zur Mädchenarbeit. Münster.

Colla, H. u. a. (1999) (Hrsg.): Handbuch Heimerziehung und Pflegekinderwesen in Europa. Neuwied, Kriftel.

Connell, R. W. (1986): Zur Theorie der Geschlechterverhältnisse. In: Das Argument, 28. Jg., Heft 3, S. 330–344.

Connell, R. W. (1995): „The big picture". Formen der Männlichkeit in der neueren Weltgeschichte. In: Widersprüche, Heft 56, S. 23–46.

Cremers, M./Drogand-Strud, M. (2005): Geschlechtsbezogene Pädagogik mit Jungen in der Jugendsozialarbeit (www.hvhs-frille.de).

Daigler, C./Häbel, H./Wolff, M. (2003): Mädchen und junge Frauen im Sozialraum. In: Forum Erziehungshilfen, 9. Jg./Heft 1, S. 4–10.

Deniz, C. (2001): Migration, Jugendhilfe und Heimerziehung. Frankfurt/M..

Diabolo, L./Panther, L. (1995): Was heißt hier lesbisch oder Wie sag ich's meiner Mutter? Pfaffenweiler.

Drägestein, B./Grote, C. (2004): Halbe Hemden – ganze Kerle. Jungenarbeit als Gewaltprävention. Hrsg. von der Landesstelle Jugendschutz in Niedersachen. Hannover.

Drogand-Strud, M. (2001): Braucht die Jugendhilfe Gender Mainstreaming? In: BZgA (Hrsg.): Forum Sexualaufklärung und Familienplanung. Themenheft: Gender Mainstreaming. Frankfurt, S. 25–31.

Drogand-Strud, M. (2003): „... und dann werde ich Familienernährer!" Berufs- und Lebensorientierung von Jungen als Aufgabe von Jugendsozialarbeit und Schule. In: Jantz, O./Grote, C. (Hrsg.): Perspektiven der Jungenarbeit. Opladen, S. 247–264.

Enders, U. (1995): Zart war ich, bitter war's. Handbuch gegen sexuelle Gewalt an Mädchen und Jungen. Köln.

Engelfried, C. ([2]1992): Feministische Jungenarbeit im Heim. Wunsch, Utopie oder Chance? In: Winter, R./Willems, H. (Hrsg.): Was fehlt, sind Männer! Ansätze praktischer Jungen- und Männerarbeit. Schwäbisch-Gmünd, Tübingen, S. 137–147.

Enggruber, R. (2001): Gender Mainstreaming und Jugendsozialarbeit. Münster.

EREV Schriftenreihe (2000) (Hrsg.): Mädchen und junge Frauen in Erziehungshilfen. Eine Arbeitshilfe. 41. Jg./Heft 3, Stuttgart.

Fendrich, S./Pothmann, J. (2006): Ist das gerecht? Zur Geschlechterverteilung bei erzieherischen Hilfen. In: KomDat Jugendhilfe, 9. Jg./Heft 2, S. 3–4.

Finkel, M. (2000): „... nicht ohnmächtig bleiben ..." Sozialpädagogische Arbeit mit Mädchen und Jungen mit sexuellen Gewalterfahrungen in Erziehungshilfen. In: Baur u. a., S. 112–139.

Finkel, M. (2000 b): Spezifische Problem- und Lebenslagen von Mädchen und jungen Frauen in Erziehungshilfen. In: EREV (2000) (Hrsg.), S. 49–87.
Finkel, M. (2000 c): Mädchen und junge Frauen in Erziehungshilfen. In: Daigler, C./Dies. (Hrsg.): Mädchen und junge Frauen in Erziehungshilfen. Hannover, S. 31–48.
Finkel, M. (2004): Selbständigkeit und etwas Glück. Einflüsse öffentlicher Erziehung auf die biographischen Perspektiven junger Frauen. Weinheim.
Finkel, M./Thiersch, H. (2001): Erziehungshilfen. In: Otto/Thiersch (2001) (Hrsg.), S. 448–462.
Flaake, K. (2001): Körper, Sexualität und Geschlecht. Studien zur Adoleszenz junger Frauen. Gießen.
Forster, E. (2004): Jungen- und Männerarbeit. In: Glaser/Klika/Prengel (Hrsg.): a.a.O., S. 477–491.
Franzkowiak, P./Helfferich, C./Weise, E. (1998): Geschlechtsbezogene Suchtprävention. Hrsg. im Auftrag der BZgA. Köln.
Freigang, W./Wolf, K. (2001): Profile der Heimerziehung. Münster.
Friebertshäuser, B. (1997): Geschlechtertrennung als Innovation. Etappen geschlechtsbezogener Jugendarbeit im 20. Jahrhundert. – In: Friebertshäuser, B. u. a. (1998), S. 113–135.
Friebertshäuser, B./Jakob, G./Klees-Möller, R. (Hrsg.)(1998): Sozialpädagogik im Blick der Frauenforschung. Weinheim.
Galuske, M. (1998): Methoden der Sozialen Arbeit. Eine Einführung. Weinheim/ München .
Gause, D. (2004): Geschlechtsbewusste Arbeit mit Jungen. In: Evangelische Trägergruppe für gesellschaftspolitische Jugendbildung (Hrsg.): Let's talk about Gender. Jahrbuch 2004. Berlin, S. 46–49.
Geissler, B./Oechsle, M. (1998): Die ungleiche Gleichheit. Junge Frauen und der Wandel im Geschlechterverhältnis. Opladen.
Gerhard, U. (1990): Unerhört: Die Geschichte der deutschen Frauenbewegung. Reinbek bei Hamburg.
Germscheid, E. (2003): Wann wird Erlebnispädagogik zur Jungenarbeit? In: Paritätisches Bildungswerk (Hrsg.): a.a.O., S. 40-43.
Gerull, P. (2001): Qualität und Qualitätsentwicklung in den Erziehungshilfen. In: Birtsch, V./Münstermann, K./Trede, W. (2001) (Hrsg.), S. 440–457.
Gesellschaft für Informatik e.V. (1999): Gleichbehandlung im Sprachgebrauch. Reden und Schreiben für Frauen und Männer. Bonn.
Giesecke, H. (1993): Hitlers Pädagogen. Theorie und Praxis nationalsozialistischer Erziehung. Weinheim, München.
Giesecke, H. (1995): Jugend in Verbänden und Organisationen. In: Enzyklopädie Erziehungswissenschaft Band 8, hrsg. von Lenzen, D. unter Mitarb. von Schründer, Agi. Stuttgart/Dresden, S. 80–89.

Giesecke, H. (1997): Die pädagogische Beziehung. Weinheim, München.
Gildemeister, R. (2004): Doing Gender. Soziale Praktiken der Geschlechterunterscheidung. In: Glaser, E./Klika, D./Prengel, A. (2004) (Hrsg.), S. 132–140.
Gildemeister, R./Wetterer, A.(1992): Wie Geschlechter gemacht werden. Die soziale Konstruktion der Zweigeschlechtlichkeit und ihre Reifizierung in der Frauenforschung. In: Knapp, G.-A./Wetterer, A. (1992) (Hrsg.): Traditionen Brüche. Entwicklungen feministischer Theorie. Freiburg i.Brsg., S. 201–254.
Ginsheim, G. v./Meyer, D. (2001) (Hrsg.): Gender Mainstreaming. Neue Perspektiven für die Jugendhilfe. Berlin.
Gläsle, A. (2000): Gemischte und mädchenspezifische Wohngruppen im Vergleich. In: EREV (2000) (Hrsg.), S. 135–138.
Glaser, E./Klika, D./Prengel, A. (2004) (Hrsg.): Handbuch Gender und Erziehungswissenschaft. Bad Heilbrunn.
Goldschmidt, S. (1996): Männer und Gesundheit. In: Brandes, H./Bullinger, H. (Hrsg.): Handbuch Männerarbeit. Weinheim, S. 59–73.
Grassert, M. (1996): Dieses Kribbeln im Bauch – Meditation in der Jungenarbeit. In: Dissens (Hrsg.): Beiträge zur Patriarchatskritik 1990–1996. Berlin.
Grunwald, K./Thiersch, H. (1995): Zeitdiagnose Soziale Arbeit. Weinheim und München.
Hagemann-White, C. (1984): Sozialisation: Weiblich-männlich? Opladen.
Hagemann-White, C. (2004): Sozialisation – ein veraltetes Konzept in der Geschlechterforschung? In: Glaser, E./Klika, D./Prengel, A. (2004) (Hrsg.), S. 146–157.
Haindorff, G. (1997): Auf der Suche nach dem Feuervogel. Junge Männer zwischen Aggression, Eros und Autorität. In: Möller, K. (Hrsg.): Nur Macher und Macho? Geschlechtsreflektierende Jungen- und Männerarbeit. Weinheim, München, S. 109–146.
Hamberger, M./Köngeter, S./Zeller, M. (2004): Integrierte und flexible Erziehungshilfen. In: Grundwald, K./Thiersch, H. (2004) (Hrsg.) S. 347–374.
Handschuck, S. (2000): Dokumentation Interkulturelle Jungenarbeit. München.
Hansbauer, P. (2001): Fachlichkeit in den erzieherischen Hilfen – Konzepte, Methoden und Kompetenzen. In: Birtsch, V./Münstermann, K./Trede, W. (2001) (Hrsg.), S. 353–375.
Hartwig, L./Kriener, M. (1997): Mädchen in der Erziehungs- und Jugendhilfe – Feministische Analysen und Ansätze in der Praxis. In: Friebertshäuser, B. u. a. (1998) (Hrsg.), S. 195–201.
Hartwig, L./Weber, M. (2000): Parteilichkeit als Konzept der Mäd-

chen – und Frauenarbeit. In: Hartwig, L./Merchel, J. (2000) (Hrsg.): Parteilichkeit in der Sozialen Arbeit. Münster u. a., S. 25–48.
Hartwig, L. (2001): Mädchenwelten – Jungenwelten und Erziehungshilfen. In: Birtsch, V./Münstermann, K./Trede, W. (2001)(Hg), S. 46–68.
Hartwig, L. (2002): Kinder in Gewaltbeziehungen. In: Forum Erziehungshilfen, 8. Jg./Heft 1, S. 48–51.
Hartwig, L./Kriener, M. (1997): Mädchen in der Erziehungs- und Jugendhilfe – Feministische Analysen und Ansätze in der Praxis. In: Friebertshäuser, B. u. a. (1998) (Hrsg.), S. 195–201.
Hartwig, L./Kriener, M. (2002): Mädchengerechte Entwicklung der Erzieherischen Hilfen. In: Sachverständigenkommission 11. Kinder- und Jugendbericht, S. 75–99.
Hausen, K. (1976): Die Polarisierung der „Geschlechtscharaktere“ – Eine Spiegelung der Dissoziation von Erwerbs- und Familienleben. In: Conze, W. (1976) (Hrsg.): Sozialgeschichte der Familie in der Neuzeit Europas. Stuttgart, S. 363–393.
Heinemann, G. (2000): Die „Jungenfrage“ – Mädchenarbeit und Koedukation. In: Forum Erziehungshilfen, 6. Jg./Heft 1, S. 18–21.
Helfferich, C. (1989): Geschlechterverhältnisse und die „soziale Verwendung des Körpers” in der Jugend. Darmstadt.
Helfferich, C. (2001): Mädchen in Auseinandersetzung mit Sexualität und Geschlechtern. Neue Wege geschlechtsspezifischer Sexualpädagogik. – In: BzgA, S. 19–27.
Helfferich, C. (2000): Feministische Theorie und geschlechtsbezogene Arbeit mit jungen Frauen und Männern. In: Forum Erziehungshilfen, 6. Jg./Heft 1, S. 13–17.
Helmig, E. (2006): Der Unterschied, der einen Unterschied macht. In: Forum Erziehungshilfen, 12. Jg./Heft 3, S. 132–136.
Hessischer Jugendring (1992) (Hrsg.): „Nicht immer – aber immer öfter!“ Jungen- und Männerarbeit. Wiesbaden.
Hoffmann, B. (1994): Geschlechterpädagogik. Plädoyer für eine neue Jungen- und Mädchenarbeit. Münster.
Hoffmann, J. (1992) Gesundheitsförderung für ausländische und deutsche männliche Jugendliche. Ein Erfahrungsbericht. In: Hessischer Jugendring (Hrsg.): a.a.O.
Hofstadler, B./Buchinger, B. (2001): KörperNormen – KörperFormen. Männer über Körper, Geschlecht und Sexualität. Wien.
Hollstein, W. (1992): Die Vereinbarkeit von Familie und Beruf als Männerfrage. In: neue praxis, 22. Jg./Heft 1, S. 83-86.
Hollstein, W. (2000): Traditionelle Männlichkeit als Gesundheitsrisiko. In: Dr. med. Mabuse: a.a.O., S. 30–33.
HVHS – Heimvolkshochschule Alte Molkerei Frille (1988) (Hrsg.): Parteiliche Mädchenarbeit und antisexistische Jungenarbeit. Ab-

schlußbericht des Modellprojekts ‚Was Hänschen nicht lernt … verändert Clara nimmer mehr!' Frille.
Jacobi, C. (1999): Zur Spezifität und Veränderbarkeit von Beeinträchtigung des Selbstkonzepts bei Essstörungen. Regensburg.
Jacobi, J. (1994): Zwischen Erwerbsfleiß und Bildungsreligion – Mädchenbildung in Deutschland. In: Duby, G./Perrot, M. (Hrsg.): Geschichte der Frauen, Band 4, Frankfurt/M., S. 267–281.
Jantz, O. (2003): „Sind die wieder schwierig!" (Inter-)Kulturelle Jungenarbeit – (K)ein neues Paradigma. In: Ders./Grote,C. (Hrsg.): Perspektiven der Jungenarbeit. Opladen, S. 125–146.
Jantz, O./Grote, C. (2003): „Meine ist die beste" – Qualitätskriterien in der Jungenarbeit. In: Dies. (Hrsg.): Perspektiven der Jungenarbeit. Opladen, S. 89–104.
Jugendbericht. Der Bundesminister für Jugend, Familie und Gesundheit (1984) (Hrsg.) (Drucksache 10/10007): 6. Jugendbericht: Verbesserung der Chancengleichheit von Mädchen in der Bundesrepublik Deutschland. Stellungnahme der Bundesregierung zum 6. Jugendbericht. Bonn-Bad Godesberg.
Jugert, G./Kabak, S./Notz, P. (2005): Fit for Differences. Training interkultureller und sozialer Kompetenz für Jugendliche. Weinheim, München.
Kabs, K. (2002): Schule: Starke Jungen …! Jungenarbeit als Präventionsarbeit gegen Gewalt. In: Sturzenhecker, B./Winter, R. (Hrsg.): a.a.O., S. 149–156.
Kaschuba, G./Huber, H. (2002): Gender Mainstreaming – Chance oder Risiko für die Mädchenarbeit? In: ajsInformationen Nr. 1/38. Jg. Stuttgart, S. 20–25.
Kindler, H. (1993): Maske(r)ade. Jungen- und Männerarbeit für die Praxis. Schwäbisch Gmünd, Tübingen.
Kindler, H. (2002): Väter und Kinder. Weinheim.
Klees, R./Marburger, H./Schumacher, M. (1989): Mädchenarbeit. Praxishandbuch für die Jugendarbeit. Teil 1. Weinheim/Mündchen.
Klütsch, J. (1996): Kein genialer Methodentrick hilft. In: Informationen für Erziehungsberatungsstellen, Heft 3, Köln.
Knäpper, M.-T. (1984): Feminismus, Autonomie, Subjektivität. Tendenzen und Widersprüche in der neuen Frauenbewegung. Bochum.
Koch, J. u. a. (2002): Mehr Flexibilität, Integration und Sozialraumbezug in den erzieherischen Hilfen. Zwischenergebnisse aus dem Bundesmodellprojekt INTEGRA. Frankfurt/M.
Kolip, P. (1997): Geschlecht und Gesundheit im Jugendalter. Die Konstruktion von Geschlechtlichkeit über somatische Kulturen. Opladen.
Kolip, P. (1999): Programme gegen Sucht. Ansätze zur Suchtprävention im Jugendalter. Weinheim/München.

Krannich, M. (1999): Geschlechterdemokratie in Organisationen. Frankfurt/M.
Krause, H.-U./Peters, F. (2002)(Hg): Grundwissen Erzieherische Hilfen. Ausgangsfragen, Schlüsselthemen, Herausforderungen. Münster.
Kriener, M. (2001): Beteiligung als Gestaltungsprinzip. In: Birtsch, V./ Münstermann, K./Trede, W. (2001)(Hg), S. 128–148.
Kuchenbecker, A. (1989): „Jungenpädagogik". Ein erster Versuch eines Fortbildungsangebots zur antisexistischen Arbeit mit Jungen im Heim. In: Unsere Jugend, 41. Jg./ Heft 2, S. 92–98.
Küllmer, M. (1993): Essstörungen. Hohe Hemmschwelle bei Männern. In: Sozial Extra, Heft 12, S. 19.
Kuhlmann, C. (2000): „Doing gender" – Konsequenzen der neueren Geschlechterforschung für die parteiliche Mädchenarbeit. In: neue praxis, 30. Jg./Heft 3, S. 226–239.
Kultus, E. (2003): Situation von jungen Migrantinnen in Europa und ihr Zugang zu Hilfesystemen. In: Forum Erziehungshilfen Jg. 9, S. 103–107.
Kunert-Zier, M. (2004): „Dolle Deerns", „Pfundskerle" und „Mezzo Mezzo" – Gender in der außerschulischen Kinder- und Jugendarbeit. In: Glaser, E./Klika, D./Prengel, A. (2004) (Hrsg.), S. 448–460.
LAG-Mädchenpolitik e.V. Baden-Württemberg (2003) (Hrsg.): Reader zur Arbeit mit Mädchen mit Migrationshintergrund. Stuttgart.
Leitner-Sautter, A. (2000): Suchtmittelkonsumenten in der Jugendhilfe – ein Weg mit Wagnissen, oder: eine Einrichtung macht sich auf den Weg. In: Forum Erziehungshilfen, 6. Jg./Heft 1, S. 51–53.
Lemfeld, P. (1997): Die Bedeutung der Beziehung im erzieherischen Alltag. In: Unsere Jugend, 49.Jg./ Heft 7, S. 279–283.
Levenkron, S. (2001): Der Schmerz sitzt tiefer: Selbstverletzung verstehen und überwinden. München.
Liebau, E. (1992): Habitus, Lebenslage und Geschlecht – über Sozioanalyse und Geschlechtersozialisation. In: Tillmann, K-J. (Hrsg.): Jugend weiblich – Jugend männlich. Opladen, S. 134-148.
Lindner, W. (2000) (Hrsg.): Ethnographische Methoden in der Jugendarbeit. Opladen.
Lloyd, T. (1986): Junge, Junge – Work with boys. Frankfurt/M..
Löw. M. (2001): Raumsoziologie. Frankfurt/M..
LWL (1998): Methoden aus der Jungenarbeit. Hrsg. vom Landschaftsverband Westfalen-Lippe. Münster.
Mabuse (2000): Dr. med. Mabuse. Zeitschrift im Gesundheitswesen. Themenheft: Männer und Gesundheit. 25. Jg./ Heft 125.

Mädchentreff e. V. Tübingen (2000) (Hrsg.): „Das war auf jeden Fall mal was Neues!“ – 10 Jahre Mädchentreff e. V. Tübingen. Tübingen.
Marburger, H. (2001): Mädchenarbeit. In: Otto, H.-U./Thiersch, H. (2001) (Hrsg.), S. 1155–1159.
Michels, M./Moorkamp, A. (2004): Der jungenspezifische Blick – Voraussetzungen für adäquate Hilfeformen. In: Forum Erziehungshilfen, 10. Jg./Heft 3, S. 142–146.
Mielenz, I. (1996): Pädagogik. In: Kreft, D./ Dies. (Hrsg.): Wörterbuch soziale Arbeit. 4. Aufl.. Weinheim, Basel, S. 424.
Möller, K. (1991): Sammelbesprechung: Jungenarbeit und „neue“ Männlichkeit. In: Sozialwissenschaftliche Literatur Rundschau, 14. Jg./Heft 23, S. 31–36.
Möller, K. (2004): Jungengewalt – empirisches Wissen, theoretische Erklärungen und Prävention. In: Bruhns, K. (Hrsg.): Geschlechterforschung in der Kinder- und Jugendhilfe. Wiesbaden, S. 235-258.
Mogge-Grotjahn, H. (2004): Gender, Sex und Gender Studies. Eine Einführung. Freiburg/Br.
Mucke, U. (2003): Junge Aussiedlerinnen. In: LAG Mädchenpolitik e.V. Baden-Württemberg (2003) (Hrsg.), S. 22–27.
Mühlen-Achs, G. (1998): Geschlecht bewusst gemacht. Körpersprachliche Inszenierungen. Ein Bilder- und Arbeitsbuch. München.
Mühlen-Achs, G.(1993): Wie Katz und Hund. Die Körpersprache der Geschlechter. München.
Mühlhausen, C./Ramadan, A. .(2003): Klettern für Mädchen. Ein erlebnispädagogisches Angebot an einer Ganztagesschule. Unveröffentlichte Abschlussarbeit des Aufbaustudiengangs Erlebnispädagogik. Reutlingen/Tübingen.
Müller, B. (1991): Die Last der großen Hoffnungen. Überarb. Neuausgabe. Weinheim, München.
Müller, B. (1994): Sozialpädagogisches Können. Ein Lehrbuch zur multiperspektivischen Fallarbeit. Freiburg/Br.
Müller, B. (2000): Jugendarbeit und ethnographische Methoden, oder: Wie kann Jugendarbeit vom Wunschdenken Abschied nehmen? In: Lindner, W. (Hrsg.): a.a.O., S. 117–125.
Nagel, P. (2002): Familienhilfe: Einzelarbeit mit Jungen. In: Sturzenhecker, B./Winter, R. (Hrsg.): a.a.O., S. 107–116.
Neubauer, G. (2002): Stationäre Unterbringung: Jungenbezogene Kompetenzentwicklung. Erfahrungen im stationären und teilstationären Bereich. In: Sturzenhecker, B./Winter, R. (Hrsg.): Praxis der Jungenarbeit. Weinheim, München, S. 117–126.

Nissen, U. (2003): Öffentliche (soziale) Räume für Mädchen als Chance politischer Teilhabe. In: Forum Erziehungshilfen, 9. Jg./ Heft 1, S. 11–18.

Oelemann, B./Lempert, J. (1997): Gewaltberatung/Gewaltprävention mit Jungen, heranwachsenden Männern und Männern. In: Möller, K. (Hrsg.): Nur Macher und Macho? Geschlechtsreflektierende Jungen- und Männerarbeit. Weinheim, München, S. 273–300.

Ottemeier-Glücks, F. G. (1987): Über die Notwendigkeit einer antisexistischen Arbeit mit Jungen. In: Deutsche Jugend, 37. Jg./Heft 7–8, S. 343-350.

Ottemeier-Glücks, F. G. (1991): Die Notwendigkeit der Jungenarbeit. In: Sozial Extra, Heft 9, S. 4.

Ottemeier-Glücks, F. G. (2003): Jungen als Opfer sexueller Gewalt. In: Jantz, O./Grote, C. (Hrsg.): Perspektiven der Jungenarbeit. Opladen, S. 201–220.

Otto, H.-U./Thiersch, H. (^{2}2001) (Hrsg.): Handbuch Sozialarbeit/ Sozialpädagogik. Neuwied/Kriftel.

Otyakmaz, B. Ö. (2003): Lebenswelten jugendlicher Migrantinnen – Konsequenzen für die interkulturelle Mädchenarbeit. In: LAG Mädchenpolitik e.V. Baden-Württemberg (2003) (Hrsg.), S. 8–17.

Palzkill, B. (1990): Zwischen Turnschuh und Stöckelschuh. Die Entwicklung lesbischer Identität im Sport. Bielefeld.

Palzkill, B./Scheffel, H./Sobiech, G. (1991) (Hrsg.): Bewegungs(t)räume. München.

Paritätisches Bildungswerk (2003) (Hrsg.): Sexualpädagogische Jungenarbeit in der Heimerziehung. Paritätisches Bildungswerk Rheinland-Pfalz/Saarland. Saarbrücken.

Paritätisches Bildungswerk (2004): Jungen & Gesundheit. Paritätisches Bildungswerk Rheinland-Pfalz/Saarland. Saarbrücken.

Pasero, U./ Priddat, B.P. (2004) (Hrsg.): Organisationen und Netzwerke: Der Fall Gender. Wiesbaden.

Picot, S. (2003): Lola rennt. Engagement junger Frauen im Kontext biografischer Erfahrungen. In: Deutsche Jugend, 51. Jg., Heft 11, S. 476-481.

Preiß, D./Wilser, A. (2001): Nichts leichter als Essen?! Essstörungen im Jugendalter. Ein Leitfaden für Schule und Jugendarbeit. Stuttgart.

Preuss-Lausitz, U. (1999): Die Schule benachteiligt Jungen!? In: Pädagogik, Heft 5, S. 11–15.

Puchert, R./Höyng, S. (2004): Grenzen der Ressourcenorientierung in der Jungenarbeit. In: Bruhns, K. (Hrsg.): Geschlechterforschung in der Kinder- und Jugendhilfe. Wiesbaden.

Pusch, L. F. (1996): Das Deutsche als Männersprache. Frankfurt/M., einmalige Sonderausgabe.

Rabe, U. (2006): Wann werden männliche Spätaussiedlerjugendliche zu einer problematischen Klientel Sozialer Arbeit? In: Kind, Jugend, Gesellschaft, 51. Jg./ Heft 1, S. 11–18.
Raithel, J. (2004): Alkoholkonsum im Jugendalter. In: Zeitschrift für Sozialpädagogik, 2. Jg./Heft 2, S. 180–191.
Rebstock, D. (1992): Jungenarbeit an einer Beratungsstelle. In: Winter, R./Willems, H. (Hrsg.): Was fehlt, sind Männer! Schwäbisch-Gmünd, Tübingen, S. 83–90.
Rendtorff, B. (2003): Kindheit, Jugend und Geschlecht. Einführung in die Psychologie der Geschlechter. Weinheim, Basel.
Retza, B./Schäfers, U. (2000): Lara geht trotz Pädagogik auf den Strich. In: Forum Erziehungshilfen, 6. Jg./ Heft 1, S. 54–56.
Reulecke, J. (2001): „Ich möchte einer werden so wie die …". Männerbünde im 20. Jahrhundert. Frankfurt/M.
Reuter, L. (2002): Vom Pizzabacken und Kaufhausklau. Gruppensupervision mit Männern. In: Sturzenhecker, B./Winter, R. (Hrsg.): a.a.O., S. 93–106.
Reuter, L. (2003): Geschlechtsbewusste Jungenarbeit. In: Paritätisches Bildungswerk (Hrsg.): a.a.O., S. 13–17.
Riegel, C. (2003): „Da merkt man von Anfang an, dass man irgendwie nicht dazu gehört, aber irgendwie auch nicht dazugehört"-Mädchen und junge Frauen der zweiten und dritten EinwanderInnengeneration. In: LAG Mädchenpolitik e. V. Baden-Württemberg (2003) (Hrsg.), S. 18–23.
Rohrmann, T./Thoma, P. (1998): Jungen in Kindertagesstätten. Ein Handbuch zur geschlechtsbezogenen Pädagogik. Freiburg/Brsg.
Rommelspacher, B. (1994): Das Selbstverständliche im weißen Feminismus. Zu Rassismus und Antisemitismus bei Frauen. In: Brückner, M./Meyer, B. (1994) (Hrsg.): Die sichtbare Frau. Die Aneignung der gesellschaftlichen Räume. Freiburg. i.Br., S. 176–197.
Rose, B. (1997): Der „weibliche" Charakter der Jugendhilfe. In: Evangelische Jugendhilfe, 74. Jg./Heft 2, S. 102–111.
Rose, L. (2000): Mädchenarbeit und Jungenarbeit in der Risikogesellschaft. In: neue praxis, 30. Jg./Heft 3, S. 240–253.Rose, L. (2003): Gender Mainstreaming in der Kinder- und Jugendarbeit. Weinheim.
Rose, L./Scherr, A. (2000): Der Diskurs zur Geschlechterdifferenzierung in der Kinder- und Jugendhilfe. Ein kritischer Blick. In: Deutsche Jugend, 28. Jg./Heft 2, S. 65–82.
Rose, L./Schmauch, U. (2005): Jungen – die neuen Verlierer? Auf den Spuren eines öffentlichen Stimmungswechsels. Königstein/Ts.
Sachsse, U. (^{5}1999): Selbstverletzendes Verhalten: Psychodynamik – Psychotherapie; das Trauma, die Dissoziation und ihre Behandlung. Göttingen.

Sachverständigenkommission 11. Kinder- und Jugendbericht (2002) (Hrsg.): Mädchen- und Jungenarbeit – Eine uneingelöste fachliche Herausforderung : der 6. Jugendbericht und zehn Jahre Paragraph 9.3 im Kinder- und Jugendhilfegesetz. Opladen.

Scheffler, G. (2005): Wenn Jugendliche straffällig werden … Ein Leitfaden für die Praxis. Hrsg. von der BAG für Straffälligenhilfe, Bonn.

Schenk, M. (1992): Emanzipatorische Jungenarbeit im Freizeitheim – Zur offenen Jungenarbeit mit Unterschichtsjugendlichen. In: Winter, R./Willems, H. (Hrsg.): Was fehlt, sind Männer! Schwäbisch-Gmünd, Tübingen, S. 99–124.

Schenk, M. (1995): Jungenarbeit und Männersprache. In: Deutsche Jugend, 43.Jg./ Heft 12, S. 527-538.

Scherr, A. (2002): Situation und Entwicklungsperspektiven geschlechtsdifferenzierender Jungenarbeit. In: Werthmanns-Reppekus, U./Böllert, K. (Hrsg.): a.a.O., S. 297–316.

Schilling, M. (2001): Die Fachkräfte in den Erziehungshilfen. In: Birtsch, V./Münstermann, K./Trede, W. (2001) (Hrsg.), S. 458–486.

Schlottau, H. (2004): GeT – Gender Mainstreaming in der Jugendhilfe. In: Evangelische Trägergruppe für gesellschaftspolitische Jugendbildung (Hrsg.): Let's talk about Gender. Jahrbuch 2004. Berlin, S. 23–28.

Schmidt, M. (2006): Hilfe für die schwachen Starken. Jungs sind in der Schule systematisch benachteiligt – das wollen Politiker und Pädagogen nun ändern. In: Süddeutsche Zeitung Nr. 60 vom 13.03. 2006, S. 16.

Schmidt, R./Zeller, M. (2004): „So sieht es halt aus heutzutage". Übergänge ins Arbeitsleben im Kontext der Erziehungshilfen. In: Forum Erziehungshilfen, 8. Jg./Heft 3, S. 198–207.

Schnack, D./Neutzling, R. (1990): Kleine Helden in Not. Jungen auf der Suche nach Männlichkeit. Reinbek b. Hamburg.

Schnack, D./Neutzling, R. (1993): Vom Feministen zum Jungenarbeiter. In: Büttner, C. (Hrsg.): Jahrbuch der Kindheit, Bd. 10. Weinheim/Basel, S. 62-73.

Schulewski, U. (2002): Doing Gender. Gender Effekte in Handlungsstrategien und Handlungskonstellationen von SozialpädagogInnen in der Jugendberufshilfe. Deutsches Jugendinstitut. München.

Schwarz, A. (1998): Mädchen auf ihrem Weg zu einer selbstbestimmten Sexualität. Frankfurt/M.

Schwarzer, A. (1981): So fing es an. Die neue Frauenbewegung. Köln.

Sielert, U. (1989): Jungenarbeit. Praxishandbuch für die Jungenarbeit. Teil 2. Weinheim, München.

Sielert, U. (1996): Jungenarbeit heißt nicht einfach, neue Programme zu entwerfen. In: BZgA (Hrsg.): Forum Sexualpädagogik. Nr. 2–3. Düsseldorf, S. 13–17.

Soiland, T. (2005): Kritische Anmerkungen zum Machtbegriff in der Gender-Theorie auf dem Hintergrund von Michel Foucaults Gouvernementalitätsanalyse. In: Widersprüche, 25. Jg./Heft 95, S. 7–25.

Sprotte, A. (2003): Warum Mädchen wenig essen und Jungen viel trinken ... Mädchenspezifische Konsummuster erfordern eine mädchenspezifische Suchtprävention. In: Rundbrief der LAG Mädchenpolitik Baden-Württemberg (2003)/Hrsg.), S. 7–20.

Stecklina, G. (2002): Geschlecht – Jungen. In: Schröer, W./Struck, N./ Wolff, M. (Hrsg.): Handbuch Kinder- und Jugendhilfe. Weinheim, München, S. 325–342.

Stoehr, I. (1983): Organisierte Mütterlichkeit. Zur Politik der deutschen Frauenbewegung um 1900. In: Hausen, K. (1983): Frauen suchen ihre Geschichte. Historische Studien zum 19. und 20. Jahrhundert. München, S. 221–249.

Strähle, B. (2003): „Die deutschen Kartoffeln machen die Gesetze" – Lebenssituation von Flüchtlingsmädchen in Deutschland. In: LAG Mädchenpolitik e.V. Baden-Württemberg (2003) (Hrsg.), S. 28–31.

Sturzenhecker, B. (2002): „Kannze nich oder willze nich?" Zum Stand der Jungenarbeit in Deutschland. In: Werthmanns-Reppekus, U./ Böllert, K. (Hrsg.): a.a.O., S. 317–338.

Sturzenhecker, B/Winter, R. (2002 a) (Hrsg.): Praxis der Jungenarbeit. Weinheim, München.

Sturzenhecker, B/Winter, R. (2002 b): Kumpel und/oder Vater? Zur Beziehungsgestaltung in der Jungenarbeit. In: Dies. (Hrsg.): a.a.O., S. 63–80.

Sturzenhecker, B/Winter, R. (2002 c): Und sie bewegt sich doch, die Praxis der Jungenarbeit. In: Dies. (Hrsg.): a.a.O., S. 7–14.

Teuter, L. (1985): Da machen die Typen nicht mit. Über die Notwendigkeit einer bewußten Jungenarbeit. In: Sozial Extra, Heft 11, S. 30–34.

Thiersch, H. (1992): Lebensweltorientierte Soziale Arbeit. Weinheim.

Thiersch, H. (2001): Erziehungshilfen und Lebensweltorientierung – Bemerkungen zu Bilanz und Perspektiven. In: Birtsch.

Thürmer-Rohr, C. (1989): Mittäterschaft der Frau – Analyse zwischen Mitgefühl und Kälte. In: Studienschwerpunkt „Frauenforschung" am Institut für Sozialpädagogik der TU Berlin (1989) (Hrsg.): Mittäterschaft und Entdeckungslust. Berlin.

Trampenau, B. (1989): Kein Platz für lesbische Mädchen. Beeinträchtigungen und Möglichkeiten für Konzepte lesbischer Mädchenarbeit. Kiel.

Trede, W. (2002): Was sind erzieherische Hilfen? In: Krause, H.U./ Peters, F. (Hrsg.): Grundwissen Erzieherische Hilfen. Münster, S. 11–28.

Trede, W. (2004): Erziehungshilfen zwischen fachlichen Herausforderungen und begrenzten Ressourcen. In: Forum Erziehungshilfen, 10. Jg./Heft 2, S. 72–78.

Tübinger Institut für frauenpolitische Sozialforschung e.V. (1998) (Hrsg.): Den Wechsel im Blick. Methodologische Ansichten feministischer Sozialforschung. Pfaffenweiler.

Utecht, C. (2003) Stadtteilorientierte interdisziplinäre Netzwerke zur Ausgestaltung einer mädchengerechten Jugendhilfeplanung. In: Forum Erziehungshilfen, 9. Jg./ Heft 1, S. 25-28.

Villa, P.-I. (2001): Sexy Bodies. Eine soziologische Reise durch den Geschlechtskörper. Opladen.

Vogel, G. (2003): „… immer gut drauf?“ Ideenbuch zur jungenspezifischen Suchtprävention. Hrsg. von der Aktion Jugendschutz Bayern. München.

Voigt-Kehlenbeck, C. (2004): Gender Mainstreaming. Forschungsanforderungen an eine geschlechterreflexive Kinder- und Jugendhilfe. In: Bruhns, K. (Hrsg.): Geschlechterforschung in der Kinder- und Jugendhilfe. Wiesbaden, S. 127–160.

Vopel, K. W. (1997): Auf den Körper hören. Die grüne Reihe, Band 5. Salzhausen.

Weber, M. (1999): „Wenn Mädchen aus der Rolle fallen …“. In: KomDat Jugendhilfe, Heft 3, S. 4.

Weber, M. (2000): Koedukation – kein Thema für die Erziehungshilfe? – In: Forum Erziehungshilfe, 6. Jg./Heft 1, S. 4-9.

Weber, M. (2002): Mädchenarbeit. In: Schröer, W./Struck, W./Woff, M. (2002) (Hrsg.): Handbuch Kinder- und Jugendhilfe. Weinheim/ München, S. 715–734.

Weber, M. (2002): Mädchenhäuser: Geschlechterdifferenzierte Krisenintervention im Rahmen eines integrierten Hilfeangebots. In: Forum Erziehungshilfen, 8. Jg./ Heft 3, S. 274–279.

Weg, M. (2002): Gender Mainstreaming in der Jugendhilfe. In: BAG (Hrsg.): a.a.O., S. 9–24.

Wegner, L. (1995): Wer sagt, Jungenarbeit sei einfach? In: Widersprüche, Heft 56/57, S. 161–179.

Weikert, M. (1999): Rambo: stahl-schön und cool. Männliche Körperbilder und ihre Bedeutung für Jungengesundheit. In: Sozial Extra, Heft 6, S. 15–16.

Weil, T./Steier-Bertz, A. (1994): „Nur wenn ich richtig dicht bin, bin ich wirklich offen“. Zur Notwendigkeit jungen- und männerspezifischer Präventionsansätze. In: Sozialmagazin, Heft 5, S. 24–27.

Weiß, W. (2003): Philipp sucht sein Ich. Zum pädagogischen Umgang mit Traumata in den Erziehungshilfen. Weinheim.
Werthmanns-Reppekus, U. (2001): Jungfrauenvereine – Mädchensozialarbeit – Mädchenarbeit. In: Fülbier, P./Münchmeier, R. (Hrsg.): Handbuch Jugendsozialarbeit. Band 1. Münster, S. 549–558.
Werthmanns-Reppekus, U./Böllert, K. (2002) (Hrsg.): Mädchen- und Jungenarbeit – eine uneingelöste Herausforderung. Materialien zum Elften Kinder- und Jugendbericht, Bd. 3. München.
Wetzels, P. (1997): Gewalterfahrung in der Kindheit: sexueller Missbrauch, körperliche Misshandlung und langfristige Konsequenzen. Baden-Baden.
Wieland, N. (1998): Alkohol und Männlichkeit. In: Landschaftsverband Westfalen-Lippe (Hrsg.): Methoden aus der Jungenarbeit. Münster, S. 43–58.
Wieland, N. (2005): Biografie und Gender: Biografisches Arbeiten in einer jungenspezifischen Erziehungshilfe. In: Forum Erziehungshilfen, 11. Jg./Heft 3, S. 144–148.
Winter, R. (1996): Nicht mit Moral und Abbruchhammer. Jungenarbeit: kaum geboren, schon voll in der Krise. In: Sozial Extra, Heft 1–2, S. 24–25.
Winter, R. (²2001): Jungenarbeit. In: Otto, H.U./ Thiersch, H. (Hrsg.): Handbuch der Sozialarbeit/Sozialpädagogik. Neuwied, Kriftel, S. 904–915.
Winter, R. (2004): Jungen: Reduzierte Problemperspektive und unterschlagene Potenziale. In: Becker, R./Kortendiek, B. (Hrsg.): Handbuch Frauen- und Geschlechterforschung. Wiesbaden, S. 353–359.
Winter, R./Willems, H. (1992) (Hrsg.): Was fehlt, sind Männer! Schwäbisch-Gmünd, Tübingen.
Winter, R./Neubauer, G. (1998): Kompetent, authentisch und normal? Aufklärungsrelevante Gesundheitsprobleme, Sexualaufklärung und Beratung von Jungen. Hrsg. von der BZgA (Reihe Forschung und Praxis der Sexualaufklärung und Familienplanung, Bd. 14). Köln.
Winter, R./Neubauer, G. (2001): So geht Jungenarbeit. Geschlechtsbezogene Entwicklung der Jugendhilfe. Berlin.
Wortberg, C. (1997): Bye, bye Barbie. Körpersprache und Körperbild in der Gewaltpräventionsarbeit. Münster.
Zieske, A. (1994): Eine Zeit des Innehaltens. Patriarchatskritische Bildungsarbeit mit Männern und Jungen. In: Lenz, H.J. (Hrsg.): Auf der Suche nach den Männern. Frankfurt/M., S. 168–177.
Zimmermann, P. (1998): Junge, Junge! Theorien zur geschlechtsspezifischen Sozialisation und Ergebnisse einer Jungenbefragung. Dortmund.